Religions in Rio

Religions in Rio — Bilingual Edition
a translation of
As Religiões no Rio
by João do Rio
Translated by Ana Lessa-Schmidt

Published by
New London Librarium
Hanover, Conn. 06350
USA
NLLibrarium.com

ISBN:
Paperback   978-0-9905899-8-3
              0990589986

eBook: 978-0-9905899-9-0
              0990589994

Obra publicada com o apoio do Ministério da Cultura do Brasil
Fundação Biblioteca Nacional.
Work published with the support of the Ministry of Culture of Brazil
National Library Foundation.

MINISTÉRIO DA CULTURA
Fundação BIBLIOTECA NACIONAL

Religions in Rio

João do Rio

a translation by

Ana Lessa-Schmidt

New London Librarium

Conteúdo

Contents

Prefácio

João do Rio, pseudônimo de João Paulo Emílio Cristóvão dos Santos Coelho Barreto (Rio de Janeiro, 1881-1921), foi um jornalista, cronista, crítico de artes, tradutor e teatrólogo brasileiro. Escreveu para diversos jornais sobre os mais diferentes assuntos, e chegou a usar mais de dez pseudônimos, até adotar, por fim, o de João do Rio, pelo qual ficou definitivamente conhecido. Filho de família de classe média ilustrada, teve a melhor formação escolar da época, e foi o introdutor na imprensa brasileira de um novo estilo de jornalismo investigativo, reflexivo e interessado em entender a sociedade brasileira.

Entre fevereiro e abril de 1904, o jovem João do Rio publicou no jornal carioca *Gazeta de Notícias* uma série de reportagens sob o título de *As Religiões no Rio*, tratando das religiões africanas e afro-brasileiras, de protestantes presbiterianos, batistas e metodistas, de espíritas, israelitas, positivistas, fisiólatras, e outras religiosidades e crenças presentes na então capital do Brasil. Escreveu sobre feiticeiros, sacerdotes, exorcistas, iniciados e seguidores dessas religiões. As reportagens são escritas como uma espécie de relato de visita aos lugares sagrados da cidade. Descrevem templos, terreiros e centros religiosos, apresentam sacerdotes, pastores e feiticeiros, e fornecem seus respectivos endereços. Registram situações e diálogos surpreendentes. Nessa

Foreword

João do Rio, pseudonym of João Paulo Emílio Cristovão dos Santos Coelho Barreto (Rio de Janeiro, 1881—1921), was a journalist, chronicler, art critic, translator, and playwright. He wrote for various newspapers on the most diverse subjects, and he came to use more than ten pseudonyms before he finally adopted João do Rio, by which he became definitively known. The son of a well-educated middle class family, he had the best education of the time, and introduced to the Brazilian press a new style of reflective, investigative journalism that sought to understand Brazilian society.

Between February and April of 1904, the young João do Rio published in the Rio de Janeiro newspaper *Gazeta de Notícias* a series of reports under the title *As Religiões no Rio—Religions in Rio*. It dealt with the religions of Africans and Afro-Brazilians, Presbyterian, Baptist, and Methodist, Protestants, Spiritists, Israelites, Positivists, Physiolaters, and other religions and beliefs in the then-capital of Brazil. He wrote about sorcerers, priests, exorcists, and initiates, and followers of these religions. The articles are written as a kind of report on visits to the sacred places of the city. They describe temples, houses of worship, and religious centers. They present priests, pastors, and sorcerers and provide their respective addresses. They record striking situations

caminhada João do Rio é guiado por um informante fictício, que chamou de Antônio, e que representava certamente diferentes informantes que o levaram ao encontro da grande diversidade religiosa que ele descreve, comenta e revela. Muitas das práticas religiosas e mágicas de que fala eram totalmente desconhecidas de seus leitores e da população em geral. Os diálogos com Antônio e demais personagens, reais ou fictícios, ajudam a transformar o relato numa quase novela sobre a cidade e suas crenças.

O sucesso das reportagens garantiu sua publicação no livro *As religiões no Rio*, em 1904. O livro foi igualmente bem recebido e vendeu em pouco tempo muito mais que o habitual. Já se perdeu a conta do número de edições e reimpressões dessa obra pioneira e fundamental para a história da diversidade religiosa no Brasil.

Até hoje, transcorrido mais de um século, a leitura dessa aventura em busca do sagrado, que reforça seus mistérios e supostos perigos, é agradável, extraordinária e muito enriquecedora. Fatos e personagens que vieram a se tornar importantes para o estudo da religião em décadas subsequentes tiveram lugar garantido no livro. Do mesmo modo, *As Religiões no Rio* é uma fonte significativa para o estudo do preconceito racial e religioso no começo do século XX. Para uma boa leitura, hoje, o leitor deve descontar do discurso de João do Rio o peso da intolerância da época, que aparece tanto no relato do autor quanto nos diálogos apresentados. Qualquer religiosidade alheia ao catolicismo da época era vista com maus olhos. A Constituição da República garantia a liberdade religiosa, deixando para trás definitivamente o antigo privilégio que dava ao catolicismo a condição de religião oficial e a única tolerada. Porém, qualquer crença estranha ao universo católico não era considerada religião pelo código penal e pelas autoridades policiais e jurídicas, e sim feitiçaria ou exploração da credulidade pública, e como tal era perseguida e punida. Até recentemente essa era a condição legal que cerceava a liberdade de crenças não católicas. É fácil entender, portanto, o clima de suspeição, desvio social e marginalidade com que as religiões no Rio de Janeiro foram tratadas há mais de cem anos. O mais importante é que, sem esse livro, dificilmente poderíamos reconstruir

and dialogues. On this journey João do Rio is guided by a fictitious informant whom he called Antônio, and who certainly represented different informants who took him to encounters with the great religious diversity that he describes, comments on, and reveals. Many of the religious and magical practices which he speaks of were totally unknown to his readers and the population in general. The dialogues with Antônio and other people, real or fictitious, help transform the report into a quasi-novella about the city and its beliefs.

The success of these articles guaranteed their publication in the book *As Religiões no Rio* in 1904. The book was equally well received and in a short time sold much more than the usual. The count has been lost on the number of editions and reprints of this pioneering and fundamental work to the history of religious diversity in Brazil.

Until today, over a century later, the reading of this adventure in search of the sacred, which reinforces its mysteries and supposed dangers, is pleasant, extraordinary, and quite enriching. Facts and personalities that came to be important for the study of religion in subsequent decades had a guaranteed place in the book. In the same way, *As Religiões no Rio* is a significant source for the study of racial and religious prejudice in the early 20th century. For a good reading the reader should, today, detach the weight of intolerance of the time in Joao do Rio's speech, which features as much in the author's story as in the dialogues presented. Any religion other than Catholicism at that time was frowned upon. The Constitution of the Republic guaranteed religious freedom, leaving behind once and for all the old privilege that had given Catholicism the status of official and only tolerated religion. Any belief from outside the Catholic universe, however, was not considered a religion under the penal code or by police and legal authorities. Rather any such belief was considered a cult or an exploitation of the credulous public, and as such it was persecuted and punished. Even recently this was the legal status that surrounded the freedom of non-Catholic beliefs. It is easy to understand, thus, the climate of suspicion, social deviance, and marginality with which religions in Rio de Janeiro were treated a

hoje o que foi a religiosidade no Brasil da época, em sua capital federal.

Em cinco reportagens, João do Rio trata das religiões afro-brasileiras, ainda em formação, oferendo pormenores da iniciação, do oráculo, da hierarquia sacerdotal e do panteão de orixás, que são deuses africanos adotados pelo Brasil, cultuados até os dias de hoje pela religião denominada candomblé, em suas diferentes versões, e por outras modalidades religiosas de origem mais recente, como a umbanda.

Os traços que descrevem o candomblé no Rio de Janeiro no começo do século XX coincidem em muito com aqueles feitos poucos anos depois pelo médico e antropólogo Nina Rodrigues para a Bahia, e com as do educador José Vicente Lima e do médico e pesquisador Gonçalves Fernandes para o estado de Pernambuco que os seguiram alguns anos depois. Esses mesmos elementos constitutivos estão presentes no candomblé contemporâneo, cujo modelo ideal se encontra no livro do sociólogo Roger Bastide, *O candomblé da Bahia*, e que a partir da década de 1960 se propagou pelas mais diferentes regiões do Brasil.

Salvador, capital do estado da Bahia, representa para os seguidores das religiões de origem africana a cidade sagrada, onde o candomblé se originou e onde estão os terreiros (templos) mais antigos. Mas, quando o candomblé se formava na Bahia, o Rio de Janeiro era o centro nacional de referência cultural e o local para onde os migrantes saídos de outras regiões se dirigiam preferencialmente. Grandes pais e mães de santo (sacerdotes-chefes do candomblé) da Bahia passaram parte de suas vidas religiosas no Rio, onde se relacionavam com sacerdotes locais, muitos deles citados por João do Rio, como, por exemplo, João Alabá, morador da rua Barão de São Félix, onde chefiava um candomblé iorubá, ponto de referência para os baianos que chegavam ao Rio; e o babalaô africano Cipriano Abedé, que manteve com sacerdotes baianos trocas religiosas decisivas na formação das religiões afro-brasileiras. João do Rio também fala de mãe Ciata, ou Assiata, figura relevante na história do samba e das escolas de samba. Todos são apontados como farsantes, exploradores da credulidade alheia, feiticeiros inescrupulosos, enganadores. Mas como já disse, essa visão distorcida era típica da época.

hundred years ago. Most important is that, without this book, it would be difficult to reconstruct today what religion was like in Brazil at that time, in its national capital.

In five reports, João do Rio deals with Afro-Brazilian religions, still in formation, offering details of the initiation, the prophesy, the priestly hierarchy, and the pantheon of orishas, the African gods adopted by Brazil, still worshipped today by the religion known as *camdomblé*, in its various forms, and by other religious modalities of more recent origin, such as *umbanda.*

The features of *candomblé* in Rio de Janeiro described at the beginning of the 20th century coincide immensely with those for Bahia a few years later by physician and anthropologist Nina Rodrigues, and with those of educator José Vicente Lima and the physician and researcher Gonçalves Fernandes for the state of Pernambuco which followed. These same constitutive elements are present in the contemporary *candomblé*, whose ideal model is found in the book by sociologist Roger Bastide, *O Candomblé da Bahia* (1978), and which after the 1960s spread across various regions of Brazil.

Salvador, capital of Bahia, represents the sacred city for the followers of African religions, where *candomblé* originated and where the oldest temples are. But, when *candomblé* formed in Bahia, Rio de Janeiro was the nation's cultural reference point and the place where migrants coming out of other regions preferred to go. Great *pais* and *mães de santo* (fathers and mothers of the saints, the chief priests of *candomblé*) from Bahia lived part of their religious lives in Rio, where they related with local priests, many of them cited by João do Rio, such as João Alabá, a resident of Barão de São Felix St., where he headed a Yoruba *candomblé*, a point of reference for Bahians who arrived in Rio; and the African *babalaô* Cipriano Abedé, who held religious exchanges with Bahian priests that were decisive in the formation of Afro-Brazilian religions. João do Rio also spoke of Mother Ciata, or Assiata, a relevant figure in the history of samba and the *escolas de samba* groups. All were identified as phonies, exploiters of people's credulity, unscrupulous sorcerers, deceivers.

Prefácio

O candomblé, no tempo de João do Rio, era uma religião de negros, em geral analfabetos. Ao tratar de outras religiões, não surpreende a boa vontade com que João do Rio nos fala das crenças que pressupõe o exercício intelectual, o uso da leitura, do livro e da reflexão, posição que valoriza, enfim, a escola e a civilização letrada. Atitude igualmente característica da época. Crenças e práticas mais distantes da civilização europeia e do cristianismo mereceram o mesmo tratamento ideológico dado às que foram trazidas da África. Contudo, o cuidado com que foram abordadas do ponto de vista descritivo, digamos, reforça o mérito do trabalho.

De todo modo, sem João do Rio e suas reportagens reunidas em *As religiões no Rio*, saberíamos muito pouco do passado religioso do Brasil, ali em sua capital federal, onde, na passagem do século XIX para o século XX, migrantes brasileiros e imigrantes de diversas partes do mundo se juntavam aos nativos brasileiros para construir um encontro de civilizações em que deuses e santos se sincretizavam, crenças se ofereciam como alternativas de visões de mundo, e rituais concorriam entre si e às vezes se juntavam na perspectiva de oferecer aos crentes uma vida melhor. Saberíamos menos desse processo social, enfim, em que a própria cultura brasileira contemporânea vinha se constituindo com o uso de elementos extraídos do mundo mostrado e escondido das religiões.

Reginaldo Prandi
Professor Sênior
Universidade de São Paulo

But as I have said, this distorted view was typical of the times.

Candomblé, in the time of João do Rio, was a religion of blacks, in general illiterate. In dealing with other religions, it is not surprising to see the good will with which João do Rio tells of beliefs, presupposing intellectual exercise, readings, books, and reflection, a stance that values, then, schooling and a literate civilization. That attitude is equally characteristic of the period. Beliefs and practices farther from European civilization and Christianity deserve the same ideological treatment given to those that came from Africa. However, the care with which they were broached from the descriptive point of view reinforces the worthiness of the work.

In any event, without João do Rio and the reports brought together in *As Religiões no Rio*, we would know very little about the religious past of Brazil there in its national capital where, as the 19th century passed into the 20th, Brazilian migrants and immigrants from various parts of the world joined the native Brazilians to form an encounter of civilizations in which gods and saints syncretized, beliefs were offered as alternative visions of the world, and rituals competed among themselves, and sometimes merged with the intention of offering their followers a better life. In effect we would know less of this social process in which contemporary Brazilian culture was constituting itself through the use of elements extracted from a world visible and hidden in religion.

Reginaldo Prandi
Senior Professor
University of São Paulo

As Religiões no Rio

João do Rio

Religions in Rio

João do Rio

translated by

Ana Lessa-Schmidt

As Religiões no Rio

Cecy est un livre de bonne foy
(MONTAIGNE)

A Manuel Jorge de Oliveira Rocha
meu amigo.

A religião? Um misterioso sentimento, misto de terror e de esperança, a simbolização lúgubre ou alegre de um poder que não temos e almejamos ter, o desconhecido avassalador, o equívoco, o medo, a perversidade.

O Rio, como todas as cidades nestes tempos de irreverência, tem em cada rua um templo e em cada homem uma crença diversa.

Ao ler os grandes diários, imagina a gente que está num pais essencialmente católico, onde alguns matemáticos são positivistas. Entretanto, a cidade pulula de religiões. Basta parar em qualquer esquina, interrogar. A diversidade dos cultos espantar-vos-á. São swendeborgeanos, pagãos literários, fisiólatras, defensores de dogmas exóticos, autores de reformas da Vida, reveladores do Futuro, amantes do Diabo, bebedores de sangue, descendentes da rainha de Sabá, judeus, cismáticos, espíritas, babalaôs

Religions in Rio

This is book means well
(Montaigne)

To Jorge Manuel de Oliveira Rocha
my friend.

Religion? A mysterious feeling, a mix of terror and hope, the mournful or joyful symbolization of a power that we do not have and long for, the overwhelming unknown, misunderstanding, fear, perversity.

Rio de Janeiro, like all cities in these times of irreverence, has a temple on each street and a different creed in every man.

When reading the big news, people think they are in an essentially Catholic country, where some mathematicians are positivists. However, the city teems with religions. Just stop on any corner and ask. The diversity of worship will surprise you. There are Swedenborgians, literary pagans, physiolaters, defenders of exotic dogmas, authors of reforms of Life, Fortunetellers, Devil-lovers, blood-drinkers, descendants of the Sabbath Queen, Jews, Schismatics, Spiritualists, babalaôs from Lagos, women who respect the ocean, all cults, all faiths, all the forces of Fright.

de Lagos, mulheres que respeitam o oceano, todos os cultos, todas as crenças, todas as forças do Susto. Quem através da calma do semblante lhes adivinhará as tragédias da alma? Quem no seu andar tranqüilo de homens sem paixões irá descobrir os reveladores de ritos novos, os mágicos, os nevrópatas, os delirantes, ospossuídos de Satanás, os mistagogos da Morte, do Mar e do Arco-Íris? Quem poderá perceber, ao conversar com estas criaturas, a luta fratricida por causa da interpretação da Bíblia, a luta que faz mil religiões à espera de Jesus, cuja reaparição está marcada para qualquer destes dias, e à espera do Anti-Cristo, que talvez ande por aí? Quem imaginará cavalheiros distintos em intimidade com as almas desencarnadas, quem desvendará a conversa com os anjos nas chombergas fétidas?

Eles vão por aí, papas, profetas, crentes e reveladores, orgulhosos cada um do seu culto, o único que é a Verdade. Falai-lhes boamente, sem a tenção de agredi-los, e eles se confessarão - por que só uma coisa é impossível ao homem: enganar o seu semelhante, na fé.

Foi o que fiz na reportagem a que a Gazeta de Notícias emprestou uma tão larga hospitalidade e um tão grande ruído; foi este o meu esforço: levantar um pouco o mistério das crenças nesta cidade.

Não é um trabalho completo. Longe disso. Cada uma dessas religiões daria farta messe para um volume de revelações. Eu apenas entrevi a bondade, o mal e o bizarro dos cultos, mas tão convencido e com tal desejo de ser exato que bem pode servir de epígrafe a este livro a frase de Montaigne:

Cecy est un livre de bonne foy.

João do Rio

Who will, through the calm of their countenance, guess the tragedies of their souls? Who will, through the quiet walk of men without passions, identify the revealers of new rites, magicians, neuropaths, delirious, possessed by Satan, the mystagogues of Death, of the Sea and of the Rainbow? Who can tell, by talking to these creatures, the fratricidal struggle for the interpretation of the Bible, the struggle that a thousand religions make whilst waiting for Jesus, whose reappearance is scheduled for any day now, and whilst waiting for the Anti-Christ, who may be around? Who will imagine distinguished gentlemen in intimate relations with the disembodied souls, who will unveil the conversation with angels in the fetid hellholes?

They walk about, popes, prophets, believers and revealers, each proud of their worship, the only one which is the Truth. Tell them willingly, without the intention of attacking them, and they will confess - because only one thing is impossible for mankind: to delude his fellow in faith.

So that was what I did in the article to which the Gazette News lent such wide hospitality and great clatter; this was my endeavor: to slightly bring to light the mystery of the creeds in this city.

It is not a complete work. Far from it. Each of these religions would turn into a profuse harvest for a volume of revelations. I just glimpsed at the goodness, the evil and the bizarre in these cults, but so convinced and with such desire to be exact that Montaigne's phrase may well serve as an epigraph to this book:

This book means well.

João do Rio

Capítulo Um

No Mundos dos Feitiços

Os Feiticeiros

Antônio é como aqueles adolescentes africanos de que fala o escritor inglês. Os adolescentes sabiam dos deuses católicos e dos seus próprios deuses, mas só veneravam o uísque e o *schilling*.

Antônio conhece muito bem N. S.ª das Dores, está familiarizado com os *orixálas* da África, mas só respeita o papel-moeda e o vinho do Porto. Graças a esses dois poderosos agentes, gozei da intimidade de Antônio, negro inteligente e vivaz; graças a Antônio, conheci as casas das ruas de São Diogo, Barão de São Felix, Hospício, Núncio e da América, onde se realizam os candomblés e vivem os pais-de-santo. E rendi graças a Deus, porque não há decerto, em toda a cidade, meio tão interessante.

- Vai V. S. admirar muita coisa! - dizia Antônio a sorrir; e dizia a verdade.

Da grande quantidade de escravos africanos vindos para o Rio no tempo do Brasil colônia e do Brasil monarquia, restam uns mil negros. São todos das pequenas nações do interior da África, pertencem ao *igesá*, *oié*, *ebá*, *aboum*, *haussá*, *itaqua*, ou se consideram filhos dos *ibouam*,

Chapter One

In the World of Spells

The Sorcerers

Antônio is like those African teenagers described by the English writer. The teenagers knew the Catholic gods and their own gods, but only worshiped whiskey and the *schilling*.

Antônio knows Our Lady of Sorrows very well; he is familiar with the African *Orixálas*;[1] but only respects money and port wine. Thanks to these two powerful agents, I enjoyed getting close to Antônio, an intelligent and vivacious black man. Thanks to Antônio I had the chance to know the houses of São Diogo, Barão de São Felix, Hospício, Núncio and América streets; where they perform *candomblés*,[2] and where the *pais-de-santo*[3] live. And I gave thanks to God, because there certainly are no such interesting surroundings anywhere in the city.

"You will be amazed, Sir!" Antônio said, smiling; and he spoke the truth.

Of the large number of African slaves who came to Rio de Janeiro during Brazil's colonial and monarchic times, there are a few thousand blacks remaining. They are all from small nations in Africa's hinter-

ixáu dos *gêge* e dos *cambindas*. Alguns ricos mandam a descendência brasileira à África para estudar a religião, outros deixam como dote aos filhos cruzados daqui os mistérios e as feitiçarias. Todos, porém, falam entre si um idioma comum: o *eubá*.

Antônio, que estudou em Lagos, dizia:

- O *eubá* para os africanos é como o inglês para os povos civilizados. Quem fala o *eubá* pode atravessar a África e viver entre os pretos do Rio. Só os *cambindas* ignoram o *eubá*, mas esses ignoram até a própria língua, que é muito difícil. Quando os *cambindas* falam, misturam todas as línguas... Agora os *orixás* e os *alufás* só falam o *eubá*.

- *Orixás, alufás?* - fiz eu, admirado.

- São duas religiões inteiramente diversas. Vai ver.

Com efeito. Os negros africanos dividem-se em duas grandes crenças: os *orixás* e os *alufás*.

Os *orixás*, em maior número, são os mais complicados e os mais animistas. Litólatras e fitólatras, têm um enorme arsenal de santos, confundem os santos católicos com os seus santos, e vivem a vida dupla, encontrando em cada pedra, em cada casco de tartaruga, em cada erva, uma alma e um espírito. Essa espécie de politeísmo bárbaro tem divindades que se manifestam e divindades invisíveis. Os negros guardam a idéia de um Deus absoluto como o Deus católico: *Orixa-alúm*. A lista dos santos é infindável. Há o *Orixalá*, que é o mais velho, *Axum*, a mãe d'água doce, *Ye-man-já*, a sereia; *Exú*, o diabo, que anda sempre detrás da porta, *Sapanam*, o Santíssimo Sacramento dos católicos, o *Irocô*, cuja aparição se faz na árvore sagrada da gameleira, o *Gunocô*, tremendo e grande, o *Ogum*, São Jorge ou o Deus da guerra, a *Dadá*, a *Orainha*, que são invisíveis, e muitos outros, como o santo do trovão e o santo das ervas. A juntar a essa coleção complicada, têm os negros ainda os espíritos maus e os *heledás* ou anjos da guarda.

É natural que para corresponder à hierarquia celeste seja necessária uma hierarquia eclesiástica. As criaturas vivem em poder do invisível e só quem tem estudos e preparo pode saber o que os santos querem. Há por isso grande quantidade de autoridades religiosas. Às vezes encon-

land, belonging to *Igesá, Oié, Ebá, Aboum, Haussá, Itaqua* peoples, or considering themselves children of the *Ibouam*, Ixáu of the Gêge and *Cambindas*. Some rich people sent their Brazilian offspring to Africa to study its religion; others left mysteries and sorceries as a dowry to their local crossbred children. All of them, however, speak a common language among themselves: Yoruba.[4]

Antônio, who studied in Lagos, said:

"Yoruba is for Africans as English is for civilized people. Whoever speaks Yoruba can cross Africa and live among the blacks in Rio de Janeiro. It is only the *Cambindas* who don't know Yoruba, but they don't even know their own language, which is very difficult. When the *Cambindas* talk, they mix all languages... Now the Orixás and Alufás only speak Yoruba."

"Orixás, Alufás?" said I, intrigued.

"They are two entirely different religions. You'll see."

Indeed. The black Africans are divided into two major beliefs: the Orixás[5] and alufás.[6]

The Orishas, more numerous, are the more complicated and the more animist. Litholaters and Phylolaters,[7] they have a huge arsenal of saints, confuse the Catholic saints with their own saints, and live a double life, finding in each stone, each turtle shell, each herb, a soul, and a spirit. This kind of barbarous polytheism has deities that manifest themselves and deities that are invisible. The blacks hold the idea of an absolute God comparable to the Catholic God: Orixa-alúm. The list of saints is endless. There is Orixalá, who is the oldest; Axum, the mother of fresh waters; Yemanja, the mermaid; Eshu,[8] the devil, who is always behind the door; Sapanam, the Blessed Sacrament for Catholics; Irocô, whose appearance happens by the sacred fig tree;[9] Gunocô, tremendous and large; Ogum, St. George or the god of war; Dadá, and Orainha, who are invisible; and many others, such as the saint of thunder [Iansan], and the saint of herbs [Osanyin]. In addition to this complicated collection, blacks still have evil spirits and the *heledás* or guardian angels.

It is only natural that an ecclesiastical hierarchy is needed in order to match the celestial one. These creatures live under the invisible

tramos nas ruas negros retintos que mastigam sem cessar. São *babalaôs*, matemáticos geniais, sabedores dos segredos santos e do futuro da gente; são *babás* que atiram o *endilogum*; são *babaloxás*, pais-de-santos veneráveis. Nos lanhos da cara puseram o pó da salvação e na boca têm sempre o *obi*, noz de cola, boa para o estômago e asseguradora das pragas.

Antônio, que conversava dos progressos da magia na África, disse-me um dia que era como Renan e Shakespeare: vivia na dúvida. Isso não o impedia de acreditar nas pragas e no trabalhão que os santos africanos dão.

- V. S. não imagina! Santo tem a festa anual, aparece de repente à pessoa em que se quer meter e esta é obrigada logo a fazer festa; santo comparece ao juramento das *Iauô* e passa fora, do Carnaval à Semana Santa; e logo quer mais festa... Só descansa mesmo de fevereiro a abril.

- Estão veraneando.

- No carnaval os negros fazem *ebó*.

- Que vem a ser *ebó*?

- *Ebó* é despacho. Os santos vão todos para o campo e ficam lá descansando.

- Talvez estejam em Petrópolis.

- Não. Santo deixa a cidade pelo mato, está mesmo entre as ervas.

- Mas quais são os cargos religiosos?

- Há os *babalaôs*, os *açoba*, os *aboré*, grau máximo, as mães-pequenas, os *ogan*, as *agibonam*...

A lista é como a dos santos, muito comprida, e cada um desses personagens representa papel distinto nos sacrifícios, nos candomblés e nas feitiçarias. Antônio mostra-me os mais notáveis, os pais-de-santo: Olu-ou, Eruosaim, Alamijo, Adé-Oié, os *babalaôs* Emídio, Oloô-Teté, que significa treme-treme, e um bando de feiticeiros: Torquato requipá ou fogo pára-chuva, Obitaiô, Vagô, Apotijá, Veridiana, Crioula Capitão, Rosenda, Nosuanan, a célebre Chica de Vavá, que um político economista protege...

- A Chica tem proteção política?

power, and only those who are learned and prepared will know what the saints want. For this reason there are countless religious authorities. Sometimes one can find deep black people in the streets who chew incessantly. They are the *babalaôs*,[10] mathematical geniuses, connoisseurs of the saints' secrets, and of the future of the people; *babás*[11] who play the *endilogum*;[12] they are *babaloxás*,[13] venerable *pais-de-santo*. They put the powder of salvation in the lacerations of their faces, and always have the *obi, kola* nut, in their mouths, which is good for the stomach and protects against plagues.

Antônio, who talked about the progresses of the spells in Africa, told me one day that he was like Renan and Shakespeare: living in doubt. That did not stop him believing in plagues and the hard work that African saints inflict.

"You cannot imagine, Sir! Each saint has an annual feast. It suddenly appears to the person whom it wants to possess, and this person is soon obliged to throw it a party. A saint attends the oath of the *Iaô*[14] and disappears from Carnival to the Holy Week; and soon he wants more partying... He really only rests from February to April."

"They are on holidays."

"During Carnival blacks make an *ebó*."

"What is the *ebó*?"

"*Ebó* is an offering. All the Saints go to the countryside and stay there resting."

"Maybe they're in Petrópolis."

"No. Saints leave town through the bushes. They are actually among the herbs."

"But what are the religious positions?"

"There are the *babalaôs*; the *açoba*;[15] the *aboré*,[16] the highest rank; small-mothers; the *ogan*;[17] the *agibonam*...[18]"

The list is like that of the saints — too long — and each of these characters has a distinct role in the sacrifices, in the *candomblés* and in the sorceries. Antônio shows me the most remarkable, the *pais-de-santo*: Oluou, Eruosaim, Alamijo, Adé-Oié; the *babalaôs* Emídio; Oloô-Teté, which means shaky; and a bunch of sorcerers: Torquato Requipá or stop-

- Ora se tem! Mas que pensa o senhor? Há homens importantes que devem quantias avultadas aos *alufás* e *babalaôs* que são grau 32 da Maçonaria.

Dessa gente, poucos lêem. Outrora ainda havia sábios que destrinçavam o livro sagrado e sabiam porque *Exú* é mau - tudo direitinho e claro como água. Hoje a aprendizagem é feita de ouvido. O africano egoísta pai-de-santo, ensina ao *aboré*, as *iauô* quando lhes entrega a navalha, de modo que não só a arte perde muitas das suas fases curiosas como as histórias são adulteradas e esquecidas.

- Também agora não é preciso saber o *Saó Hauin*. Negro só olhando e sabendo o nome da pessoa pode fazer mal, diz Antônio.

Os *Orixás* são em geral polígamos. Nessas casas das ruas centrais de uma grande cidade, há homens que vivem rodeados de mulheres, e cada noite, como nos sertões da África, o leito do *babaloxás* é ocupado por uma das esposas. Não há ciúmes, a mais velha anuncia quem a deve substituir, e todas trabalham para a tranqüilidade do pai. Oloô-Teté, um velho que tem noventa anos no mínimo, ainda conserva a companheira nas delícias do himeneu, e os mais sacudidos transformam as filhas-de-santo em *huris* de serralhos.

Os *alufás* têm um rito diverso. São maometanos com um fundo de misticismo. Quase todos dão para estudar a religião, e os próprios malandros que lhes usurpam o título sabem mais que os *orixás*.

Logo depois do *suma* ou batismo e da circuncisão ou *kola*, os *alufás* habilitam-se à leitura do Alcorão. A sua obrigação é o *kissium*, a prece. Rezam ao tomar banho, lavando a ponta dos dedos, os pés e o nariz, rezam de manhã, rezam ao pôr-do-sol. Eu os vi, retintos, com a cara reluzente entre as barbas brancas, fazendo o *aluma gariba*, quando o crescente lunar aparecia no céu. Para essas preces, vestem o *abadá*, uma túnica branca de mangas perdidas, enterram na cabeça um *filá* vermelho, donde pende uma faixa branca, e, à noite, o *kissium* continua, sentados eles em pele de carneiro ou de tigre.

- Só os *alufás* ricos sentam-se em peles de tigre, diz-nos Antônio.

rain fire, Obitaiô, Vagô, Apotijá, Veridiana, Crioula Capitão, Rosenda, Nosuanan, the celebrated Chica de Vavá, who is protected by an economist politician...

"Has Chica got political protection?"

"Of course she has! What do you think, Sir? There are important men who are 32nd degree in the Freemasonry and who owe bulging amounts to the *alufás* and *babalaôs*."

Of these people, only a few can read. Once there were wizards who unraveled the holy book and knew why *Eshu* is bad - everything as crystal and clear as water. Today learning is made by ear. The egoistic African *pai-de-santo* teaches the *aboré* and the *iaô* when he hands them the blade, so that not only does the art lose many of its curious phases but also the histories are adulterated and forgotten.

"Also, now it's not necessary to know the *Saó Hauin*. Just by looking at and knowing the name of the person, a black can do evil," Antônio says.

The orishas are often polygamous. In these houses of the central streets of a big city, there are men who live surrounded by women, and each night, as in the hinterlands of Africa, the bed of the *babaloxás* is occupied by one of the wives. There is no jealousy. The eldest woman announces who should replace her, and everyone works for the tranquility of the father. Oloô-Teté, an old man who is at least ninety years old, still retains the companion in the delights of marriage, and the more decisive turn the *filhas-de-santo*[19] into nymphs of the harem.

The *alufás* have a different rite. They are Muslims with a mystic background. Almost all study religion, and even the rogues who usurp their title know more than the *orishas*.

Soon after the *suma,* or baptism, and the circumcision, or *kola*, the *alufás* are qualified to read the Quran. Their duty is *kissium*, prayer. They pray while taking a bath, while washing the tips of their fingers, their feet and nose. They pray in the morning, they pray at sunset. I saw them, very dark, with gleaming faces behind their white beards, doing the *aluma gariba*, when the crescent moon appeared in the sky. For these prayers, they wear the *abadá*, a white tunic with puffy sleeves.

Essas criaturas contam à noite o rosário ou *tessubá*, têm o preceito de não comer carne de porco, escrevem as orações numas taboas, as *atô*, com tinta feita de arroz queimado, e jejuam como os judeus quarenta dias a fio, só tomando refeições de madrugada e ao pôr-do-sol.

Gente de cerimonial, depois do *assumi*, não há festa mais importante como a do *ramadan*, em que trocam o *saká* ou presentes mútuos. Tanto a sua administração religiosa como a judiciária estão por inteiro independentes da terra em que vivem.

Há em várias tribos vigários gerais ou *ladamos*, obedecendo ao *lemano*, o bispo, e a parte judiciária está a cargo dos *alikali*, Juízes sagabamo, imediatos de juízes, e *assivajiu*, mestre e cerimônias.

Para ser *alufá* é preciso grande estudo, e esses pretos que se fingem sérios, que se casam com gravidade, não deixam também de fazer *amuré* com três e quatro mulheres.

- Quando o jovem *alufá* termina o seu exame, os outros dançam o *opasuma* e conduzem o iniciado a cavalo pelas ruas, para significar o triunfo.

- Mas essas passeatas são impossíveis aqui, brado eu.

- Não são. As cerimônias realizam-se sempre nas estações dos subúrbios, em lugares afastados, e os *alufás*, vestem as suas roupas brancas e o seu gorro vermelho.

Naturalmente Antônio fez-me conhecer os *alufás*: Alikali; o *lemano* atual, um preto de pernas tortas, morador à Rua Barão de São Félix, que incute respeito e terror; o Chico *Mina*, cuja filha estuda violino, Alufapão, Ojó, Abacajebú, Ginjá, Mané, brasileiro de nascimento, e outros muitos.

Os *alufás* não gostam da gente de santo a que chamam *auauadó-chum*; a gente de santo despreza os bichos que não comem porco, tratando-os de *malés*. Mas acham-se todos relacionados pela língua, com costumes exteriores mais ou menos idênticos e vivendo da feitiçaria. Os *Orixás* fazem sacrifícios, afogam os santos em sangue, dão-lhes comidas, enfeites e azeite-de-dendê.

They fix a red *filá*[20] on their heads from which hangs a white band. And, at night, they continue the *kissium*, seated on sheepskin or tiger.

"Only the rich *alufás* sit on tiger skins," Antônio tells us.

At night these creatures count the rosary or *tessubá*. They have the precept of not eating pork. They write prayers on boards, the *atô*, with ink made of burnt rice, and they fast like the Jews for forty days on end, only eating meals at dawn and sunset.

For these ceremonial people, after *assumi*, there is no more important feast than the Ramadan, where they exchange the *saká*, or mutual gifts. Both their religious and judicial administration is independent from that of the land where they live.

There are vicars general or *ladamos* in many tribes, obeying the *lemano*,[21] the bishop; and the judicial part is the responsibility of the *alikali*, *sagabamo* judges, judges' chief officers; and the *assivajiu*, master of ceremonies.

Much study is necessary to be an *alufá*, and these blacks who pretend to be serious, who marry seriously, don't fail to do the *amuré*[22] with three and four women.

"When young *alufá* finishes his exam, others dance the *opa-suma* and lead the initiate through the streets on horseback to represent his triumph."

"But these parades are impossible here," I cry.

"They are not. The ceremonies are always held in locations in the suburbs, in remote places, and *alufás* wear their white clothes and their red cap."

Naturally Antônio introduced me to the *alufás*: Alikali, the current *lemano*, a bowlegged black man, resident at Rua Barão de São Félix, who instills respect and fear; Chico Mina,[23] whose daughter studies violin; Alufapão; Ojó; Abacajebú; Ginjá; Mané, Brazilian by birth; and many others.

The *alufás* do not like the Orishas' worshipers whom they call *au-auadó-chum*; the Orishas' worshipers despise animals that don't eat pork and call them *malés*.[24] But they are all related by language, with more or less identical exterior habits, and living from sorcery. The Orishas make

Os *alufás*, superiores, apesar da proibição da crença, usam dos *aligenun*, espíritos diabólicos chamados para o bem e o mal, num livro de sortes marcado com tinta vermelha e alguns, os maiores, como Alikali, fazem até *idams* ou as grandes mágicas, em que a uma palavra cabalística a chuva deixa de cair e *obis* aparecem em pratos vazios.

Antes de estudar os feitiços, as práticas por que passam as *iauô* nas camarinhas e a maneira dos cultos, quis ter uma impressão vaga das casas e dos homens.

Antônio levou-me primeiro à residência de um feiticeiro *alufá*. Pelas mesas, livros com escrituras complicadas, ervas, coelhos, esteiras, um calamo de bambu finíssimo.

Da porta o guia gritou:

- Salamaleco.

Ninguém respondeu.

- Salamaleco!

- Maneco Lassalama!

No canto da sala, sentado numa pele de carneiro, um preto desfiava o rosário, com os olhos fixos no alto.

- Não é possível falar agora. Ele está rezando e não quer conversar.

Saímos, e logo na rua encontramos o Chico Mina. Este veste, como qualquer de nós, ternos claros e usa suíças cortadas rentes. Já o conhecia de o ver nos cafés concorridos, conversando com alguns deputados. Quando nos viu, passou rápido.

- Está com medo de perguntas. Chico gosta de fingir.

Entretanto, no trajeto que fizemos do Largo da Carioca à praça da Aclamação, encontramos, a fora um esverdeado discípulo de Alikali, *Omoncheo*, como eles dizem, duas mães-de-santo, um velho *babalaô* e dois *babaloxás*.

Nós íamos à casa do velho matemático Oloô-Teté.

As casas dos minas conservam a sua aparência de outrora, mas estão cheias de negros baianos e de mulatos. São quase sempre rótulas lobregas, onde vivem com o personagem principal cinco, seis e mais pessoas. Nas salas, móveis quebrados e sujos, esteirinhas, bancos; por cima das

sacrifices, drown the saints in blood, and give them food, decorations and palm oil.

Despite the prohibition of their belief, the *alufás*, being superior, use the *aligenun* - evil spirits summoned for good and evil - from a book of fortunes marked with red ink, and some, the major ones, such as *Alikali*, even make *idams* - or great spells - whereby one cabalistic word stops the rain from falling, and *obis* appear on empty plates.

Before studying the spells, the practices the *iaô* go through in the small chambers and in the manner of worshiping, I wanted to have a vague impression of the houses and the men.

Antônio first took me to the residence of an *alufá* sorcerer. On the tables, books with complicated scriptures, herbs, rabbits, mats, one very fine bamboo pen.

From the door the guide shouted.

"Salamaleco."

No one answered.

"Salamaleco!"

"Maneco Lassalama."[25]

In the center of the room, sitting on a sheepskin, a black man counted a rosary, his eyes fixed overhead.

"It's not possible to talk now. He is praying and does not want to talk."

We went out, and in the street we met Chico Mina. He dresses like any of us, in light-colored suits and has closely cut sideburns. I knew him from seeing him in the crowded cafes, chatting with some deputies. When he saw us, he walked on quickly.

"He is afraid of questions. Chico likes to pretend."

However, on the route we took from Largo da Carioca to Praça da Aclamação,[26] we found, beside the greenish disciple of Alikali, *Omoncheo*, as they say, two *mães-de-santo*,[27] an old *babalaô* and two *babaloxás*.

We were going to the house of the old mathematician *Oloo-Teté*.

The houses of the Minas retain their old appearance but are full of blacks from Bahia and mulattos. They are almost always gloomy warrens

mesas, terrinas, pucarinhos de água, chapéus de palha, ervas, pastas de oleado onde se guarda o *opelé*; nas paredes, atabaques, vestuários esquisitos, vidros; e no quintal, quase sempre jabotis, galinhas pretas, galos e cabritos.

Há na atmosfera um cheiro carregado de azeite-de-dendê, pimenta-da-costa e catinga. Os pretos falam da falta de trabalho, fumando grossos cigarros de palha. Não fosse a credulidade, a vida ser-lhes-ia difícil, porque em cada um dos seus gestos revela-se uma lombeira secular.

Alguns velhos passam a vida sentados, a dormitar.

- Está pensando! - dizem os outros.

De repente, os pobres velhos ingênuos acordam, com um sonho mais forte nessa confusa existência de pedras animadas e ervas com espírito.

- *Chango* diz que eu tenho de fazer sacrifício!

Chango, o deus do trovão, ordenou no sono, e o *opelé*, feito de cascas de tartaruga e batizado com sangue, cai na mesa enodoada para dizer com que sacrifício se contenta *Chango*.

Outros, os mais malandros, passam a existência deitados no sofá. As filhas-de-santo, prostitutas algumas, concorrem para lhes descansar a existência, a gente que as vai procurar dá-lhes o supérfluo. A preocupação destes é saber mais coisas, os feitiços desconhecidos, e quando entra o que sabe todos os mistérios, ajoelham assustados e beijam-lhe a mão, soluçando:

- Diz como se faz a cantiga e eu te dou todo o meu dinheiro!

À tarde, chegam as mulheres, e os que por acaso trabalham em alguma pedreira. Os feiticeiros conversam de casos, criticam-se uns aos outros, falam com intimidade das figuras mais salientes, do país, do imperador, de que quase todos têm o retrato, de Cotegipe, do barão de Mamanguape, dos presidentes da República.

As mulheres ouvem mastigando *obi* e cantando melopéias sinistramente doces. Essas melopéias são quase sempre as preces, as evocações, e repetem sem modalidade, por tempo indeterminado, a mesma frase.

Só pelos *candomblés* ou sessões de grande feitiçaria, em que os *babalaôs* estão atentos e os pais-de-santo trabalham dia e noite nas cama-

where the primary character lives with five, six, and more people. In the rooms, broken and dirty furniture, small matting, benches; on the tables, tureens, small water clay pots, straw hats, herbs, oilskin cases where they keep the *opelê*;[28] on the walls, conga drums, weird clothing, glasses; and in the yard, almost always tortoises, black chickens, roosters, and goats.

There is a strong smell of palm oil, alligator peppers, and stench in the air. The blacks talk about the lack of work, smoking thick corn husk cigarettes. If it was not for credulity, their life would be difficult, because in each of their gestures a secular lethargy is revealed.

Some old people spend their life sitting, dozing.

"He's thinking!" say the others.

Suddenly, the naive, old, poor people wake up, with a stronger dream in this confused existence of animated stones and herbs with spirits.

"Shango says I have to make a sacrifice!"

Shango, the god of thunder, ordered him in his sleep, and the *opelê*, made of tortoise shells and baptized with blood, falls on the stained table to tell which sacrifice would satisfy Shango.

Others, the more roguish ones, spend their existence lying on the couch. The *filhas-de-santo*, some of whom are prostitutes, compete to provide their existence with some rest, and the people who go to them give them leftovers. Their concern is to know more of all things, the unknown spells, and when the one who knows the mysteries comes in, they kneel, frightened, and kiss his hand, sobbing:

"Tell me how to perform the chant and I'll give you all my money!"

In the afternoon, the women arrive, and those who happen to work in some quarry. The sorcerers talk about incidents, criticize each other, speak intimately of the country's most prominent figures, of the emperor, of whom almost everyone has the portrait, of Cotejipe, of Baron Mamanguape, of presidents of the Republic.

Women listen to it all, munching *obi* and singing eerily sweet melopoeias. These melopoeias are almost always prayers, invocations, repeated without alteration, for an indeterminate length of time, the same phrase.

rinhas ou fazendo evocações diante dos fogareiros com o *tessubá* na mão, é que a vida dessa gente deixa a sua calma amolecida de acassá com azeite-de-dendê.

Quando entramos na casa de Oloô-Teté, o matemático macróbio e sensual, uma velha *mina*, que cantava sonambulicamente, parou de repente.

- Pode continuar.

Ela disse qualquer coisa de incompreensível.

- Está perguntando se o senhor lhe dá dois tostões, ensina-nos Antônio.

- Não há dúvida.

A preta escancara a boca, e, batendo as mãos, põe-se a cantar:

Baba ounlõ, ó xocotám, o ilélê.

- Que vem a ser isso?

- É o final das festas, quando o santo vai embora. Quer dizer: papai já foi, já fez, já acabou; vai embora!

Eu olhava a réstia estreita do quintal onde dormiam jabotis.

- O jaboti é um animal sagrado?

- Não, diz-nos o sábio Antônio. Cada santo gosta do seu animal. *Chango*, por exemplo, come jaboti, galo e carneiro. Abaluaié, pai de varíola, só gosta de cabrito. Os pais-de-santo são obrigados pela sua qualidade a fazer criação de bichos para vender e tê-los sempre à disposição quando precisam de sacrifício. O jaboti é apenas um bicho que dá felicidade. O sacrifício é simples. Lava-se bem, às vezes até com *champagne*, a pedra que tem o santo e põe-se dentro da terrina. O sangue do animal escorre; algumas das partes são levadas para onde o santo diz e o resto a roda come.

- Mas há sacrifícios maiores para fazer mal às pessoas?

- Há! para esses até se matam bois.

- Feitiço pega sempre, sentencia o ilustre Oloô-Tetê, com a sua prática venerável. Não há corpo-fechado. Só o que tem é que uns custam mais. Feitiço para pegar em preto é um instante, para mulato já custa, e então para cair em cima de branco a gente sua até não poder mais. Mas

It is only at the *candomblés* or great sorcery sessions, in which the *babalaôs* are attentive and the *pais-de-santo* work day and night in the small chambers, or make evocations in front of braziers with the *tessubá* in hand, that the calm of these people's lives, softened with *acassá*[29] and palm oil, is broken.

When we came into the house of the ancient and sensual mathematician Oloô-Teté, an old Mina woman, who was singing somnambulantly, stopped suddenly.

"Continue."

She said something unintelligible.

"She's asking if you would give her twenty cents," Antônio explains.

"Certainly."

The black woman's mouth opens wide, and, clapping her hands, sets herself to singing:

Baba ounlõ, ó xocotám, o ílélê.

"What's this then?"

"It's the end of the festivities, when the saint goes away. It means: Daddy has already gone, has already done, has already finished; go away!"

I looked at the narrow beams of light in the yard where tortoises slept.

"Is the tortoise a sacred animal?"

"No," the wise Antônio tells us, "every saint likes its animal. *Shango*, for example, eats tortoise, rooster and lamb. Abaluaié, the father of smallpox, only likes goatling. The *pais-de-santo* are required, due to their position, to breed animals to sell and to always have them available for when they need the sacrifice. The tortoise is just an animal that brings happiness. The sacrifice is simple. They wash the stone of the saint well, sometimes even with champagne, and put it inside the tureen. The blood of the animal flows; some parts of it are taken to where the saint demands, and the people around eat the rest."

"But are there bigger sacrifices, to harm people?"

"There are! For these they even kill two oxen."

pega sempre. Por isso preto usa sempre o *assiqui*, a cobertura, o breve, e não deixa de mastigar *obi*, noz de cola preservativa.

Para mim, homem amável, presentes alguns companheiros seus, Oloô-Tetê tirou o *opelé* que há muitos anos foi batizado e prognosticou o meu futuro.

Este futuro vai ser interessante. Segundo as cascas de tartaruga que se voltavam sempre aos pares, serei felicíssimo, ascendendo com a rapidez dos automóveis a escada de Jacó das posições felizes. É verdade que um inimigozinho malandro pretende perder-me. Eu, porém, o esmagarei, viajando sempre com cargos elevados e sendo admirado.

Abracei respeitoso o matemático que resolvera o quadrado da hipotenusa do desconhecido.

- Põe dinheiro aqui - fez ele.

Dei-lhe as notas. Com as mãos trêmulas, o sábio a apalpou longamente.

- Pega agora nesta pedra e nesta concha. Pede o que tiveres vontade à concha, dizendo sim, e à pedra dizendo não.

Assim fiz. O *opelé* caiu de novo no encerado. A concha estava na mão direita de Antônio, a pedra na esquerda, e Oloô tremia falando ao santo, com os negros dedos trêmulos no ar.

- Abra a mão direita! ordenou.

Era a concha.

- Se acontecer, *ossumcê* dá presente a *Oloô*?

- Mas decerto.

Ele correu a consultar o *opelé*. Depois sorriu.

- Dá, sim, santo diz que dá. - E receitou-me os preservativos com que eu serei invulnerável.

Também eu sorria. Pobre velho malandro e ingênuo! Eu perguntara apenas, modestamente, à concha do futuro se seria imperador da China...

Enquanto isso, a negra da cantiga entoava outra mais alegre, com grande gestos e risos.

> *O loô-ré, xa-la-ré*
> *Camurá-ridé*

"Spells always work," declares the illustrious Oloô-Teté, with his venerable practice. "There is no such a thing as a *corpo-fechado*.[30] The only thing is that some cost more. To set a spell on a black person is easy, on a mulatto costs a bit more, and then to set it upon a white we sweat no end. But they always work. That's why black people always use the *assiqui*, the cover, the *breve* or talisman, and never stops chewing *obi*, the preservative kola nut."

For me, a kind man with some of his comrades present, Oloô-Teté threw the *opelê*, which was baptized many years before, and predicted my future.

This future will be interesting. According to the tortoise shells, which always returned in pairs, I will be overjoyed, ascending the Jacob's ladder of happy positions with the speed of automobiles. It is true that a little rogue enemy wants to lead me astray. I will, however, crush him, always proceeding into high positions and being admired.

I respectfully embraced the mathematician who solved the square of the hypotenuse of the unknown.

"Put money here," he said with a gesture.

I gave him the notes. With trembling hands, the wizard fumbled with them at length.

"Touch this stone and this shell now. Ask whatever you want to the shell, saying yes to it, and saying no to the stone."

So I did. The *opelê* fell back onto the oilskin. The shell was in Antônio's right hand, and the stone in his left hand, and Oloô trembled, talking to the saint with his tremulous black fingers in the air.

"Open your right hand!" he ordered.

It was the shell.

"If it happens, do you give a gift to Oloô, suh?"

"But surely."

He rushed to consult the *opelê*. Then he smiled.

"Yes, the saint says yes." And he prescribed me preservatives which will make me invulnerable.

O loô-ré, xa-la-ré
Camurá-ridé

- E esta, o que quer dizer?
- É uma cantiga de *Orixalá*. Significa: O homem do dinheiro está aí. Vamos erguê-lo...

Apertei-lhe a mão jubiloso e reconhecido. Na alusão da ode selvagem a lisonja vivia o encanto da sua vida eterna...

Publicação original: "Os Feiticeiros," *Gazeta de Notícias*, Rio de Janeiro, ed. 69, p.2, 09/03/1904.

I smiled, too. Poor old and naive trickster! I had just asked, modestly, to the fortune-telling shell whether I would become emperor of China...

Meanwhile, the black woman sang another more cheerful chant, with great gestures and laughs.

O loô-ré, xa-la-ré

Camura-ridé

O loô-ré, xa-la-ré

Camurá-ridé

"And this one, what does it mean?"

"It's an *Orixalá* incantation. It means: 'The man with money is there. Let's elevate him...'"

I shook his hand, joyful and obliged. In the allusion of the wild ode to flattery resided the grace of his eternal life...

Original publication: "Os Feiticeiros," *Gazeta de Notícias*, Rio de Janeiro, ed. 69, p.2, 09/03/1904.

As Iauô

A recordação de um fato triste - a morte de uma rapariga que fora à Bahia fazer santo deu-me ânimo e curiosidade para estudar um dos mais bárbaros e inexplicáveis costumes dos fetiches do Rio.

Fazer santo é a renda direta dos *babaloxás*, mas ser filha-de-santo é sacrificar a liberdade, escravizar-se, sofrer, delirar.

Os transeuntes honestos, que passeiam na rua com indiferença, não imaginam sequer as cenas de Salpetrière africana passadas por trás das rótulas sujas.

As *iauô* abundam nesta Babel da crença, cruzam-se com a gente diariamente, sorriem aos soldados ébrios nos prostíbulos baratos, mercadejam doces nas praças, às portas dos estabelecimentos comerciais, fornecem ao Hospício a sua quota de loucura, propagam a histeria entre as senhoras honestas e as *cocottes*, exploram e são exploradas, vivem da crendice e alimentam o caftismo inconsciente. As *iauô*, são as demoníacas e as grandes farsistas da raça preta, as obsedadas e as delirantes. A história de cada uma delas, quando não é uma sinistra pantomima de álcool e mancebia, é um tecido de fatos cruéis, anormais, inéditos, feitos de invisível, de sangue e de morte. Nas *iauô* está a base do culto africano. Todas elas usam sinais exteriores do santo, as vestimentas simbólicas, os rosários e os colares de contas com as cores preferidas da divindade a que pertencem; todas elas estão ligadas ao rito selvagem por mistérios que as obrigam a gastar a vida em festejos, a sentir o santo e a respeitar o pai-de-santo.

Fazer santo é colocar-se sobre o patrocínio de um fetiche qualquer, é ser batizado por ele, e por espontânea vontade dele. As negras, insensíveis a quase todas as delicadezas que produzem ataques na *hautegomme*, são, entretanto, de uma impressionabilidade mórbida por tudo quanto é abusão. Da convivência com os maiores nesse horizonte de chumbo, de atmosfera de feitiçarias e pavores, nasce-lhes a necessidade iniludível de fazer também o santo; e não é possível demovê-las, umas

The Iaô

The memory of a sad fact - the death of a young girl who went to Bahia to *fazer santo* - gave me the courage and curiosity to study one of the most barbaric and inexplicable customs of fetishes in Rio.

Fazer santo is the direct income of the *babaloxás*, but to be a *fil-ha-de-santo* is to sacrifice freedom, to enslave oneself, to suffer, to become delirious.

Honest passers-by, wandering in the street with indifference, cannot even imagine the African Salpetrière scenes which happen behind these dirty lattice doors.

The *iaô* abound in this Babel of creeds; they intersect with people daily; they smile to drunken soldiers in the cheap brothels; they sell candy on plazas, at the doors of commercial establishments; they provide their own share of madness to the Hospice; they propagate hysteria amongst honest ladies and *cocottes;*[31] they exploit and are exploited; they live off superstition and feed the unconscious pimping. The *iaô* are demoniac and the great imposters of the Black race, obsessed and delusional. The history of each of them, if not a sinister pantomime of alcohol and concubinage, is a tissue of cruel, unusual, unprecedented events made of the invisible, of blood and death. In the *iaô* lies the basis of African worship. All of them wear external signs of the saint, the symbolic vestments, the rosaries and beaded necklaces with the favorite colors of the divinity to which they belong. All of them are linked to the wild rite through mysteries that require them to spend their lives in festivities, to feel the presence of the saint, and to respect the *pai-de-santo.*

Fazer santo is to put oneself under the protection of any spell; it is to be baptized by it, and by its own spontaneous will. Black women, insensitive to almost all niceties that produce attacks in the *hautegomme,*[32] are, however, of morbid impressionability with regard to any superstition. From the coexistence with the greatest in this leaden horizon, of an atmosphere of witchcrafts and fears, the inescapable need to also *fazer santo* comes to them, and it's not possible to dissuade them. Some are

porque a miragem da felicidade as cega, outras porque já estão votadas à loucura e ao alcoolismo. Entre as tribos do interior da África, há o sacrifício do *agamum*, em que se esmagam vivas as crianças de seis meses. Ao Moloch das vesânias a raça preta sacrifica aqui uma quantidade assustadora de homens e de mulheres.

Antônio, que me mostrara a maior parte das casas-de-santo, disse-me um dia:

- Vou levá-lo hoje a ver o 16º dia de uma *iauô*.

Para que uma mulher saiba a vinda do santo, basta encontrar na rua um fetiche qualquer, pedra, pedaço de ferro ou concha do mar. De tal maneira estão sugestionadas, que vão logo aos *babalaôs* indagar do futuro. Os *babalaôs*, a troco de dinheiro, jogam o *edilogum*, os búzios, e servem-se também por aproximação dos signos do zodíaco.

- O mês do Capricórnio - diz Antônio - compreende todos os animais parecidos, a cabra, o carneiro, o cabrito, e segundo o cálculo do dia e o animal preferido pelo santo, os matemáticos descobrem quem é.

Quando já sabe o santo, *babalaô* atira a sorte no *obelê* para perguntar se é de dever fazê-lo. A natureza mesmo do culto, a necessidade de conservar as cerimônias e a avidez de ganho da própria indolência fazem o sábio obter uma resposta afirmativa.

Algumas criaturas paupérrimas batem então nas faces e pedem:

- Eu quero ter o santo assentado!

É mais fácil. Os pais-de-santo dão-lhe ervas, uma pedra bem lavada, em que está o santo, um rosário de contas que se usa no pescoço depois de purificado o corpo por um banho. Nessas ocasiões o vadio invisível contenta-se com o *ebó*, despacho, algumas comedorias com azeite-de-dendê, ervas e sangue, deixadas na encruzilhada dos caminhos.

Quase sempre, porém, as vitimas sujeitam-se, e não é raro, mesmo quando são pobres os pais, a aceitarem o trabalho com a condição de as vender em leilão ou serem servidos por elas durante longo tempo. Como as despesas são grandes, as futuras *iauô* levam meses fazendo economias, poupando, sacrificando-se. E de obrigação levar comidas,

blinded by the mirage of happiness, others because they are doomed to madness and alcoholism. Among the tribes of the African countryside, there is the sacrifice of the *agamum*, in which six-month-old children are crushed alive. To the Moloch[32] of derangements, the Black race sacrifices a startling number of men and women here.

Antônio, who had shown me the majority of the casas de santo, said to me one day:

"I'll take you today to see the 16th day of a *iaô*."

For a woman to know that a saint is approaching, she only needs to find some charm in the street — a stone, a piece of iron, or a seashell. They are so suggestive that they go straight to the *babalaôs* to inquire of the future. The *babalaôs*, for cash, throw the *erindilogum*, the whelk shell, and also make use of the zodiac signs by approximation.

"The month of Capricorn," says Antônio, "comprises all the animals which resemble it — the goat, the sheep, the goatling; and according to the calculation of the day and the saint's favorite animal, the mathematicians discover who you are."

When he knows the saint, the *babalaô* casts lots in the *obelê*[34] to ask whether or not it is his duty to do so. The nature of the service itself, the need to preserve the ceremonies and the greed for gaining something from indolence itself cause the wizard to get an affirmative answer.

Some very poor creatures then hit their own faces and request:

"I want to have the saint settled down!"

That's easier. The *pais-de-santo* give them herbs, a well-washed stone in which the saint lies, and a rosary of beads which is to be worn around the neck after the body has been purified by a bath. On these occasions the invisible scoundrel contents himself with *ebó*, an offering, some foods made of palm oil, herbs, and blood, left at the crossroads.

Almost always, however, the victims subject themselves to them; and frequently, even when their parents are poor, they accept the job on the condition that the *pai-de-santo* auctions them off or is served by them for a long time. As the costs are huge, the future *iaô* save money for months, sacrificing themselves. It is an obligation to take food, gifts, money to

presentes, dinheiro ao pai-de-santo para a sua estada no *ylê ache-ó-ylê-orixá*, estada que regula de 12 a 30 dias.

- Isto acontece só para as *iauô* dos *orixás*, - diz Antônio.

- Há outras?

- Há as dos negros *cambindas*. Também essa gente é ordinária, copia os processos dos outros e está de tal forma ignorante que até as cantigas das suas festas têm pedaços em português.

- Mas entre os *cambindas* tudo é diferente?

- Mais ou menos. Olhe por exemplo os santos.

Orixalá é Ganga-Zumba, Obaluaci, Cangira-Mungongo, Exú, Cubango, Orixá-oco, Pombagira, Oxum, a mãe d'água, Sinhá Renga, *Sapanam*, Cargamela. E não é só aos santos dos orixás que os *cambindas* mudam o nome, é também aos santos das igrejas. Assim São Benedito é chamado Lingongo, São Antônio, Verequete, N. Senhora das Dores, Sinhá Samba.

Para os *cambindas* serve para santo qualquer pedra, os paralelepípedos, as lascas das pedreiras e esses pretos sem-vergonha adoram a flor do girassol que simboliza a lua...

Eu estava atônito. Positivamente Antônio achava muito inferiores os *cambindas*.

- As *iauô*?

- As filhas-de-santo *macumbas* ou *cambindas* chegam a ter uma porção de santos de cada vez, manifestando-se na sua cabeça. Sabe V. S. o que cantam eles quando a *iauö* está com a crise?

Maria Mucangué
Lava roupa de sinhá,
Lava camisa de chita,
Não é dela, é de yayá.

- Quer ouvir outra?

Bumba, bumba, ó calunga,
Tanto quebra cadeira como quebra sofá
Bumba, bumba, ó calunga.

Houve uma pausa e Antônio concluiu:

the *pai-de-santo* for your stay at the *ylê ache-ó-ylê-orixá*,[35] which ranges between twelve and thirty days.

"This only happens to the Orishas' *iaô*," Antônio says.

"Are there others?"

"There are the ones of the black *cambindas*. These people are also base; they copy the methods of others and are so ignorant that even the chants of their festivities have passages in Portuguese."

"But among *cambindas* is everything different?"

"More or less. Look at the saints, for example. Orixalá is Ganga-Zumba;[36] Obaluaci, Cangira-Mungongo; Eshu, Cubango; Orixá-oco, Pombagira; Oxum, the mother of water, is Sinhá Renga; Sapanam, Cargamela. And it is not only the Orishas' saints that *cambindas* change the name of; it is also the saints in the churches. Thus St. Benedict is called Lingongo; St. Anthony, Verequete; and Our Lady of Sorrows, Sinhá Samba.

For the *cambindas*, any stone can become a saint — cobblestones, shale from quarries — and these shameless blacks love the sunflower blossom, which symbolizes the moon...

I was astonished. Undoubtedly, Antônio thought the *cambindas* much inferior.

"The *iaô*?"

"The *macumba* or *cambinda filhas-de-santo* even manage to have a number of saints at a time manifesting in their heads. Do you know, Sir, what they sing when the *iaô* is in crisis?"

Maria Mucangué
Lava roupa de sinhá,
Lava camisa de chita,
Não é dela, é de iaiá

"Want to listen to another?"

Bumba, bumba, ó calunga,
Tanto quebra cadeira como quebra sofá
Bumba, bumba, ó calunga

There was a pause, and Antônio concluded:

"It is through the black *cambinda* that we know that Africans were slaves of the white man. *Cambindas* are dumb and shameless!"

- Por negro *cambinda* é que se compreende que africano foi escravo de branco.

Cambinda é burro e sem-vergonha!

Disse e voltou à narrativa da iniciação das *iauô*.

Antes de entrar para camarinha, a mulher, predisposta pela fixidez da atenção a todas as sugestões, presta juramento de guardar o segredo do que viu, toma um banho purificador e à meia-noite começa a cerimônia. A *iauô* senta-se numa cadeira vestida de branco com o *ojá* apertando a cintura. Todos em derredor entoam a primeira cantiga a Exú.

Exú tiriri, lô-nam bará ô bebê.

Tiriri lo-nam Exú tiriri.

O *babaloxá* pergunta ao santo para onde deve ir o cabelo que vai cortar à futura filha, e, depois de ardente meditação, indica com aparato a ordem divina. Essas descobertas são fatalmente as mesmas no centro de uma cidade populosa como a nossa. Se o santo é a mãe-d'agua doce, Oxum, o cabelo vai para a Tijuca, a Fábrica das Chitas; se é *Ye-man-já* fica na praia do Russel, em Santa Luzia; se é outro santo qualquer, basta um trecho de praça em que as ruas se cruzem.

As rezas começam então; o pai-de-santo molha a cabeça da *iauô* com uma composição de ervas e com afiadíssima navalha faz-lhe uma coroa, enquanto a roda canta triste.

Orixalá otô ô *iauô*!

Essa parte do cabelo é guardada eternamente e a *iauô* não deve saber nunca onde a guardam, porque lhe acontece desgraça. Em seguida, o lúgubre barbeiro raspa-lhe circularmente o crânio, e quando a carapinha cai no alguidar, a operada já perdeu a razão.

Babaloxá, lava-lhe ainda a cabeça com o sangue dos animais esfaqueados pelos *ogans*, e as *iauô* antigas levam-na a mudar a roupa, enquanto se preparam com ervas os cabelos do alguidar.

Daí a momentos a iniciada aparece com outros fatos, pega no alguidar e sai acompanhada das outras, que a amparam e cantam baixo o ofertório ao santo. Em chegando ao lugar indicado, a hipnotizada deixa a

He said that and went back to the narrative of the initiation of the *iaô*.

Before entering the small chamber, the women, predisposed by the fixity of their attention to all suggestions, swears an oath to keep the secret of what she saw. She takes a purifying bath and at midnight the ceremony starts. The *iaô*, dressed in white with the *ojá*[37] squeezing her waistline, sits in a chair. Everybody around her sings the first incantation to Eshu.

Exú tiriri, lô-nam bará ô bebê.

Tiriri lo-nam Exú tiriri

The *babaloxá* asks the saint where the cut hair of the future daughter should go, and after a fervent meditation he pompously proclaims the divine order. These discoveries are inevitably the same in the center of a crowded city like ours. If the saint is the mother of fresh water, *Oxum*, the hair goes to Tijuca,[38] the Textile Factory district; if it is Yemanja, it goes to Russel beach, in Santa Luzia; if it is any other saint, all you need is a spot in a square where the streets intersect.

The prayers then begin; the *pai-de-santo* dampens the head of the *iaô* with an herbal concoction and uses a very sharp razor to make a crown in it; meanwhile, the circle sings sorrowfully.

Orixalá otô ô iaô!

This piece of hair is kept forever, and the *iaô* should never find out where they keep it, because if she does, she will be disgraced. Next, the dreary barber circularly shaves her skull, and by the time the frizzy hair falls into the bowl, the subject has already lost her senses.

The *Babaloxá* will still wash her head with the blood of animals stabbed by *ogans*, and the old *iaô* leads her into changing her clothes whilst the hairs in the bowl are made ready with herbs.

In no time the initiated one reappears with different clothes. She takes the bowl and walks out accompanied by the others, who hold her up and softly sing the offertory to the saint. On reaching the indicated place, the hypnotized one leaves the vessel, returns, and is received by the father, who spills a glass of water in front of the door.

vaso, volta e é recebida pelo pai, que entorna em frente à porta um copo d'água.

A nova *iauô* vai então descansar, enquanto os outros rezam na camarinha em frente ao estado-maior.

- O estado-maior? - indago eu, assustado com o exército misterioso.

O estado-maior é a coleção de terrinas e sopeiras colocadas numa espécie de prateleiras de bazar. Nas sopeiras estão todos os santos pequenos e grandes. Há desde as terrinas de granito às de porcelanas com frisos de ouro, rodeando armações de ferro, onde se guarda o *Ogum*, o São Jorge da África.

No dia seguinte à cerimônia, a *iauô* lava-se e vai à presença do pai para ver se tem espíritos contrários.

Se os espíritos existem, o pai poderoso afasta a influência nefasta por meio de *ebós* e *ogunguns*. A *iauô* é obrigada a não falar a ninguém: quando deseja alguma coisa, bate palmas só a ajuda nesses dias a mãe-pequena ou *Iaque-que-rê*. As danças para preparo de santo realizam-se nos 1º, 3º, 7º, 12º, e no 16º dia o santo revela-se.

- Mas que adianta isso às *iauô*?

- Nada. O pai-de-santo domina-as. O *erô* ou segredo que lhe dá, pode retirá-lo quando lhe apraz; o poder de as transformar e fazer-lhes mal está em virar o santo sempre que tem vontade.

- E quando essas criaturas morrem?

- Faz-se a obrigação raspando um pouco de cabelo para saber se o santo também vai, e o babaloxá procura um colega para lhe tirar a mão do finado.

As cerimônias das *iauô* renovam-se de resto de seis em seis meses, de ano em ano, até à morte. São elas que em grande parte sustentam o culto.

Quando a *iauô* não tem dinheiro, ou o pai vende-a em leilão ou a guarda como serva. Desta convivência é que algumas chegam a ser mães-de-santo, para o que basta dar-lhe o *babaloxá* uma navalha.

- E há muita mãe-de-santo?

The new *iaô* will then rest while others pray in the small chamber in front of the general staff.

"The general staff?" I ask, aghast by the mysterious army. The general staff is the collection of bowls and tureens placed on a kind of bazaar shelving. All small and large saints are in the tureens. There are bowls, from granite to porcelain with gold friezes surrounding iron frames, where they keep the *Ogum*, the African St. George.

The day after the ceremony, the *iaô* washes herself and goes into the presence of the father to check whether she has got opposing spirits.

If there are such spirits, the mighty father removes the nefarious influence through the use of *ebôs* and *ogunguns*. The *iaô* is obliged not to talk to anyone. When she wants something, she claps, and the only one who can help her throughout these days is the *mãe-pequena* or *Iaque-que-rê*. The saint's preparation dances take place on the first, third, seventh, and twelfth days, and on the sixteenth day the saint reveals itself.

"But what good is it for the *iaô*?"

"None. The *pai-de-santo* dominates them. The *erô*,[39] or secret that is given to her, can be removed when he pleases; the power of transforming and harming them is in turning the saint around whenever he feels like."

"And when these creatures die?"

"They perform the obligation by shaving a little hair to see if the saint will follow them, and the *babaloxá* looks for a colleague to chop off the hand of the corpse for him."

Moreover, the ceremonies of the *iaô* are renewed every six months, or every year, until their death. It's them, in large measure, who sustain the cult.

When the *iaô* has no money, the father either sells her at an auction or keeps her as a servant. It is from this coexistence that some will become *mães-de-santo*, for which it's enough for the *babaloxá* to give her a razor.

"And are there many *mães-de-santo*?"

"About fifty, if you count the fake ones. Right now I can remember several: Josefa; Calú Boneca; Henriqueta da Praia; Maria Marota, who trades at the door of *Glacier*; Maria do Bonfim; Martinha of Rua do Re-

- Umas cinqüenta, contando com as falsas. Só agora lembro-me de várias: a Josefa, a Calu Boneca, a Henriqueta da Praia, a Maria Marota, que vende à porta do *Glacier*, a Maria do Bonfim, a Martinha da Rua do Regente, a Zebinda, a Chica de Vavá, a Aminam pé-de-boi, a Maria Luiza, que é também sedutora de senhoras honestas, a Flora Coco Podre, a Dudu do Sacramento, a Bitaiô, que está agora guiando seis ou oito filhas, a Assiata.

Esta é de força. Não tem navalha, finge de mãe-de-santo e trabalha com três *ogans* falsos - João Ratão, um moleque chamado Macário e certo cabra pernóstico, o Germano. A Assiata mora na Rua da Alfândega, 304. Ainda outro dia houve lá um escândalo dos diabos, porque a Assiata meteu na festa de *Ye-man-já* algumas *iauô* feitas por ela. Os pais-de-santo protestaram, a negra danou, e teve que pagar a multa marcada pelo santo. Essa é uma das feiticeiras de embromação.

Nesse mesmo dia Antônio veio buscar-me à tarde.

- A casa a que vai V. S. é de um grande feiticeiro; verá se não há fatos verdadeiros.

Quando chegamos, a sala estava enfeitada. Em derredor sentavam-se muitos negros e negras mastigando *olobó*, ou cola amargosa, com as roupas lavadas e as faces reluzentes. A um canto, os músicos, fisionomias estranhas, faziam soar, com sacolejos compassados, o *xequerê*, os *atabaques* e *ubatás*, com movimentos de braços desvairadamente regulares. Não se respirava bem.

A cachaça, circulando sem cessar, ensangüentava os olhos amarelos dos assistentes.

- As vezes tudo é mentira, à custa de cachaça e fingimento - diz Antônio. Quando o santo não vem, o pai fica desmoralizado. Mas aqui é de verdade...

Olhei o célebre pai-de-santo, cujas filhas são sem conta. Estava sentado à porta da camarinha, mas levantou-se logo, e a negra iniciada entrou, de camisola branca, com um leque de metal chocalhante. Fula, com uma extraordinária fadiga nos membros lassos, os seus olhos brilhavam satânicos sob o capacete de pinturas bizarras com que lhe tinham

gente; Zebinda; Chica de Vavá; Aminam pé-de-boi; Maria Luiza, who entices honest ladies; Flora Coco Podre; Dudu do Sacramento; Bitaiô, who is now guiding six or eight daughters; and Assiata."

This one is strong. She has no razor. She pretends to be a *mãe-de-santo* and works with three fake *ogans* - João Ratão, a brat named Macário, and a certain pedantic scoundrel, Germano. Assiata lives at Rua da Alfândega, 304. Just the other day there was a hell of a scandal because Assiata placed in the Yemanja festivities some *iaô* she'd made. The *pais-de-santo* protested, the black woman had to leave, and they had to pay the fine established by the saint. She is one of the gibberish of witches.

That same day Antônio came for me in the afternoon.

"You're going to a great sorcerer's house today, Sir; and you'll see if there aren't some true facts."

The room was decorated when we arrived. Many black men and women sat around chewing *olobó*,[40] or bitter *kola*, in their freshly-washed clothes and gleaming faces. In a corner, the musicians, of strange countenances, sounded the *xequerê*,[41] the conga drums and *ubatás*[42] with rhythmic jerks and frantically regular arm movements. You could hardly breathe in there.

Cachaça,[43] passing round endlessly, bloodied the yellow eyes of the assistants.

"Sometimes everything is a lie, thanks to *cachaça* and make-believe," Antônio says. "When the saint does not appear, the father gets demoralized. But here it is for real..."

I looked at the renowned *pai-de-santo*, whose daughters are countless. He was sitting at the door of the small chamber but soon rose, and the initiated black woman entered, in a white nightdress, with a rattling metal hand-held fan. The *Fula*,[44] with extraordinary fatigue in her floppy limbs — her eyes shone satanically under the bizarrely-patterned helmet they had painted on her naked head. She stretched out at full length before the father. She slapped her cheeks on the floor, knelt, and kissed his hand. The *babaloxá* made a blessing gesture, and she went on, groveling again in front of other people. The sound of the *agogô*[45] dragged

brochado o crânio. Diante do pai estirou-se a fio comprido, bateu com as faces no assoalho, ajoelhou e beijou-lhe a mão. *Babaloxá* fez um gesto de bênção, e ela foi, rojou-se de novo diante de outras pessoas. O som do *agogó* arrastou no ar os primeiros batuques e os arranhados do *xequeré*. A negra ergueu-se e, estendendo as mãos para um e para outro lado, começou a traçar passos, sorrindo idiotamente. Só então notei que tinha na cabeça uma esquisita espécie de cone.

- É o *ado-chu*, que faz vir o santo - explica Antônio. - É feito com sangue e ervas. Se o *ado-chu* cai, santo não vem.

A negra, parecia aos poucos animar-se, sacudindo o leque de metal chocalhante.

Em derredor, a música acompanhava as cantigas, que repetiam indefinidamente a mesma frase.

A dança dessas cerimônias é mais ou menos precipitada, mas sem os pulos satânicos dos Cafres e a vertigem diabólica dos negros da Luisiania. É simples, contínua e insistente, horrendamente insistente. Os passos constantes são o *alujá*, em roda da casa, dando com as mãos para a direita e para a esquerda, e o *jêquedê*, em que ao compasso dos *atabaques*, com os pés juntos, os corpos se quebram aos poucos em remexidos sinistros. Não sei se o enervante som da música destilando aos poucos desespero, se a cachaça, se o exercício, o fato é que, em pouco, a *iauô* parecia reanimar-se, perder a fadiga numa raiva de louca. De cada *xequexé-xequexé* que a mão de um negro sacudia no ar, vinha um espicaçamento de urtiga, das bocas cusparinhentas dos assistentes escorria a alucinação. Aos poucos, outros negros, não podendo mais, saltaram também na dança, e foi então entre as vozes, as palmas e os instrumentos que repetiam no mesmo compasso o mesmo som, uma teoria de cara bêbedas cabriolando precedidas de uma cabeça colorida que esgareiava lugubremente. A loucura propagou-se. No meio do pandemônio vejo surgir o *babaloxá* com um desses vasos furados em que se assam castanhas, cheio de brasas.

- Que vai ele fazer?

- Cala, cala... é o pai, é o pai grande - balbucia Antônio.

into the air the first drumming and the scratching sounds of the *xequerê*. The black woman rose and, stretching her hands from one side to the other, she began tracing steps, smiling idiotically. Only then did I notice that on her head there was a strange type of cone.

"It's the *ado-chu*,[46] which makes the saint appear," Antônio explains. "It's made with blood and herbs. If the *ado-chu* fails, the saint doesn't appear."

The black woman seemed to brighten up gradually, fanning herself with rattling metal fans.

Around her the music accompanied the incantations which endlessly repeated the same sentence.

The dance of these ceremonies is more or less hurried, but without the satanic leaps of the Kaffirs and the diabolical vertigo of the blacks of Louisiana. It's simple, continuous and insistent, horrendously insistent. The constant steps are the *alujá*,[47] going around the house, moving the hands to the right and to the left, and the *xequerê* dance, in which, through the beat of the drums, with their feet together, their bodies sway slowly in a sinister fidgeting. I do not know if the unnerving sound of music gradually distills desperation, if it's the *cachaça* or the exercise; the fact is that in no time the *iaô* seemed to revive, losing her fatigue in a mad rage. A nettle needling came from each *xeque-xeque*[48] that a black man's hand shook in the air, and from the spit-filled mouths of the assistants ran the hallucination. Gradually, other blacks, unable to contain themselves any longer, also jumped into the dance, and it was then, among the voices, the claps and instruments, that they repeated the same sound in the same rhythm, a procession[49] of cavorting drunken faces preceded by a colorful head grimacing ruefully. Madness became widespread. Amidst the pandemonium I see the *babaloxá* emerging with one of these pierced vessels where they roast chestnuts, full of embers.

"What will he do?"

"Quiet, quiet... it's the father, it's the great father." babbles Antônio.

The incantations redouble with a fury that does not rush. They are like the woes of the desperate, like the agony of an identical gesture ripping the same knife blade from the eyes, they are atrocious! The *baba-*

As cantigas redobram com um furor que não se apressa. São como uma ânsia de desesperado essas cantigas, como a agonia de um mesmo gesto arrancando dos olhos a mesma lâmina de faca, são atrozes! O *babaloxá* coloca o cangirão ardente na cabeça da *iauô*, que não cessa de dançar delirante, insensível, e, alteando o braço com um gesto dominador e um sorriso que lhe prende o beiço aos ouvidos, entorna nas brasas fumegantes um alguidar cheio de azeite-de-dendê.

Ouve-se o chiar do azeite nas chamas, a negra, bem no meio da sala, sacoleja-se num *jequedé* lancinante, e pela sua cara suada, do cangirão ardente, e que não lhe queima a pele, escorrem fios amarelos de azeite...

Ye-man-já atô cuaô.

continuava a turba.

- Não queimou, não queimou, ele é grande - fez Antônio.

Eu abrira os olhos para ver, para sentir bem o mistério da inaudita selvageria. Havia uma hora, a negra dançava sem parar; pela face o dendê quente escorria benéfico aos santos. De repente, porém ela estacou, caiu de joelhos, deu um grande grito.

- *Emim oiá bonmim!* - bradou.

- É o nome dela, o santo disse pela sua boca o nome que vai ter.

A sala rebentou num delírio infernal. O *babaloxá* gritava, com os olhos arregalados, palavras guturais.

- Que diz ele?

- Que é grande, que vejam como é grande!

Criaturas rojavam-se aos pés do pai, beijando-lhes os dedos, negras uivavam, com as mãos empoladas de bater palmas; dois ou três pretos aos sons dos *xequerês* sacudiam-se em danças com o santo, e a *iauô* revirava os olhos, idiota, como se acordasse de uma grande e estranha moléstia.

- Que vai ela fazer agora, Deus de misericórdia! - murmurei saindo.

- Vai trabalhar, pagar no fim de três meses a sua obrigação, *ochu meta*, dar dinheiro a pai-de-santo, ganhar dinheiro...

- Sempre o dinheiro! - fiz eu olhando a velha casaria.

Antônio parou e disse:

loxá puts the burning jug on the head of the *iaô*, who doesn't stop dancing deliriously, senseless, and lifting an arm, with a dominating gesture
and a smile pinning her lips to her ears, empties a bowl full of palm oil
onto the smoking embers.

The sizzle of the oil on the flames is heard, the black woman, in the
middle of the room, convulsing in a harrowing *jeguedê*;[50] and down her
sweaty face, from the burning jug which doesn't burn her skin, yellow
threads of oil trickle...

Ye-man-já atô cuau, the rabble continued.

"It didn't burn, it didn't burn, he's great," said Antônio.

I opened my eyes to see, to fully sense the mystery of unprecedented
savagery. The black woman had been dancing for an hour without stopping; down her face the hot palm oil dripped to the benefit of the saints.
Suddenly, however, she stopped, fell down to her knees, and cried out
loudly.

"*Emim oiá bonmim!*" she called out.

"It's her name; the saint declared through her mouth the name she
will have."

The room erupted into a hellish frenzy. The *babaloxá* screamed with
goggle eyes and guttural words.

"What is he saying?"

"That he's great, that all see how great he is!"

Creatures crawled at the feet of the father, kissing his toes, black
women howling, with clapping, blistered hands; two or three black men
shook in dances with the saint at the sound of the *xequerês*, and the *iaô*
rolled her eyes, like an idiot, as if she were awaking from a great and
strange illness.

"What is she going to do now, God of mercy!" I muttered as we left.

"She is going to work. At the end of three months she will pay her
obligation, *ochu-meta*, give money to the *pai-de-santo*, make money..."

"Always money!" I said, looking at the old congregation.

Antônio stopped and said:

"You cannot be fooled, Sir."

- Não se engana V. S.

E limpando o suor do rosto, o negro concluiu com esta reflexão profunda:

- Neste mundo, nem os espíritos fazem qualquer coisa sem dinheiro e sem sacrifício!

Fomos pela rua estreita com a visão sinistra da pobre mártir aos pulos, dessa cabeça pintada, entre os chocalhos e os *atabaques*, que dançava e gritava horrendamente...

Original publication: "As 'Yauô'," *Gazeta de Notícias*, Rio de Janeiro, ed. 72, p.2, 12/03/1904.

And wiping the sweat off his face, the black man finished with this deep reflection:

"In this world, not even the spirits do anything without money and without sacrifice!"

We went down the narrow street with this sinister vision of the poor martyr hopping around, with her painted head, amongst rattles and conga drums, who danced and screamed horribly...

O Feitiço

Nós dependemos do Feitiço.

Não é um paradoxo, é a verdade de uma observação longa e dolorosa. Há no Rio magos estranhos que conhecem a alquimia e os filtros encantados, como nas mágicas de teatro, há espíritos que incomodam as almas para fazer os maridos incorrigíveis voltarem ao tálamo conjugal, há bruxas que abalam o invisível só pelo prazer de ligar dois corpos apaixonados, as nenhum desses homens, nenhuma dessas horrendas mulheres tem para este povo o indiscutível valor do Feitiço, do misterioso preparado dos negros.

É provável que muita gente não acredite nem nas bruxas, nem nos magos, mas não há ninguém cuja vida tivesse decorrido no Rio sem uma entrada nas casas sujas onde se enrosca a indolência malandra dos negros e das negras. É todo um problema de hereditariedade e psicologia essa atração mórbida. Os nossos ascendentes acreditaram no arsenal complicado da magia da idade média, na pompa de uma ciência que levava à forca e às fogueiras sábios estranhos, derramando a loucura pelos campos; os nossos avós, portugueses de boa fibra, tremeram diante dos encantamentos e amuletos com que se presenteavam os reis entre diamantes e esmeraldas. Nós continuamos fetiches no fundo, como dizia o filósofo, mas rojando de medo diante do Feitiço africano, do Feitiço importado com os escravos, e indo buscar trêmulos a sorte nos antros, onde gorilas manhosos e uma súcia de pretas cínicas ou histéricas desencavam o futuro entre cágados estrangulados e penas de papagaio!

Vivi três meses no meio dos feiticeiros, cuja vida se finge desconhecer, mas que se conhece na alucinação de uma dor ou da ambição, e julgo que seria mais interessante como patologia social estudar, de preferência, aos mercadores da paspalhice, os que lá vão em busca de consolo.

Vivemos na dependência do Feitiço, dessa caterva de negros e negras, de *babaloxás* e *iauô*, somos nós que lhe asseguramos a existência,

The Spell

We depend upon the Spell.

It is not a paradox. It's the truth of a long and painful observation. There are strange wizards in Rio who know alchemy and enchanted filters, as in the theater magic. There are spirits which prod the souls of incorrigible husbands so that they go back to the marital bed. There are witches who shake the invisible just for the pleasure of connecting two infatuated bodies. But none of these men, none of these horrendous women, have the indisputable value of the Spell for this people, the mysterious catholicon of the blacks.

It is likely that many people do not believe in witches or wizards, but there isn't anyone in Rio whose life had elapsed without visiting the dirty houses swirling with the roguish indolence of black men and women. In the end, this morbid attraction is a problem of heredity and psychology. Our ancestors believed in the complicated arsenal of spells from the Middle Ages, in the pomp of a science that led the weird wise to the gallows and the stake, pouring madness across the fields. Our grandparents, Portuguese through and through, trembled before the spells and charms which were gifted to kings along with diamonds and emeralds. We kept the spells in the background, as the philosopher used to say, yet groveling in fear before the African Spell, the Spell imported with the slaves; and tremulously seeking out good fortune in these dens where mischievous gorillas and a rabble of cynical or hysterical black women dig up the future amidst strangled tortoises and parrot feathers!

I lived for three months amid sorcerers, whose life we pretend to ignore but which we know through the hallucination of a pain or an ambition; and I believe it would be a more interesting social pathology to study, preferably the merchants of foolishness, those who go there in search of consolation.

We depend upon the Spell, upon this horde of black men and women, of *babaloxás* and *iaô*. We are the ones who ensure their existence, with the affection of a businessman toward an actress mistress. The Spell is

com o carinho de um negociante por uma amante atriz. O Feitiço é o nosso vício, o nosso gozo, a degeneração. Exige, damos-lhes; explora, deixamo-nos explorar, e, seja ele *maitre-chanteur*, assassino, larápio, fica sempre impune e forte pela vida que lhe empresta o nosso dinheiro.

Os feiticeiros formigam no Rio, espalhados por toda a cidade, do cais à Estrada de Santa Cruz.

Os pretos, *alufás* ou *orixás*, degeneram o maometismo e o catolicismo no pavor dos *aligenum*, espíritos maus, e do *Exú*, o diabo, e a lista dos que praticam para o público não acaba mais. Conheci só num dia a Isabel, a Leonor, a Maria do Castro, o Tintino, da Rua Frei Caneca; o Miguel Pequeno, um negro que parece os anões de *D. Juan* de Byron; o Antônio, mulato conhecedor do idioma africano; Obitaiô, da Rua Bom Jardim; o Juca Aboré, o Alamijo, o Abede, um certo Maurício, *ogan* de outro feiticeiro - o Brilhante, pai-macumba dos santos cabindas; o Rodolfo, o Virgílio, a Dudu do Sacramento, que mora também na Rua do Bom Jardim; o Higino e o Breves, dois famosos tipos de Niterói, cuja crônica é sinistra; o Oto Ali, Ogan-Didi, jogador da Rua da Conceição; Armando Ginja, Abubaca Caolho, Egidio Aboré, Horácio, Oiabumin, filha e mãe-de-santo atual da casa de Abedé; Ieusimin, Torquato Arequipá, Cipriano, Rosendo, a Justa de Obaluaei, Apotijá, *mina* famoso pelas suas malandragens, que mora na Rua do Hospício, 322 e finge de feiticeiro falando mal do Brasil; a Assiata, outra exploradora, a Maria Luiza, sedutora reconhecida, e até um empregado dos Telégrafos, o famoso pai Deolindo...

Toda essa gente vive bem, à farta, joga no bicho como Oloô-Teté, deixa dinheiro quando morre, às vezes fortunas superiores a cem contos, e achincalha o nome de pessoas eminentes da nossa sociedade, entre conselhos às meretrizes e goles de parati. As pessoas eminentes não deixam, entretanto, de ir ouvi-los às baiucas infectas, porque os feiticeiros que podem dar riqueza, palácios e eternidade, que mudam a distância, com uma simples mistura de sangue e de ervas, a existência humana, moram em casinholas sórdidas, de onde emana um nauseabundo cheiro.

our addiction, our joy, our degeneracy. When it demands, we give; when it exploits, we allow ourselves to be exploited, and be it *maître-chanteur*,[51] murderer, crook, it will always go unpunished and strong through the life to which we lend our money.

Sorcerers swarm across Rio, scattered throughout the city, from the docks to to the Estrada de Santa Cruz.

The blacks, *alufás* or Orishas, degenerate Mohammedanism and Catholicism in awe of *aligenum*, evil spirits, and of Eshu, the devil. And the list of those who practice it for the public is endless. In just one day I met: Isabel; Leonor; Maria do Castro; Tintino, from Rua Frei Caneca; Miguel Pequeno, a black man who looks like the dwarves of Byron's *Don Juan*; Antônio, a mulatto connoisseur of the African language; Obitaiô, from Rua Bom Jardim; Juca Aboré; Alamijo; Abede; a certain Maurício, *ogan* of another sorcerer - Brilhante, *pai-macumba* of the *cambindas*'s saints; Rodolfo; Virgílio; Dudu do Sacramento, who also lives on Rua Bom Jardim; Higino and Breves, two famous characters from Niterói, whose chronicle is sinister; Oto Ali; Ogan-Didi, a gambler from Rua da Conceição; Armando Ginja; Abubaca Caolho; Egídio Aboré; Horácio; Oiabumin, daughter and current *mãe-de-santo* at Abedé's house; Ieusimin; Torquato Arequipá; Cipriano; Rosendo; Justa de Obaluaei; Apotijá, a Mina famous for his trickeries, who lives at Rua do Hospício, 322 and pretends to be a sorcerer by speaking evil of Brazil; Assiata, another exploiter; Maria Luiza, a recognized temptress; and even an employee of the Telegraphs, the famous Father Deolindo...

All these people have a good, wealthy, life. They play *jogo do bicho*[52] like Oloô-Teté; they leave money when they die, sometimes fortunes exceeding one hundred *contos de réis*;[53] they ridicule the name of eminent people of our society between advice to the whores and gulps of *cachaça*. The eminent people, however, do not stop going to listen to them in the infected hovels. As for the sorcerers who can give away wealth, palaces, and eternity, who can alter human existence from a distance with a simple mixture of blood and herbs, they live in squalid shacks from where a nauseating smell emanates.

Para obter o segredo do feitiço, fui a essas casas, estive nas salas sujas, vendo pelas paredes os elefantes, as flechas, os arcos pintados, tropeçando em montes de ervas e lagartos secos, pegando nas terrinas sagradas e nos *obélês*, cheios de suor.

- V. S. se deseja saber quais são os principais feitiços, é preciso acostumar-se antes com os santos, dizia-me o africano.

Acostumei-me. São inumeráveis. As velhas que lhes discutem o preço em conversa, até confundem as histórias. Em pouco tempo estava relacionado com Exú, o diabo, a que se sacrifica no começo das funçanatas, Obaluacê, o santo da varíola, Ogun, o deus da guerra, Oxóocí, Eíulé, Oloro-quê, Obalufan, Orixá-agô, Exú-maré, Orixá-ogrínha Airá, Orominha, Ogodô, Oganjú, Oganjú, Orixalá, Baínha, Dadá, Percúã, Coricotó, Doú, Alabá, Arí e as divindades beiçudas, esposas dos santos - Aquará, Oxum-gímoun, Aíá-có, a mãe da noite, Inhansam, Obi-am, esposa de Orixá-lá; Orainha, Ogango, Jená, mulher de Elôquê; Io-máojá, a dona de Orixáocô; Oxum de Shango e até Obá, que, príncipe neste mundo, é no éter hetairia do formidável santo Ogodô.

Os fetiches contaram-me a história de Orixá-alum, o maior dos santos que aparece raras vezes só para mostrar que não é de brincadeiras, e eu assisti às cerimônias do culto, em que quase sempre predomina a farsa pueril e sinistra. Diante dos meus olhos de civilizado, passaram negros vestidos de *Chango*, com calça de cor, saiote encarnado enfeitado de búzios e lantejoulas, avental, babadouro e gorro; e esses negros dançavam com Oxum, várias negras fantasiadas, de ventarolas de metal na mão esquerda e espadinha de pau na direita. Concorri para o sacrifício de Obaluaiê, o santo da varíola, um negro de bigode preto com a roupa de Polichinelo e uma touca branca orlada de urtigas. O santo agitava uma vassourinha, o seu *xaxará*, e nós todos em derredor do *babaloxá* víamos morrer sem auxílio de faca, apenas por estrangulamento, uma bicharada que faria inveja ao Jardim Zoológico.

Os africanos porém continuavam a guardar o mistério da preparação.

- Vamos lá – dizia eu – camarário como é que faz para matar um cidadão qualquer?

In order to obtain the secret of the spell, I went to these houses. I've been to the dirty rooms, seeing the elephants, arrows, and painted bows on the walls; tripping over piles of herbs and dry lizards; touching the sacred tureens and *opelês*, full of sweat.

"If you want to know what the main spells are, you need to get used to the saints first, Sir," the African would tell me.

I got used to them. They are innumerable. The old women who discuss their price in conversation even confuse the stories. Soon enough I was familiar with Eshu, the devil, to whom sacrifices are made at the beginning of the revelries; Obaluaiê, the saint of smallpox; Ogun, the god of war; Oxóssi; Erinlé; Oloroquê; Oxalufá; Orixá Ocô; Oxumarê; Orixaguiã; Airá; Oroniã; Ogodô; Oganjú; Barú; Orixanlá; Baiani; Dadá; Percuã; Coricotó; Doú; Alabá; Arí, and the fat-lipped deities, the wives of the saints - Aquará; Oxum-gímoun; Aíá-có, the mother of the night; Inhansã; Obi-am, the wife of Orixanlá; Oroniã; Ogango; Jená, the wife of Elôquê; Iemanjá, the owner of Orixá Ocô; Oxum of Shango and even Obá, who, being a prince in this world, is a courtesan to the formidable saint Ogodô in the ether.

The sorcerers told me the story of Orixá-alum, the greatest of the saints who rarely appears and only to show that it is not for playing around. And I watched the ceremonies of worship in which almost always the childish and sinister farce prevails. Before my civilized eyes walked black men dressed as *Shango*, wearing colored pants, a red quilt adorned with whelks and sequins, an apron, bib, and bonnet. And these black men danced with Oxum, several black women in costumes, with metal fans in their left hand and little wooden-swords in their right hands. I joined the others in the sacrifice for Obaluaié, the saint of smallpox, a black man with a black mustache wearing Punchinello's clothes and a white coif fringed with nettles. The saint stirred a broom, its *xaxará*,[54] and all of us around the *babaloxá* saw a number of animals, which would be the envy of any zoo, die without the aid of a knife, just by strangulation.

Nevertheless, the Africans continued to keep the mystery of the catholicon.

Eles riam, voltavam o rosto com uns gestos quase femininos.

- Sei lá!

Outros porém tagarelavam:

- V. S. não acredita? É que ainda não viu nada. Aqui está quem fez um deputado! O...

Os nomes conhecidos surgiam, tumultuavam, empregos na polícia, na Câmara, relações no Senado, interferências em desaguisados de famílias notáveis.

- Mas como se faz isso?

- Então o senhor pensa que a gente diz assim o seu meio de vida?

E imediatamente aquele com quem eu falava, descompunha o vizinho mais próximo - porque, membros de uma maçonaria de defesa geral, de que é chefe o Ojó da Rua dos Andradas, os pretos odeiam-se intimamente, formam partidos de feiticeiros africanos contra feiticeiros brasileiros, e empregam todos os meios imagináveis para afundar os mais conhecidos.

Acabei julgando os *babaloxás* sábios na ciência da feitiçaria como o Papa João XXII e não via negra mina na rua sem recordar logo o bizarro saber das feiticeiras de d'Annunzio e do Sr. Sardou. A lisonja, porém, e o dinheiro, a moeda real de todas as maquinações dessa ópera pregada aos incautos, fizeram-me sabedor dos mais complicados feitiços.

Há feitiços de todos os matizes, feitiços lúgubres, poéticos, risonhos, sinistros. O feiticeiro joga com o Amor, a Vida, o Dinheiro e a Morte, como os malabaristas dos circos com objetos de pesos diversos. Todos entretanto são de uma ignorância absoluta e afetam intimidades superiores, colocando-se logo na alta política, no clero e na magistratura. Eu fui saber, aterrado, de uma conspiração política com os feiticeiros, nada mais nada menos que a morte de um passado presidente da República. A principio achei impossível, mas os meus informantes citavam com simplicidade nomes que estiveram publicamente implicados em conspirações, homens a quem tiro o meu chapéu e aperto a mão. Era impossível a dúvida.

"Come on, chamberlain," I said, "What do you do to kill just any citizen?

They laughed, turned their face with gestures that were almost feminine.

"I don't know!"

But others jabbered:

"You don't believe, Sir? It's that you haven't seen anything yet. Here's someone who made a congressman! Mr..."

The well-known names came tumbling out in a tumult — positions in the police force, in the municipal Chamber, relations with the Senate, interferences in quarrels of notable families.

"But how do you do that?"

"So do you think that we go round telling people about our livelihood, Sir?"

And immediately the one to whom I spoke reviled the nearest neighbor — because, being members of a general defense freemasonry, of which the leader is Ojó from Rua dos Andradas, these black men hate each other intimately, forming parties of African sorcerers against Brazilian sorcerers, and they employ every conceivable means to destroy the best known amongst them.

I ended deeming the *babaloxás* as wise in the science of witchcraft as Pope John XXII; and I couldn't see a black Mina woman in the street without remembering the bizarre lore of sorceresses of d'Annunzio and Mr. Sardou. Flattery, however, and money, the real currency of all the machinations of this opera preached to the unwary, made me cognizant of the most complicated spells.

There are spells of all types: gloomy, poetic, cheerful, sinister. The sorcerer plays with Love, Life, Money and Death, as the circus jugglers do with objects of different weights. They all are, however, of absolute ignorance, and affect higher intimate circles; they soon meddle in high politics, the clergy and the magistracy. I was aghast to know of a political conspiracy with the sorcerers, nothing less than the death of a past President. At first I found it impossible, but my informants simply cited

- O presidente está bem com os santos, disse-me o feiticeiro, mas bastava vê-lo à janela do palácio para que dois meses depois ele morresse.

- Como?!

- É difícil dizer. Os trabalhos dessa espécie fazem-se na roça, com orações e grandes matanças. Precisa a gente passar noites e noites a fio diante do fogareiro, com o *tessubá* na mão, a rezar. Depois matam-se os animais, às vezes um boi que representa a pessoa e é logo enterrado. Garanto-lhe que dias depois o espírito vem dizer ao feiticeiro a doença da pessoa.

- Mas por que não matou?

- Porque os caiporas não me quiseram dar sessenta contos.

- Mas se você tivesse recebido esse dinheiro e um amigo do governo desse mais?

- O feitiço virava. A balança pesa tudo e pesa também dinheiro. Se Deus tivesse permitido a essa hora, os somíticos estariam mortos.

Esse é o feitiço maior, o *envoûtement* solene e caro. Há outros, porém, mais em conta.

Para matar um cavalheiro qualquer, basta torrar-lhe o nome, dá-lo com algum milho aos pombos e soltá-los numa encruzilhada. Os pombos levam a morte... É poético. Para ulcerar as pernas do inimigo um punhado de terra do cemitério é suficiente. Esse misterioso serviço chama-se *etu*, e os *babaloxás* resolvem todo o seu método depois de conversar com os *iffá*, uma coleção de 12 pedras. Quando os *iffá* estão teimosos, sacrifica-se um cabrito metendo as pedras na boca do bicho com alfavaca de cobra.

Os homens são em geral volúveis. Há o meio de os reter *per eternum* sujeitos à mesma paixão, o *effifá*, uma forquilha de pau preparada com besouros, algodão, linhas e ervas, sendo que durante a operação não se deve deixar de dizer o *ojó*, oração. Se eu amanhã desejar a desunião de um casal, enrolo o nome da pessoa com pimenta-da-costa, malagueta e linha preta, deito isso ao fogo com sangue, e o casal dissolve-se; se resolver transformar Catão, o honesto, no mais desbriado gatuno, arranjo

names who had been publicly implicated in conspiracies, men whom I take my hat off to and shake hands with. It was impossible to doubt them.

"The President is on good terms with the saints," the sorcerer told me, "but it would have been enough to see him at the palace window for him to be dead two months later."

"How?!"

"It's hard to say. Works[55] of this kind are made in the countryside, with prayers and large killings. We need to spend nights on end in front of the brazier, with the *tessubá* in hand, praying. After that they kill animals, sometimes an ox, which represents the person, burying it immediately. I assure you that the spirit comes days later to tell the sorcerer what the illness of the person is."

"But why did it not kill him?"

"Because the tightwads didn't want to give me sixty *contos de réis*."

"But if you had received this money and a friend from the government gave you more?"

"The spell would turn round. The scale weighs everything, and it also weighs money. If God had allowed, the tightwads would be dead by now."

This is the greatest spell, the solemn and expensive *envoûtement*.[56] There are others, however, more affordable.

To kill any gentleman, you just need to toast his name, give it with some corn to the pigeons and release them at a crossroads. Pigeons carry death... It's poetic. To ulcerate the legs of the enemy, a handful of soil from the cemetery is enough. This mysterious service is called *etu*, and the *babaloxás* decide all their methods after talking to the *ifá*,[57] a collection of twelve stones. When the Ifas are stubborn, you sacrifice a goat by putting the stones with *alfavaca de cobra*[58] into the animal's mouth.

Men are generally fickle. There is a means of keeping them subject to the same passion *per eternum*,[59] the *efifá*, a wooden pitchfork prepared with beetles, cotton, threads and herbs. During the operation you must not fail to repeat the *ojó*, prayer. If tomorrow I desire the separation of a couple, I wrap the name of the person with alligator peppers, chili peppers and a black thread, put it in the fire with blood, and the couple

todo esse negócio apenas com um bom tira, um rato e algumas ervas! E maravilhoso.

Há também feitiços porcos, o *mantucá*, por exemplo, preparado com excremento de vários animais e coisas que a decência nos salva de dizer; e feitiços cômicos como o terrível *xuxúguruxú*... Esse faz-se com um espinho de Santo Antônio besuntado de ovo e enterra-se à porta do inimigo, batendo três vezes e dizendo:

- *Xuxúguruxú io le bará...*

Para o homem ser absolutamente fatal, D. Juan, Rotschild, Nicolau II e Morny, recolhi com carinho uma receita infalível; É mastigar *orobó* quando pragueja, trazer alguns *tiras* ou breves escritos em árabe na cinta, usar do *ori* para o feitiço não pegar, ter além do *xorá*, defesa própria, o *essiqui*, cobertura e o *irocó*, defumação das roupas, num fogareiro com que se queima azeite-de-dendê, cabeças de bichos e ervas, visitar os *babaloxás* e jogar de vez em quando o *eté* ou a praga. Se apesar de tudo isso a amante desse homem fugir, há um supremo recurso: espera-se a hora do meio-dia e crava-se um punhal detrás da porta.

Mas o que não sabem os que sustentam os feiticeiros, é que a base, o fundo de toda a sua ciência é o *Livro de São Cipriano*. Os maiores *alufás*, os mais complicados pais-de-santo, têm escondida entre os tiras e a bicharada uma edição nada fantástica do São Cipriano. Enquanto criaturas chorosas esperam os quebrantos e as misturadas fatais os negros soletram o São Cipriano, à luz dos candeeiros...

O feitiço compõe-se apenas de ervas arrancadas ao campo depois de lá deixar dinheiro para o saci, de sangue, de orações, de galos, cabritos, cágados, azeite-de-dendê e do livroidiota. É o desmoronamento de um sonho!

Os feiticeiros, porém, pedem retratos, exigem dos clientes coisas de uma depravação sem nome para agir depois fazendo o *egum*, ou evocação dos espíritos, o maior mistério e a maior pândega dos pretos; e quase todos roubam com descaro, dando em troco de dinheiro sardinhas com pó-de-mico, cebolas com quatro pregos espetados, cabeças de pombo em salmoura para fortalecer o amor, uma infinita série de extravagâncias. Os

breaks up. If I decide to turn Cato, the honest, into the most reckless thief, I can arrange this whole business with one good *tira*,[60] a mouse, and some herbs! It's wonderful.

There are also filthy spells — the *mantucá*, for example, prepared with the excrement of many animals and things that decency prevents us from telling; and comic spells such as the terrible *xuxúguruxú*... This is done with an *espinho de Santo Antônio*[61] smeared with egg which you bury by the door of the enemy, knocking three times and saying:

"*Xuxúguruxú io le bará*..."

For a man to be an absolute *homme fatale*, Don Juan, Rothschild, Nicholas II and Morny, I carefully gathered an infallible recipe: to chew *orobô*[62] when cursing; to wear some *tiras* or *breves*[63] written in Arabic on the belt; to use the *ori*[64] so that the spell fails; to have, besides the *xorá*, self-protection; the *essiqui*, the cover, and the *irocó*, clothes smoked on a brazier where one burns palm oil, heads of animals, and herbs; to visit the *babaloxás* and occasionally to throw the *até*, or a curse. If, despite all this, the man's mistress gets away, there is a supreme resource: you wait until noontime and stick a dagger behind the door.

But what those who sponsor the sorcerers don't know is that the base, the foundation of all his science, is The Great Book of Saint Cyprian. The greatest *alufás*, the most sophisticated *pais-de-santo*, have an ordinary edition of Saint Cyprian hidden between the *tiras* and the crowd of animals. Whilst weeping creatures wait for *quebrantos*, or jinxes, and the fatal brews, the blacks spell out Saint Cyprian, in the light of the oil lamps...

The spell is composed only of herbs plucked from the field after leaving money for the *saci*,[65] blood, prayers, roosters, goatlings, tortoises, palm oil and the stupid book. It is the collapse of a dream!

The sorcerers, however, ask for portraits, require from their customers things of a nameless depravity so that they can act later when they do the *egum*, or evocation of ancestor spirits, the greatest mystery and the greatest revelry of the blacks. And almost all of them steal with impudence, giving sardines with cow-itch powder in exchange for money; onions spiked with four nails; pigeon heads in brine to strengthen love;

trabalhos são tratados como nos consultórios médicos: a simples consulta de seis a dez mil réis, a morte de homem segundo a sua importância social e o recebimento da importância por partes. Quando é doença, paga-se no ato - porque os *babaloxás* são médicos, e curam com cachaça, urubus, penas de papagaio, sangue e ervas.

A policia visita essas casas como consultante. Soube nesses antros que um antigo delegado estava amarrado a uma paixão, graças aos prodígios de um galo preto. A polícia não sabe pois que alguns desses covis ficam defronte de casas suspeitas, que há um tecido de patifarias inconscientes ligando-as. Mas não é possível a uma segurança transitória acabar com um grande vício como o Feitiço. Se um inspetor vasculhar amanhã os jabotis e as figas de uma das baiúcas, à tarde, na delegacia os pedidos choverão...

Eu vi senhoras de alta posição saltando, às escondidas, de carros de praça, como nos folhetins de romances, para correr, tapando a cara com véus espessos, a essas casas; eu vi sessões em que mãos enluvadas tiravam das carteiras ricas notas e notas aos gritos dos negros malcriados que bradavam.

- Bota dinheiro aqui!

Tive em mãos, com susto e pesar, fios longos de cabelos de senhoras que eu respeitava e continuarei a respeitar nas festas e nos bailes, como as deusas do Conforto e da Honestidade.

Um *babaloxá* da costa da Guiné guardou-me dois dias às suas ordens para acompanhá-lo aos lugares onde havia serviço, e eu o vi entrar misteriosamente em casas de Botafogo e da Tijuca, onde, durante o inverno, há recepções e *conversationes* às 5 da tarde como em Paris e nos palácios da Itália. Alguns pretos, bebendo comigo, informavam-me que tudo era embromação para viver, e, noutro dia, tílburis paravam à porta, cavalheiros saltavam, pelo corredor estreito desfilava um resumo da nossa sociedade, desde os homens de posição às prostitutas derrancadas, com escala pelas criadas particulares. De uma vez mostraram-me o retrato de uma menina que eu julgo honesta.

- Mas para que isso?

an infinite series of extravagances. These works are treated as in medical consultations: a simple query costs between six and ten thousand *réis*; the death of a man costs according to his social importance, and payment is in installments. When it's a disease, you pay up front - because the *babaloxás* are doctors, and they heal with *cachaça*, vultures, parrot feathers, blood, and herbs.

The police visit these places as consultants. I got to learn in these dens that a former sheriff was bound to an infatuation, thanks to the wonders of a black rooster. The police don't know, however, that some of these lairs are located in front of suspicious houses, and that there is a web of unconscionable roguery connecting them. But it is not possible for a transient security force to end a great vice such as the Spell. If tomorrow an inspector scours the area for tortoises and *figas*[66] from one of these shacks, in the afternoon, at the precinct there will be a shower of requests...

I have seen high-class ladies sneaking out of taxis, as in cheap romances, running, covering their face with thick veils, into these houses. I've seen sessions in which gloved hands took notes and more notes out of their rich wallets whilst insolent blacks roared.

"Put your money here!"

I held in my hands, with shock and sorrow, long strands of hair of ladies whom I respected and will continue to respect at parties and dances as the goddesses of Comfort and Honesty. A *babaloxá* from the coast of Guinea gave me two days under his orders to accompany him to places where a ceremony was being held, and I saw him going furtively into houses in Botafogo and Tijuca where, during the winter, there are receptions and *conversationes*[67] at five in the afternoon as in Paris and the palaces of Italy. Some blacks, drinking with me, informed me that it was all deceit in order to make a living. And another day, tilburies stopped at the door, gentlemen jumped out, and a summary of our society paraded through the narrow corridor, from men of high rank to debased prostitutes, passing by ladies' maids. Once they showed me the picture of a young girl whom I believe to be honest.

"But what is this for?"

- Ela quer casar com este.

Era a fotografia de um advogado.

- E vocês?

- Como não quer dar mais dinheiro, o servicinho está parado. A pequena já deu trezentos e cinqüenta.

Tremi romanticamente por aquela ingenuidade que se perdia nos poços do crime à procura do Amor...

Mas esse caso é comum. Encontrei papelinhos escritos em cursivo inglês, puro Coração-de-Jesus, cartões-bilhetes, pedaços de seda para misteres que a moralidade não pode desvendar. Eles diziam os nomes com reticências, sorrindo, e eu acabei humilhado, envergonhado, como se me tivessem insultado.

- A curiosidade tem limites, disse a Antônio que desaparecera havia dias para levar aos subúrbios umas negras. Se eu dissesse metade do que vi, com as provas que tenho!...

Continuar é descer o mesmo abismo vendo a mesma cidade misteriosamente rojar-se diante do Feitiço... Basta!

- V. S. não passou dos primeiros quadros da revista. É preciso ver as loucuras que o Feitiço faz, as beberagens que matam, os homicídios nas camarinhas que nunca a polícia soube; é preciso chegar à apoteose. Venha...

E Antônio arrastou-me pela Rua do General Gomes Carneiro.

Original publication: "O Feitiço," *Gazeta de Notícias*, Rio de Janeiro, ed. 74, p.2, 14/03/1904.

"She wants to marry this one."

It was the photograph of a lawyer.

"And you?"

"As she doesn't want to give any more money, this little job is halted. The girl has already given me three hundred and fifty."

I shivered romantically for the naivety which got lost in the pits of crime in the pursuit of Love...

But this is a common case. I found pieces of paper written in cursive English, pure Sacred Heart of Jesus,[68] note-cards, and pieces of silk for purposes that morality cannot unveil. They said the names with reticence, smiling, and I ended up humiliated, embarrassed, as if it were me they had insulted.

"Curiosity has its limits," said Antônio, who had been gone for days to take some black women to the suburbs. "If I told half of what I saw, with all the evidence I have!... To continue is to go down the same abyss, seeing the same city mysteriously grovel before the Spell...!"

"You didn't get passed the first pictures of the magazine, Sir. You need to see the craziness that the Spell produces, the potions that kill, the murders in the small chambers that the police never learned of. You need to reach the apotheosis. Come..."

And Antônio dragged me down Rua General Gomes Carneiro.

A Casa das Almas

Os negros *cambindas* do Rio guardam com terror a história de um branco que lhes apareceu certa vez em pleno sertão africano. Quando o rei deu por ele, que por ali vinha calmo, com as suas barbas de sol, precipitou-se mais a tribo em atitude feroz. O branco tirou da cinta um pequeno feitiço de metal e prostrou morto, golfando sangue, o *babaláo*.

- *Exú! Exú!* ganiu a tribo, recuando de chofre.

- Quem és tu, santo que eu não conheço? perguntou trêmulo o poderoso rei.

- Sou o que pode tudo, bradou o branco. Vê.

Estendeu a mão de novo e matou outros negros.

- Só te deixarei em paz se me mostrares todos os teus feitiços.

Sua Majestade, apavorada, levou-o à tenda real e durante o dia e durante a noite, sem parar, lhe deu tudo quanto sabia.

- Perdôo-te, disse o branco. Adeus! Levo para o mistério a rainha.

Aconchegou o feitiço, que parecia *egum*, o deus da guerra, no seio da preferida, deixou-a cair, e partiu devagar pela estrada a fora...

Não precisei dos meios violentos do *Caramurú* da África, para saber do mais terrível mistério da religião dos minas: o *egum* ou evocação das almas. Naquela mesma noite em que encontrara Antônio, o negro serviçal levou-me a uma casa nas imediações da praia de Santa Luzia.

- Em tudo é preciso mistério, dizia ele. V. S. vai à casa do *babaloxá*, finge acreditar e depois é convidado para uma cerimônia na casa das almas. Poderá então ver o segredo da pantomima. Quem descobre o segredo do *egum*, morre. Eu me arrisco a morrer.

A sua voz era trêmula.

- Tens medo?

- Não, mas se morrer amanhã, todos os feiticeiros dirão que foi o feitiço. Do *egum* depende toda a traficância. - O negro parou. - Não imagina! Abubáca Caôlho, que mora na Rua do Resende, é um dos tais.

The House of Souls

The black *cambindas* from Rio remember with horror the story of a white man who showed up once in the heart of the African hinterland. When the king noticed him approaching calmly with his sunny beard, he rushed over with the tribe in fierce attitude. The white man took a small metal spell from his belt, and the *babalaô*, gushing out blood, dropped dead.

"Eshu! Eshu!" yelped the tribe, recoiling abruptly.

"Who art thou, saint that I do not know?" asked the mighty king, shakily.

"I am the one who can do it all," cried the white man. "Look."

He raised his hand again and killed other blacks.

"I will only leave you alone if you show me all your spells."

His Majesty, terrified, took him to the royal tent. Day and night, nonstop, gave him everything he knew.

"I forgive you," said the white man. "Goodbye! I will take the queen to the unknown."

He snuggled the spell, which seemed to be *egum*, the god of war, into his favorite woman's bosom, let her fall, and slowly went down the road...

I did not need the violent means of the African Caramurú[69] to get to know the most terrible mystery of the Mina religion: the *egum* or evocation of the souls. That same night I met Antônio, and the black servant took me to a house near Santa Luzia beach.

"Mystery is needed in everything," he said. "You go to the *babaloxá*'s house, Sir, pretend to believe, and later on you are invited to a ceremony at the house of the souls. You can then see the secret of the pantomime. Whoever finds out the secret of the *egum* dies. I am risking death."

His voice was shaky.

"Are you afraid?"

"No, but if I die tomorrow, all the sorcerers will say that it was the spell. The *egum* is responsible for all the swindling." The black man

Quando há uma morte, vai logo dizer que foi quem a fez. Se fôssemos acreditar nas suas mentiras, Abubáca tinha mais mortes no costado que cabelos na cabeça. V. S. já o viu. É um negro que usa gravata do lado e *pontas* - as roupas velhas dos outros... Apotijá é outro.

- Mas há desse gênero de morte, Antônio? - indaguei eu acendendo o cigarro com um gesto shakespereano.

- Ora se há! Vou provar quando quiser. De morte misteriosa lembro a Maria Rosa Duarte, sogra do *mama* Pão Baltazar, *alufá* muito amigo de um político conhecido; o Salvador Tápa, a Esperança Laninia, Larê-quê, Fantunchê, o Jorge da Rua do Estácio, Ougu-olusaim... Todos morreram por ter descoberto o *egum*. Na Bahia, então, esses assassinatos são comuns. Hei de lembrar sempre o velho feiticeiro Aguidí, coitado! Era dos que sabem. Um dia, farto de viver, descobriu a traficância e logo depois morria no incêndio do Tabão, com os braços cruzados, impassível e a sorrir. *Aguidí* na minha língua significa: o que quer morrer... Ele quis.

Pela praia de Santa Luzia o luar escorria silenciosamente, e de leve o vento, sacudindo as folhas das árvores em melancólico sussurro, entristecia Antônio.

- Ah! meu senhor. Não é só por causa do *egum* que negro mata. Quando as *iauô* não andam direito, quando não fingem bem, quase nunca escapam de morrer. Há vários processos de morte, a morte lenta, com beberagens e feitiços diretos, a morte na camarinha por sufocação... Muitos negros apertam uma veia que a gente tem no pescoço e dentro de um minuto qualquer pessoa está morta. Outros dependuram as criaturas e elas ficam bracejando no ar com os olhos arregalados.

A Morte e a Loucura nem sempre se limitam ao estreito meio dos negros. As beberagens e o pavor atuam suficientemente nas pessoas que os freqüentam. A Assiata, uma negra baixa, fula e presunçosa, moradora à rua da Alfândega, dizem os da sua roda que pôs doida na Tijuca uma senhora distinta, dando-lhe misturadas para certa moléstia do útero. Apotijá, o malandro da rua do Hospício, que aproveita os momentos de ócio para descompor o Brasil, tem também uma vastíssima coleção de casos sinistros.

stopped. "You cannot imagine! Abubáca Caôlho, who lives down Rua do Resende, is one of them. When there is a death, he rushes to say that it was his doing. If we were to believe his lies, Abubáca would have more deaths on his shoulders than hairs on his head. You have seen him, Sir. He is a black man who wears a tie and *pontas* — other people's old clothes... Apotijá is another."

"But is there this kind of death, Antônio?" I inquired, lighting my cigarette with a Shakespearean gesture.

"Why yes, there is! I'll prove it whenever you want. I remember the mysterious death of Rosa Maria Duarte, the mother-in-law of *mama*[70] Pão Baltazar, an *alufá* who is close friends with a known politician; Salvador Tápa; Esperança Laninia; Larê-quê; Fantunchê, from Rua do Estácio; Ougu-olusaim... They all died for finding out the *egum*. Now in Bahia these murders are common. I will always remember the old sorcerer Aguidí, poor man! He was one who knew it. One day, tired of living, he figured out the swindle, and soon after he died in the fire of Tabão with his arms crossed, impassive and smiling. *Aguidí* in my language means: the one who wants to die... He wanted to."

At Santa Luzia beach, the moonlight streamed silently, and a light wind, shaking the leaves of the trees in melancholy whisper, saddened Antônio.

"Oh! Sir. It is not only because of the *egum* that blacks kill. When the *iaô* don't do well, when they don't pretend well, they almost never escape death. There are several processes of death: slow death with concoctions and direct spells; death by suffocation in the small chamber... Many blacks squeeze a vein we have in the neck, and within a minute anyone is dead. Others hang creatures, and they flounce in the air with bulging eyes."

Death and madness are not always limited to the narrow circle of the black. The concoctions and terror act sufficiently on people who go to them. Assiata, a short black woman, Fulah[70] and conceited, a resident of Rua da Alfândega, is said to have made a distinguished lady go mad by giving her concoctions for a certain illness of the uterus. Apotijá, the

A Morte e todas as vesânias não são apenas os sustentáculos dos seus ritos e das suas transações religiosas, são também o meio de vida extra-cultual, o processo de apanhar heranças. Alikali, *lemamo* atual dos *alufás*, e Amando Ginja, cujo nome real é Fortunato Machado, quando morre negro rico vão logo à polícia participar que não deixou herdeiros. Alikali é testamenteiro de quase todos e bicho capaz de fazer *amuré* com as negras velhas, só para lhes ficar com as casas. A certidão de óbito é dada sem muitas observações.

- Mas, você conhece mais feiticeiros, Antônio?

- Pois não! O João Mussê, *alufá* feiticeiro tremendo, que mora na Rua Senhor dos Passos, 222 e é respeitado por todos; Obalei-ié, Obio Jamin, Ochu-Toqui, Ochu-Bumin, Emin-Ochun, Oumigí, Obitaiô-homem, Obitaiô-mulher, Ochu Taiodé, a Ochu-boheió, da Rua do Catete, Siê, Shango-Logreti, Ajagum-barú, Eçú-hemin, Angelina, o *ogan* Conrado... Mais de cem feiticeiros, mais cem.

- Quase todos com os nomes dos santos...

- Os negros usam sempre o nome do santo que têm no corpo...

Mas de repente Antônio parou entre as árvores.

- Temos *ebó* de *yê-man-já*. A negralhada vem... Se quer ver, esconda-se detrás de algum tronco.

Com efeito, sentiam-se vozes surdas ao longe, cantando.

O despacho, ou *ebó*, da mãe-d'Água salgada, é um alguidar com pentes, alfinetes, agulhas, pedaços de seda, dedais, perfumes, linhas, tudo o que é feminino.

Detrás da árvore, pouco depois eu vi aparecer no plenilúnio a teoria dos pretos. À frente vinha uma com o alguidar na cabeça, e cantavam baixo.

> *Baô de ré se equi je-man-já*
> *Pelé bé Apotá auo yo tô toro fym la cho*
> *Ere...*

Era o ofertório. Ao chegar à praia, na parte em que há uns rochedos, a negra desceu, depositou o alguidar. Uma onda mais forte veio, bateu,

scoundrel of Rua do Hospício, who enjoys his idle moments by reviling Brazil, also has an illimitable collection of ominous cases.

Death and all derangements are not only the backbone of their rites and religious transactions, they are also their means of extra-cultic life, the process of grabbing inheritances. Alikali, current *lemano* of the *alufás*, and Amando Ginja, whose real name is Fortunato Machado, will soon go the police to notify them that a rich black man, who has just died, has left no heirs. Alikali is the executor of almost all of them, and a brute capable of *amuré*[72] with old black women simply to inherit their houses. The death certificate is given without many observations.

"But, do you know more sorcerers, Antônio?"

"Of course! João Mussê, a tremendous *alufá* sorcerer, who lives at Rua Senhor dos Passos, 222, and who is respected by all; Obalei-ié; Obio Jamin; Ochu-Toqui; Ochu-Bumin; Emin-Ochun; Oumigí; Obi-taiô-homem; Obitaiô-mulher; Ochu Taiodé; Ochu-Boheió, from Rua do Catete; Siê; Shango-Logreti; Ajagum-barú; Eçú-hemin; Angelina; *ogan* Conrado... Over a hundred sorcerers, more than a hundred..."

"Almost all with the names of the saints..."

"Blacks always use the name of the saint who possesses their body..."

But suddenly Antônio stopped among the trees.

"We have Yemanja's *ebó*. The negroes are coming..... If you want to see, hide behind a tree trunk."

Indeed, we could hear their muffled voices in the distance, singing.

The offering, or *ebó*, for the saltwater nymph, is a bowl with combs, pins, needles, pieces of silk, thimbles, perfumes, threads, everything that is feminine.

Behind the tree, a little later, I saw the mob of black people appear in the light of the full moon. Ahead came a black woman with the bowl on her head, and they sang softly.

> *Baô de ré se equi je-man-já*
> *Pelé bé Apotá auo yo tô toro fym la cho*
> *Ere...*

virou o vaso de barro, quebrou-o, levou as linhas e todos balbuciaram, rojando:

- *Yê-man-já!*

A santa aparecera na fosforescência lunar, agradecendo...

Depois os sacerdotes ergueram-se, reuniram e nós ficamos de novo sós, enquanto o oceano rugia e, ao longe, tristemente a canzoada ladrava.

- Ainda apanhamos o *candomblé*, disse Antônio. É preciso que o *babaloxá* convide V. S. para o *egum*...

Noutro dia, pouco mais ou menos à meia-noite, estávamos no *ilé-saim* ou casa das almas.

O *egum* é uma cerimônia quase pública, a que os feiticeiros convidam certos brancos para presenciar a pantomima do seu extraordinário poder. Esses curiosos fetiches, que para fazer o guincho de santo Ossaim amarram nas pernas bonecas de borracha, com assobio; cujos santos são uni produto de bebedeiras e de hipnose, têm na evocação dos espíritos a máxima encenação da sua força sobre o invisível. Quando morre alguém, quando todos estão diante do corpo, um dos pretos esconde-se e dá um grito. No meio da confusão geral, então, mudando a voz, esse negro grita:

- *Emim, toculoni mopé, cá-um-pé, emim!* Eu que morri hoje, quero que chamem por mim.

Os donos do defunto arranjam o dinheiro para a evocação, pessoas estranhas ajudam também com a sua quota para aproveitar e saber do futuro. O *babaloxá* não faz o *egum* enquanto não tem pelo menos trezentos mil réis. Arranjada a quantia, começa a cerimônia.

Quando entramos na sala das almas, à luz fumarenta dos candeeiros a cena era estranha. Havia brancas, meretrizes de grandes rodelas de carmim nas faces, mulatas em camisa, mostrando os braços com desenhos e iniciais em azul dos proprietários do seu amor, e negros, muitos negros. Estes últimos, sentados em roda do assoalho, estavam quase nus, e algumas negras mesmo inteiramente nuas com os seios pendentes e a carapinha cheia de banha.

- Por que estão eles assim?

- Para mais facilmente receber o espírito.

It was the offertory. Upon reaching the shore, at the stretch with cliffs, the black woman went down and deposited the bowl. A stronger wave came, hit and turned over the clay bowl, breaking it, and carrying off the threads, and all of them babbled, groveling:

"Yemanja!"

The saint had appeared in the lunar phosphorescence, thanking them...

Then the priests stood up, reunited, and we were left alone again while the ocean roared and, in the distance, the pack of louts barked sadly.

"We still need to catch the *candomblé*, Antônio said. We need the *babaloxá* to invite you, Sir, for the *egum*..."

Another day, more or less at midnight, we were in the *ilé-saim* or house of souls.

The *egum* is an almost public ceremony to which the sorcerers invite certain white people to witness the pantomime of their extraordinary power. These curious sorcerers, who tie whistles to the legs of rubber dolls so as to make the shriek of Saint Ossaim, sorcerers whose saints are a product of drunkenness and hypnosis, have in the evocation of the spirits maximum staging of their power over the invisible. When someone dies, when everyone is in front of the body, one of the blacks hides and lets out a scream. Amid the general confusion, then, changing his voice, he cries:

"*Emim, toculoni mopé, cá-um-pé, emim!* I who died today, want you to call me."

The owners of the departed get the money for the evocation; strangers also help with their share, taking advantage of it to learn about the future. The *babaloxá* does not perform the *egum* before he has got at least three hundred thousand *réis*. Once the amount is sorted, the ceremony begins.

When we entered the room of the souls, in the smoky light of the lamps the scene was strange. There were white women, whores with huge crimson circles on their cheeks; mulatto women in shirts showing their arms with drawings and blue initials representing the owners of their

Junto à porta do fundo, três negros de vara em punho quedavam-se estáticos. Eram os *annichans*, que faziam guarda ao *saluin* ou quarto-dos-espíritos. Ouvi dentro do *saluin* um barulho de pratos, de copos tocados, de garrafas desarrolhadas; um momento pareceu-me ouvir até o estouro forte do *champagne* barato.

- Há gente lá dentro?

- As almas. Estão-se banqueteando. O banquete foi pago pelos presentes. Mas, psiu! Daqui a pouco começarão as cantigas, que ninguém compreende. Os africanos inventam nomes para a cena parecer mais fantástica.

Com efeito, minutos depois, aos primeiros sons dos atabaques, as negras bradaram:

- *Aluá!* o espírito! e romperam uma cantiga assustadora e trôpega.

Anu-ha, a o ry au od á

San-ná-elê-o ou babâ

Locá-aló

A porta continuava fechada, mas eu vi surgir de repente um negro vestido de dominó com os pés amarrados em panos. Os três *annichans* ergueram as varas, o dominó macabro começou a bater a sua no chão, os *xeguedês* sacudiram-se, e outra cantiga estalou medrosa:

Lou-â gége ou-rou ó uá

Xó la-ry la-ry lary

Que què oura ô uchô

La-ry la mamau rú nam babâ

Quando o santo aos pulos aproximava-se de alguma mulher, ela recuava bradando com

desespero:

- *Afapão!*

- Vão aparecer as almas, avisou Antônio, a cantiga diz: Procuramos a alma de Fulano e de Sicrano e não a encontramos dormindo. Cansamos sem saber o mistério que a envolvia. A alma está aqui e entrou pela porta do quintal.

- Mas quem é este dominó?

love; and blacks, many blacks. The latter, sitting on a circle on the floor, were almost naked, and some black women were actually completely naked, with dangling breasts and frizzy hair covered in lard.

"Why are they like that?"

"In order to receive the spirit more easily."

Next to the back door, three black men, canes in hand, remained ecstatic. They were the *annichans*[73] who were guarding the *saluin*[74] or room of the spirits. I heard the clatter of plates inside the *saluin*, glasses touching, uncorking of bottles. At one moment I thought I even heard the strong burst of cheap champagne.

"Are there people inside?"

"The souls. They are feasting. The banquet was paid for by the attendees. But shh! The incantations, which nobody understands, will begin in a little while. The Africans create names so that the scene looks more fantastical."

Indeed, minutes later, at the first sounds of the conga drums, the black women shouted:

"*Aluá!* The spirit!" and he broke into a frightening, shambling incantation.

> *Anu-ha, a o ry au od á*
> *San-ná-elê-o ou baba*
> *Locá-aló*

The door was still closed, but I suddenly saw a black man dressed in a domino,[75] his feet bound in rags, emerging. The three *annichans* raised their canes, the macabre domino started beating his on the floor, the *xequerês* shook up, and another chant burst out fearfully:

> *Lou-â gége ou-rou ó uá*
> *Xó la-ry la-ry lary*
> *Que què oura ô uchô*
> *La-ry la mamau rú nam babá*

When the saint, pounding, approached any woman, she retreated proclaiming in despair:

"*Afapão!*"

-É *Baba-Egum*. As almas têm vários cargos. O que traz uma gamela chama-se Ala-té-orum, o 2º *Opocó-echi*, o 3º *Eguninhansan*, e no meio de sete espíritos aparece o invocado.

Entretanto o dominó *Baba-Egum* batia furiosamente no chão com a sua vara de marmelo, e no alarido aumentado apareceu aos pulos outro dominó, o *Alabá*, que por sua vez também se pôs a bater. Era o ritual da entrega das almas. Por fim apareceu *Ousaim*, enfiado numa fantasia de *bebê*, de xadrez variado, com duas máscaras: uma nas costas, outra tapando o rosto.

- Quem é esse?

- O Bonifácio da Piedade, um malandro de *cavaignac*, que faz sempre de *Eruosaim*.

Eruosaim também dançava. Entre as cantigas, os *annichans* ergueram de novo as varas, a porta abriu-se, dois negros ficaram um de cada lado, o *atafim*, ou confidente, e o *anuxam*, secreta. De dentro saíram mais três dominós cheios de figas e espelhinhos, com os pés embrulhados nos trapos. As negras aterrorizadas uivavam, com o amarelo dos olhos virados e os espíritos, naquela algazarra, pareciam cambalear. Havia gente porém que os reconhecia.

- Eles fingem os gestos dos mortos, segredou-me Antônio.

Palmas ressoavam estridentes saudando a chegada do invisível, as varas de marmelo lanhavam o ar e as almas, e naquele círculo silvante, ao som dos *xeguedôs* e dos *atabaques* batiam surdamente no chão aos pulos da dança demoníaca.

Um dos espíritos, porém, sentou-se numa espécie de trono de mági-ca. Como por encanto a dança cessou e naquela pávida atmosfera, em que o medo gemia, as mulheres de borco, os homens contorsionados, o negro fantasiado guinchou do alto.

- Guilhermina, ocê percisa gostá de Antônio... José tem que fazê *ebô* para espírito mau. Chica, um home há de vi aí, ocê vai com ele...

- Veja V. S. a chantagem, murmurou Antônio. Os negros recebem dinheiro antes dos homens e obrigam as criaturas pelo terror a tudo quanto quiserem. Por isso quem descobre o *egum*, morre.

"The souls will appear," Antônio warned, "The chant says: 'We sought the soul of so-and-so and didn't find it sleeping. We got tired of not knowing the mystery that enveloped it. The soul is here and entered through the back door.'"

"But who is this domino?"

"It's *Baba-Egum*.[76] Souls have various responsibilities. The one who brings a bowl is called *Ala-té-orum*, the second *Opocó-echi*, the third *Eguninhansan*, and in the midst of the seven spirits, the invoked appears."

However, the domino *Baba-Egum* furiously pounded the floor with his cane of quince wood, and in the increasing uproar another domino appeared, *Alabá*, who in turn also started pounding. It was the ritual of the delivery of the souls. Finally *Ousaim*[77] appeared, dressed in a baby costume, of various checkered fabrics, with two masks: one on the back of his head, another covering his face.

"Who is this?"

"Bonifácio da Piedade, a scoundrel with *cavaignac*,[78] who always pretends to be *Eruosaim*."

Eruosaim also danced. Between chants, the *annichans* raised their canes again, the door opened. Two black men were on either side, the *atafim*, or confidant, and *anuxam*, secret. From inside came another three dominoes full of *figas* and small mirrors, with their feet wrapped in rags. The black women howled in terror, with the yellow of their eyes turned round, and the spirits, in the midst of the racket, seemed to stagger. But there were people who knew them.

"They are feigning the gestures of the dead," Antônio confided to me.

Raucous applause resounded, hailing the arrival of the invisible, the quince canes lacerating the air and the souls, and in that rustling circle, to the sound of *xequerês* and conga drums they deafeningly beat the ground to the jumping of the demonic dance.

One of the spirits, however, sat down on a sort of spell throne. As if by magic the dance ceased, and, in that startling atmosphere, in which

A Chica, uma mulatinha, coitada! tremia convulsivamente, mas já outras, nuas, em camisa, sacudindo os membros lassos, ganiam de longe, batendo as varas num terror exaustivo.

- E eu? e eu?

- E eu? e eu?

- Ocê tá dereita, sua vida vai pr'a frente.

- E eu? e eu? gargolejaram outras bocas em estertores.

- Ocê está pra traz, percisa *ebô*.

Aproximei-me de um dos espíritos; cheirava a espírito de vinho; estava literalmente bêbedo.

Quando a cerimônia atingia ao desvario e já os espíritos tinham pastosidade na voz, caiu na sala, como um bedengó, *Inhansam*, um negro fingindo de santo materializado e, em meio do pavor geral, ao som das cantigas, esticou a mão sinistra, foi pedindo a cada criatura 16 *obis*, 16 *orobôs*, 16 galos, 16 galinhas, 16 pimentas-de-costa, 16 mil réis, um cabrito, um carneiro. Ao chegar às meretrizes brancas, *Inhansam* ferozmente exigia peças de chita, fazendas e objetos caros. A turba gritava toda: *Inhansam! Inhansam!* gente nova entrava na sala, e de repente, como todos se voltassem a um grito da porta, os espíritos desapareceram... Tinham fugido tranqüilamente pelo corredor.

- Está acabado, fez Antônio. Os espíritos vão se despir, e voltam daí a pouco para ver se o pessoal acreditou mesmo...

A cena mudara entretanto. Dissipado o sudário apavorado, todas aquelas carnes hiperestizadas erguiam-se ainda vibrantes para a bacanal.

O álcool e a queda na realidade estabeleciam o desejo. Negros arrastavam-se para quintal, para os cantos, longos sorrisos lúbricos abriam em bocejos as bocas espumantes, risinhos rebentavam e negros fortes, estendidos no chão, rolavam as cabeças numa sede de gozo.

Há entre as negras uma propensão sinistra para o tribadismo. Em pouco, naquela casinhola suja e mal-cheirosa, eu via como uma caricatura horrenda as cenas de deboche dos romances históricos em moda. Mais dois negros entraram.

fear groaned, women face down, men contorted, the costumed black man shrieked from above.

"Guilhermina, you need to like Antônio... José has to do *ebô* to the evil spirit... Chica, a man is coming, you go with him..."

"See the blackmail, Sir." Antônio muttered. "The blacks receive money before men do, and force the creatures to do everything they wish by terror. That's why whoever discovers the *egum* dies."

Chica, a mulatto girl, poor thing! She trembled convulsively, but others, naked, in shirts, shaking their droopy limbs, whined from afar, beating the canes in a weary terror.

"And me? And me?"

"You are fine, your life will go forward."

"And me? And me?" Spluttered other mouths in rattles.

"You are behind, you need *ebô*."

I approached one of the spirits, who smelled of wine spirit and was literally drunk.

When the ceremony reached a pitch of madness and the spirits voices were thick and viscous, a black man fell down in the room, like a *bedengó*,[79] pretending to be a materialized saint, Yansan, and, amid the general terror, the sound of the chants, he stretched out his dreary hand, and was asking 16 *obis*, 16 *orobôs*, 16 roosters, 16 hens, 16 alligator peppers, sixteen thousand *réis*, a goat, and a sheep from each creature. When addressing the white whores, Yansan fiercely demanded pieces of flowered calico, cloths and expensive objects. The whole mob shouted: *Yansan! Yansan!* New people came into the room, and suddenly, as everyone turned round toward a cry from the door, the spirits disappeared... They had quietly fled down the corridor.

"It's over," Antônio said. "The spirits will undress and return after a while to see if the crowd really believed it..."

The scene, however, had changed. With the terrified shroud dispersed, all the hyper-aesthetic flesh rose up, still vibrant, for the bacchanalia.

Alcohol and the fall into reality established desire. Black people dragged themselves to the backyard, to the corners. Their foaming

- Então *egum* esteve bom?

- E eu que não cheguei em tempo...

- Veja, mostrou Antônio, lá está o Bonifácio *Eruousaim*, vendo se causou efeito fantasiado de *bebê*. Venha até o quarto do banquete.

Fomos. Antônio empurrou uma porta e logo nos achamos numa sala com garrafas pelo chão, pratos servidos, copos entornados, rolhas, os destroços de uma fome voraz. Num canto a Chica dizia baixinho para um lindo rapaz de calças bombachas:

- É você que o espírito disse?...

Quando reaparecemos o *babaloxá* murmurava:

- A festa está acabada, companheiros... É não deixar de trazer o que *Inhansam* pediu.

Saímos então. Vinha pelo céu raiando a manhã. Palidamente, na calote cor de pérola, as estrelas tremiam e desmaiavam. Antônio cambaleava. Chamei um carro que passava, meti-o dentro. Em torno tudo dizia o mistério e a incompreensão humana, o éter puro, os vagalhões o mar, as árvores calmas. Tinha a cabeça oca, e, apesar dos assassinatos, dos roubos, da loucura, das evocações sinistras, vinha da casa das almas julgando *babalaôs, babaloxás,* mães-de-santo e feiticeiros os arquitetos de uma religião completa. Que fazem esses negros mais do que fizeram todas as religiões conhecidas?

O culto precisa de mentiras e de dinheiro. Todos os cultos mentem e absorvem dinheiro. Os que nos desvendaram os segredos e a maquinação morreram. Os africanos também matam.

E eu, perdoando o crime desse sacerdócio *mina*, que se impõe e vive regaladamente, tive vontade de ir entregar Antônio negro e a dormir à casa de Ojô, para que nunca mais desvendasse a ninguém o sinistro segredo da casa das almas.

Original publication: "A Casa das Almas," *Gazeta de Notícias*, Rio de Janeiro, ed. 76, p.2, 16/03/1904.

mouths' long lascivious smiles unfolded into yawns. Giggles resounded, and strong blacks, outstretched on the floor, rolled their heads in a thirst for pleasure.

There is a sinister propensity to sapphism among the black women. Soon enough, in that dirty and smelly shack, I saw, as in a hideous caricature, scenes of debauchery straight from the fashionable historic romances. Two more black men entered.

"So the *egun* has been good?"

"And I didn't get here on time…"

"Look," Antônio said, pointing. "That is Bonifácio *Eruousaim*, checking whether he has caused an effect costumed as a baby. Come to the banquet room."

We went. Antônio pushed open a door and soon we found ourselves in a room with bottles on the floor, plates of food, spilled glasses, corks, the wreckage of a ravenous hunger. In a corner Chica said softly to a beautiful boy in galligaskins:

"It's that you the spirit spoke of?…"

When we reappeared the *babaloxá* murmured:

"The party is over, friends… Let's not forget to bring what Yansan asked."

We then left. Morning was dawning in the sky. Faintly, in the pearly dome, the stars trembled and fainted. Antônio stumbled. I called a passing taxi and put him inside. Everything around uttered mystery and human misunderstanding, the pure ether, the billows of the sea, the calm trees. My head felt hollow, and, despite the murders, robberies, madness, sinister evocations, I came from the house of the souls thinking of *babalaôs*, *babaloxás*, *mães-de-santo* and sorcerers as architects of a complete religion. What do these black people do other than what all known religions did?

The cult needs lies and money. All cults lie and swallow money. The ones who deciphered the secrets and contrivances died. Africans also kill.

And I, forgiving the crime that undermines the Mina priesthood, which imposes itself and lives a merry life, felt like handing over the black Antônio and going to sleep at Ojô's house, so that no one could ever again decipher the sinister secret of the house of the souls.

Os Novos Feitiços de Sanin

—**P**ois seja! disse Antônio, tomando coragem. V. S. pode ir, mas não cuspa, não fume e não coma nessa casa. Eu não vou.

- Acompanhas-me até a porta?

- Até à esquina. Ficarei de alcatéia. Sanin e Ojô são capazes de me acabar com a vida.

A vida de Antônio é uma vida, sob todos os títulos, preciosa, e naquele momento ainda o era mais, porque a sustentava eu. Refleti e concordei.

- Está direito, ficas à esquina.

Chovia a cântaros. Antônio, sem guarda-chuvas, metido num capote que lhe ia até aos pés, acendia constantemente um charuto, que apagava.

- Mas, que é esse Sanin, afinal?

- Um feiticeiro danado!

- Mas *babaloxá, babalaô*, traficante?

- *Babalaô*, não senhor. Para ser *babalaô* é preciso muita coisa. Só de noviciado, leva-se muito tempo, anos a fio, e a cerimônia é dificílima. Quando um iniciado quer ser *babalaô*, tem que levar ao *babalaô* que o sagra, dois cabritos pretos, duas galinhas d'Angola, duas galinhas da terra, dois patos, dois pombos, dois bagres, duas preás, um quilo de limo, um *ori*, um pedaço de *ossum*, um pedaço de giz, dois gansos, dois galos, uma esteira, dois caramujos e uma porção de penas de papagaio encarnadas.

- É difícil.

- E não é tudo. Tem que levar também um quilo de sabão-da-costa, que se chama *ochê-i-luaiê*, e não entra para o *ibodo-iffá* ou quarto dos santos sem estar de roupa nova e levar na algibeira pelo menos 200$000.[1] O futuro *babalaô* fica sete dias no *ibodô*, onde não entra ninguém para não ver o segredo.

- O segredo?

---

[1]   Duzentos mil réis.

The New Spells of Sanin

"So be it!" Antônio said, taking courage. "Sir, you can go, but do not spit, do not smoke, and do not eat in this house. I will not go."

"Will you accompany me to the door?"

"I'll go to the corner. I will be on the lookout. Sanin and Ojô are likely to end my life."

Antônio's life is, in all respects, a precious one, and at that time it was even more so because I was holding it. I pondered and agreed.

"You're right, you stay on the corner."

It was raining buckets. Antônio, without an umbrella, dressed in a cape that came down to his feet, constantly lit a cigar which kept going out again.

"But, what is this Sanin, anyway?"

"An evil sorcerer!"

"But is he a *babaloxá*, *babalaô*, trafficker...?"

"*Babalaô*, no Sir. It takes a lot to be a *babalaô*. For the novitiate alone it takes a long time, many years, and the ceremony is very difficult. When a initiate wants to become a *babalaô*, he has to take to the *babalaô* who consecrates him: two black goats, two guinea fowls, two country chicken, two ducks, two pigeons, two catfish, two guinea pigs, a kilo of pond scum, one *ori*, a piece of *ossum*,[80] a piece of chalk, two geese, two roosters, a matting, two snails, and loads of parrot's red feathers."

"It is hard."

"And that's not all. He must also take a kilo of African black soap, which is called *ochê-i-luaiê*;[80] and he does not enter the *ibodo-iffá*,[82] or room of the saints, without wearing new clothes and carrying at least 200$000[83] in his pocket. The future *babalaô* stays in the *ibodô*[84] for seven days, where no one can enter so as not to see the secret."

"What is the secret?"

"The secret is a parrot's egg. Have you ever seen a parrot's egg, Sir? Never! It is not easy. And those who see such an egg risk going blind. The egg is called *éiu*[85] in African, the parrot *odidé*. It is the egg that they

- O segredo é um ovo de papagaio. V. S. já viu um ovo de papagaio? Nunca! É difícil. E quem vê um ovo desses, arrisca-se a ficar cego. O ovo em africano chama-se *éiu*, o papagaio *odidé*. É o ovo que guardam dentro de uma cuia ou *ybadú*. O iniciado fica inteiramente nu, senta-se na esteira, e o velho *babalaô* indaga se é de seu gosto fazer o *iffa*. Se a resposta for afirmativa, lavam-se quarenta e dois caroços de dendê com diversas ervas, e nessa água o *babalaô* novo toma banho.

Depois raspa-se-lhe a carapinha, guardando-a para o grande despacho, pinta-se-lhe o crânio com giz e faz-se a matança.

- Todos os animais?

- Todos caem ao golpe das navalhas afiadas, o sangue enche os alguidares, escorre pela casa, mas ninguém sabe, porque lá dentro, de vivos, só há os dois *babalaôs* e o acólito. O primeiro sacrifício é para *exú*. Mistura-se o sangue do galo com tabatinga, forma-se um boneco recheado com os pés, o fígado, o coração e a cabeça dos bichos; metem-se em forma de olhos, nariz e boca, quatro búzios e está feito o *exú*. Em seguida esfaqueiam-se os outros bichos, sacrificando aos *iffá*. O novo *babalaô* recebe na cabeça um pouco desse sangue, o acólito ou *ogibanam* amarra-lhe na testa uma pena de papagaio com linha preta e, assim pronto, o novo matemático fica seis dias aprendendo a prática de alguns feitiços temíveis e rezando aos *odú iffá*.

Os *iffá* são dezesseis: *eidi-obé; ojécu-meigí; jori-meigi; uri-meigi; ôrosê-meigi; nani-meigi; obará-meigi; ocairá-meigi; egundá-meigi; osé-meigi; oturá-meigi; oreté-meigi; icá-meigi; eturáfan-meigi; achemeigi;* e *ogio-ofum*. No fim dos sete dias juntam-se os ossos, as cabeças, os pés dos animais com os restos de comida, a pena de papagaio do jovem professo, as ervas dos serviços anteriores, coloca-se tudo num alguidar para jogar onde o *opelé* disser, no mar, num lago, em qualquer rio. O iniciado é quem leva o alguidar, sem perder a razão, e canta no trajeto três cantigas...

Estávamos no largo do Capim. A chuva era tanta que nos obrigara a recolher a um botequim qualquer, e Antônio, já sentado, bebendo vinho do Porto e acendendo pela trigésima vez a horrenda ponta do seu cha-

keep inside a gourd or *ybadú*.[86] The initiate is completely naked, sitting on the matting, and the old *babalaô* asks if he'd like to do the Ifa. If the answer is affirmative, forty-two palm kernels are washed with various herbs, and the new *babalaô* bathes in that water."

"Next they shave his frizzy hair, saving it for the big sacrifice. They paint his skull with chalk, and the killing takes place.

"All the animals?"

"All fall at the slash of sharp razors, blood fills the bowls, runs through the house, but nobody knows about it, because there, alive, there are only two *babalaôs* and the acolyte. The first sacrifice is for Eshu. They mix rooster blood with clay, a doll is formed, stuffed with the feet, liver, heart and head of the animals. They make the shape of eyes, nose and mouth from four whelks, and the Eshu is made. Next, they stab the other animals, sacrificing to the Ifa. The new *babalaô* receives some of this blood on his head. The acolyte or *ogibanam* ties a parrot feather with black thread to his forehead and, thus ready, the new mathematician sits for six days learning the practice of some fearsome spells and praying to the *odú ifa*."

There are sixteen Ifas: *Ogbe Meji, Oyeku Meji, Iwori Meji, Odi Meji, Irosun Meji, Owonrin Meji, Obara Meji, Okanran Meji, Ogunda Meji, Osa Meji, Ika Meji, Oturupon Meji, Otura Meji, Irete Meji, Ose Meji,* and *Ofun Meji*. At the end of the seven days they gather together the bones, heads, feet of animals with food scraps, the parrot feather from the young professed, herbs from previous services, and put everything in a bowl to throw wherever *opelê* tells them to in the sea, in a lake, in some river. The initiate is the one who takes the bowl, without losing his mind, singing three incantations on his way...

We were at Largo do Capim. There was so much that it forced us to shelter at a tavern, and Antônio, already seated, drinking port wine and lighting up the disgusting tip of his cigar for the thirtieth time, was getting ready to sing the pleasing chants. He even got to perform one, the second and shortest:

> *O-ché-yturá a narê praquê*
> *Abá gun-nem-gum gebó*

ruto, preparava-se para entoar as maviosas cantigas. Chegou mesmo a perpetrar uma, a segunda, a mais curta.

> *O-ché-yturá a narê praquê*
> *Abá gun-nem-gum gebó*
> *Oury ôcú ou-myn-nan*
> *Essé ouxy-cá gô-xê-nan ló nan*

Esta apavorada oração significa: sabão-da-Costa serve para resguardar-se a gente do rei que come urubu e limo-da-costa. Nós, se comermos limo ou urubu pelo pé, hoje mesmo morreremos. Ele não defende filho como filho.

- Mas, o Sanin?
- V. S. não quer aprender mesmo? Deixe o Sanin. Está chovendo tanto!
- O Sanin é ou não um sábio?
- É malandro.
- Ainda melhor.

Quando saí, de dentro do botequim, Antônio esticou a mão.

- *Orum-my-lá ború ybó, yê, ybó, ybó, xixé!*

Negro amável!! Com aquele seu gesto sacerdotal dizia-me:

- Satisfaça ao Deus que faz tudo e tudo entorta, amém!

Abri o guarda-chuva e respondi já de longe.

- *Ybó-xixé!*

Sanin mora agora na casa do famoso Ojô, o diretor social da feitiçaria. A casa de Ojô fica na Rua dos Andradas, quase no começo, com um aspecto pobre e um cheiro desagradável. Quando batemos, a chuva rufava em torno um barulho ensurdecedor. Não nos responderam. Batemos de novo. Alguém decerto nos espiava. Afinal abriu-se a rótula e uma mulher apareceu.

- Babá Sanin?
- Não está.
- Venho mandado por um conhecido. Sem receio.
- A casa é de Emanuel...
- Ojô, sei bem. Foi o Miguel Pequeno que me mandou. Abre.

Oury ôcú ou-myn-nan
Essé ouxy-cá gô-xê-nan ló nan

This frightening prayer means: "African black soap serves to protect the king's people as they eat vulture and shea butter. As for us, if we get close to eating shea or vulture, we will die today. He does not protect a son as a son."

"But, and Sanin?"

"Don't you really want to learn it, Sir? Forget Sanin. It's raining so much!"

"Is Sanin a sage or not?"

"He's a scoundrel."

"Even better."

When I came out from the tavern, Antônio reached out his hand.

"Orum-my-lá ború ybó, yê, ybó, ybó, xixé!"

Such a kind black man!! With that priestly gesture he told me:

"Satisfy the God who makes everything and fashions everything, amen!"

I opened my umbrella and answered already from far off.

"Ybó-xixé!"

Sanin now lives in the house of the famous Ojô, the social director of sorcery. Ojô's house is on Rua dos Andradas, almost at the beginning. It has a poor appearance and an unpleasant smell. When we knocked, the rain pounded around with a deafening noise. Nobody answered. We knocked again. Someone was certainly spying on us. Finally, the lattice door opened and a woman appeared.

"Babá Sanin?"

"He is not here."

"I have been sent by an acquaintance. Do not worry."

"The house belongs to Emanuel..."

"Ojô, I know very well. It was Miguel Pequeno who sent me. Open up."

The door closed again. The woman went to check, but it didn't take her long to return, opening the door a bit and saying mysteriously: "Come in."

De novo a rótula fechou. A mulher ia consultar, mas não demorou muito que voltasse abrindo de esguelha e dizendo misteriosamente.

- Entre.

A sala tinha areia no assoalho, os móveis consertados indicavam que Ojô vive bem. Numa cadeira um fato branco engomado, e mais longe o chapéu de palha atestava a presença do feiticeiro.

- Então Sanin?

- Vem já.

Pouco tempo depois apareceu Sanin, de blusa azul e gorro vermelho, o tipo clássico do *mina* desaparecido, andando meio de lado, com o olhar desconfiado. O pobre-diabo vive assustado com a polícia, com os jornais, com os agentes. Para o seu cérebro restrito de africano, desde que chegou, o Rio passa por transformações fantásticas. É um malandro, orgulhoso do feitiço e com um medo danado da cadeia. Fora decerto quase à força que aparecera, e só muito lentamente o pavor o deixou falar.

- Baba Sanin, o Miguel Pequeno mandou-me aqui para um negócio muito grave. Baba tem uns feitiços novos.

- Não tem...

- Eu sei que tem. Abri a carteira, uma carteira de efeito, como usam os homens da praça, enorme, com fechos de prata. Não tenha medo. Se o Baba não me faz o trabalho, estouperdido. É a minha última esperança.

- Que trabalho?

Revolvi as notas da carteira, devagar, para mostrá-las, tirei um papelzinho e misteriosamente murmurei:

- Aqui tem o nome dela...

Na cara do feiticeiro deslizou um sorriso diabólico:

- Aha! Aha... Está bom.

- Sanin, eu tenho fé nos santos, mas os outros feiticeiros não dão volta ao negócio.

- Você vai acabar. Olhe, pode contar...

Tudo neste mundo é esperança de dinheiro, de felicidade, de paz, e tanto vive de esperança o feiticeiro que a dá como as pobres criaturas que com ele a vão procurar.

The room had sand on the floor. The repaired furniture indicated that Ojô lives well. In a chair a starched white suit, and farther away, a straw hat attested to the presence of the sorcerer.

"So, what about Sanin?"

"He is coming soon."

Shortly afterwards Sanin appeared, wearing a blue blouse and a red cap, the classic type of Mina that has disappeared, sidling up with wary eyes. The poor devil is always afraid of the police, the newspapers, the agents. For his limited African brain, Rio has been through fantastic transformations since he arrived. He is a scoundrel, proud of the spell and a terrible fear of jail. It was, certainly, almost by force that he appeared, and only very slowly did his fright let him speak.

"Baba Sanin, Miguel Pequeno sent me here for a very serious business. Baba has some new spells."

"He doesn't have…"

"I know he does." I opened the wallet, a showy satchel, like those men of the square carry: huge, with silver clasps. "Do not be afraid. If Baba does not do the job for me, I am lost. It's my last hope."

"What job?"

I rummaged the notes in the satchel, slowly, to show them. I pulled out a little piece of paper and whispered mysteriously:

"Here's her name…"

On the face of the sorcerer slid an evil smile: "Aha! Aha… It's good."

"Sanin, I have faith in the saints, but the other sorcerers can't do their job."

"You will finish it. Look, you can count on…"

Everything in this world is hope for money, happiness, peace; and both live in hope, the sorcerer who gives it and the poor creatures who will seek it through him.

Sanin began to speak of the spells of the others and remembered his own in bits, and soon, with the hope of earning more, was making revelations to me.

Each sorcerer has his own spells. Abubaca Caolho, the alcoholic from Rua do Resende, has the *ibá*, a bowl with alligator peppers and

Sanin começou a falar dos feitiços dos outros, lembrou-se dos seus aos bocados, e em pouco, com a esperança de ganhar mais, fazia-me revelações.

Cada feiticeiro tem feitiços próprios. Abubaca Caolho, o alcoólico da Rua do Resende, tem o *ibá*, cuia com pimenta-da-costa e ervas para fazer mal. Quando se fala do *ibá*, diz-se simplesmente: o feitiço do Abubaca. *Gia*, cabeça de pato com lesmas e o cabelo da pessoa, é uma descoberta de *Ojô* e serve para enlouquecer. Quem quer enlouquecer o próximo, arranja ou falsifica a obra de *Ojô*.

- Mas Baba Sanin, como é que sabe tudo isso?...
- Então, não aprendi? Eu sei tudo.

E como sabe tudo, dá-me receitas. Fico sabendo, sem pasmo, sentado numa cadeira, que giba de camelo com corpo de macaco e um cabrito preto em ervas matam a gente e que esta descoberta é do celebrado João Alabá, negro rico e sabichão da Rua Barão de São Félix, 76. Não é tudo. Sanin faz-me vagarosamente dar a volta ao armazém do feitiço. Eu tomo notas curiosas dessa medicina moral e física.

Para matar, ainda há outros processos. O malandrão Bonifácio da Piedade acaba um cidadão pacato apenas com cuspo, sobejos e treze orações; João Alabá conseguirá matar a cidade com um porco, um carneiro, um bode, um galo preto, um jaboti e a roupa das criaturas, auxiliado apenas por dois negros nus com o *tessubá*, rosário, na mão, à hora da meia-noite; pipocas, braço de menino, pimenta-malagueta e pé-de-anjo arrancados ao cemitério matam em três dias; dois jabotis e dois caramujos, dois abis, dois orobós e terra de defunto sob sete orações que demorem sete minutos chamando sete vezes a pessoa, é a receita do Emídio para expedir desta vida os inimigos.

Há feitiços para tudo. Sobejo de cavalo com ervas e duas orações, segundo Alufá Ginja, produz ataques histéricos; um par de meias com o rastro da pessoa, ervas e duas orações, tudo dentro de uma garrafa, fá-la perder a tramontana; cabelo de defunto, unhas, pimenta-da-costa e ervas obrigam o indivíduo a suicidar-se; cabeças de cobras e de cágado, terra do cemitério e caramujos atrasam a vida tal qual como os pombos com

herbs to do harm. When speaking of the *ibá*, it is said simply: Abubaca's spell. *Gia*, duck's head with slugs and the hair of the person, is an invention of *Ojô* and serves to make one go insane. Whoever wants someone to go insane, arranges or fakes the work of *Ojô*.

"But Baba Sanin, how do you know all this?..."

"So, have I not learned? I know everything."

And as he knows everything, he gives me recipes. I hear, without amazement, sitting on a chair, that camel's hump with monkey's body and a black goat with herbs kills us, and that this discovery was made by the celebrated João Alabá, a smart, wealthy black man from Rua do Barão de São Félix, 76. And that's not all. Sanin takes me slowly around the spell warehouse. I take curious notes of this moral and physical medicine.

To kill, there are still other processes. The ne'er-do-well Bonifácio da Piedade finishes off a meek citizen just with spit, scraps, and thirteen prayers; João Alabá is able to have a whole city killed with a pig, a sheep, a goat, a black rooster, a tortoise and clothing from the creatures, aided only by two naked black men with *tessubá*, a rosary, in hand at the midnight hour. Popped corn, a boy's arm, chili pepper and angel-foot plucked from the cemetery will kill in three days; two tortoises and two snails, two *obis*, two *orobôs*, and earth of the deceased under seven prayers that last seven minutes calling for the person seven times, is the recipe for Emídio to dispatch enemies from this life.

There are spells for everything. A horse's droppings with herbs and two prayers, according to Alufá Ginja, produces hysterical attacks. A pair of socks with the trace of the person, herbs and two prayers, all in a bottle, will madden the person. Hair of a corpse, nails, alligator peppers and herbs compel the fellow to commit suicide. Heads of snakes and tortoise, earth from the cemetery and snails push back a life as much as pigeons with weeds, and there is nothing like doves to make the life of a man to go backwards in life...

"But what about for good luck, dear uncle?"

"There is the hand from the statue of an angel stolen from a cemetery on a Friday."

ervas daninhas, e não há como pombas para fazer um homem andar para trás...

- Mas para dar sorte, caro tio?

- Há mão de anjo roubada ao cemitério em dia de sexta-feira.

- E para tornar um homem ladrão, por exemplo?

- Um rato, cabeça de gato, ervas, o nome da pessoa e orações.

- E para fazer um casal brigar?

- Cabeça de macaco, aranha e uma faca nova.

- E para amarrá-los por toda a vida?

O negro pensou, olhando-me fixamente:

- Um *obi*, um *orobô*, unhas dos pés e das mãos, pestanas e lesmas...

- Tudo isso?

- Preparado por mim.

Então Sanin fala-me dos seus feitiços. Sanin é poeta e é fantasista.

Sob a dependência de Ojô, quase seu escravo, esse negro forte, de quarenta anos, trouxe do centro da África a capacidade poética daquela gente de miolos torrados, as últimas novidades da fantasia feiticeira. Para conquistar, Sanin tem um breve, que se põe ao pescoço. O breve contém dois *tiras*, uma cabeça de pavão e um colibri tudo colorido e brilhante; para amar eternamente, cabeças de rola em saquinhos de veludo; para apagar a saudade, pedras roxas do mar.

Quando lhe pagam para que torne um homem judeu errante, o preto prepara cabeças de coelho, a presteza assustada; pombos pretos, a dor; ervas do campo, e enterra em frente à porta do novo Ashaverus; quando pretende prender para sempre uma mulher, faz um breve de essências que o apaixonado sacode ao avistá-la. Sanin é também mau - mas de maneira interessante.

Os seus trabalhos de morte são os mais difíceis. Sanin ao meio-dia levanta no terreiro uma vara e reza. Pouco tempo depois sai da vara um maribondo e o maribondo parte, vai procurar a vítima, e não pára enquanto não lhe inocula a morte.

O maribondo é vulgar à vista do boto vivo metido dentro de uma caveira humana; em presença do feitiço do morcego, a asa que roça e

"And for a man to become a thief, for example?"

"A mouse, head of a cat, herbs, the person's name and prayers."

"And to make a couple fight?"

"Head of a monkey, spider and a new knife."

"And to tie them together for life?"

The black man thought, staring at me:

"An *obi*, one *orobô*, toe and hand nails, eyelashes and slugs…"

"All that?"

"Prepared by me."

Sanin then tells me of his spells. Sanin is a poet and a fantasist.

Dependent upon Ojô, and almost his slave, this strong black, forty years old, brought from central Africa the poetic ability of those people with their toasted brains, the latest of the fantasy sorceries. To subdue, Sanin wears a *breve*, which is set on his neck. The *breve* contains two *tiras*, the head of a peacock and a hummingbird, all colorful and bright. For loving eternally, heads of turtledoves in little velvet bags; to erase longing, purple stones from the sea.

When someone pays him to turn a man into a wandering Jew, the black man prepares heads of rabbits with startling alacrity; black pigeons, the pain; and herbs from the fields, and buries it all in front of the door of the new Ahasuerus.[87] When he intends to keep a woman forever, he makes a *breve* of essences that the impassioned suitor shakes when he sees her. Sanin is also bad — but in an interesting way.

His death works are the most difficult. At noon Sanin raises a cane and prays in the *terreiro*.[88] Shortly after, a wasp comes out of the cane and flies away. It will look for the victim, and it won't stop looking until it has injected him with death.

The wasp is a banal spell in comparison to the river dolphin which is put alive inside a human skull; the spell of the bat; the spell of the wing that kills at a touch; the spell of the fox and kerchief; and I found him executing the greatest spell: a spiny puffer fish with alligator's egg — the *babalaô* of the water, a puffer which shrinks and swells at the will of prayers and commands souls for all eternity.

"But why did you, such a powerful man, not want to receive me?"

mata, a raposa e o lenço, e eu o fui encontrar pondo em execução o maior feitiço: baiacu de espinho com ovo de jacaré - que é o *babalaô* da água, baiacu que faz secar e inchar à vontade das rezas e domina as almas para todo o sempre.

Mas por que você, um homem tão poderoso, não me queria receber?

- Por que andam a falar de nós, porque a polícia vem aí. Fizemos outro dia até um despacho no campo de Santana com os dentes, os olhos de um carneiro, jabotis, ervas e duas orações para quem fala de nós deixar de falar.

- Mas por que um carneiro?

- Porque o carneiro morre calado. Foi o Antônio Mina quem fez o despacho e todos nós rezamos de bruços e todos nós demos para o despacho, que custou cento e oitenta e três mil réis.

Então eu apanhei o meu chapéu, apertei a mão do fantasista Sanin.

- Pois fez mal, Baba, fez muito mal em dar o seu dinheiro, porque quem fala de vocês sou eu.

E como o negro aterrado abrisse a boca enorme, eu abri a carteira e o convenci de quetodas as suas fantasias, arrancadas ao sertão da África, não valem o prazer de as vender bem.

Dinheiro, mortes, e infâmia as bases desse templo formidável do feitiço!

Original publication: "Os Novos Feitiços de Sanin," *Gazeta de Notícias*, Rio de Janeiro, ed. 89, p.2, 29/03/1904.

"Because they are talking about us, because the police are coming. The other day we even did an offering at Campo do Santana with the teeth and eyes of a sheep, tortoises, herbs and two prayers for those who talk about us to stop talking."

"But why a sheep?"

"Because the sheep dies in silence. It was Antônio Mina who did the offering, and we all prayed on our stomachs, and we all gave for the offering, which cost one hundred and eighty-three thousand *réis*."

Then I got my hat and shook hands with the fantasist Sanin.

"Well it was wrong, Baba, it was wrong giving your money, because I am the one talking about you all."

And as the awestruck black man opened his huge mouth, I opened my satchel and convinced him that all his fantasies, snatched from the hinterlands of Africa, are not worth the pleasure of selling them for a good price.

Money, deaths, and infamy are the foundation of this formidable temple of the spell!

Capítulo Dois

A Igreja Positivista

O amor por princípio
E a ordem por base
O progresso por fim.

Era domingo, à porta do templo da Humanidade, na Rua Benjamim Constant.

Com o céu luminosamente azul e o sol tépido, havia muita concorrência nessa rua, de ordinário deserta: senhoras, cavalheiros de sobrecasaca, militares, crianças. Uns subiam logo as escadas do templo, cuja fachada recorda um templo grego; outros mais íntimos, seguiam para o fundo, pelo lado direito. Teixeira Mendes fazia a sua prédica dominical.

Tínhamos ido a conversar com um velho positivista. A princípio ele anunciara um profundo desprezo pela frivolidade jornalística e a imprensa. Mas depois, como eu risse sem rancor, permitiu-se levar-me até a Igreja e foi tão bondoso que ali estávamos, tagarelando de coisas superiores, enquanto ao templo continuava a afluir a onda de fardas, de senhoras e de cavalheiros solenes.

Chapter Two

The Positivist Church

Love as the principle
Order as the base
Progress as the aim.

It was Sunday at the door of the temple of humanity on Rua Benjamin Constant.

With the sky luminously blue and the sun warm, there was much competition on this street, ordinarily deserted: ladies, gentlemen in frocks, military, children. Some immediately climbed the stairs of the temple, whose facade recalls a Greek temple; others, more intimate, went ahead into the temple, on the right. Teixeira Mendes was giving his Sunday sermon.

We had been chatting with an old positivist. At first he announced a deep contempt for journalistic frivolity and the press. But then, as I laughed without rancor, he allowed himself to take me to the Church and was so kind that we were there, chattering of higher things whilst into the temple the wave of uniforms, ladies and solemn gentlemen kept flocking.

- Não é possível negar a influência positivista na nossa política, sobre os brasileiros cultos, ia eu dizendo, mas o público...

- Os jornais...

- ... o grande público não compreende e irrita-se. O meu amigo pode falar de Spencer, de Kant, de outros filósofos. Passa por erudito e é respeitado. Basta, porém, falar de Comte para que o tomem por um esquisitão e perguntem injuriosamente se essa é a religião de Clotilde de Vaux.

- É natural. É a gentinha que não conhece o culto, adulterado por espíritos anárquicos. Mas você vê que os honestos já começam a compreender a doce religião que submeteu a inteligência ao sentimento.

- Tem-lhes custado.

- O positivismo tem quarenta anos de propaganda no Brasil. Em 1864, o Dr. Barreto de Aragão publicava uma aritmética dando a hierarquia científica de Comte e o Dr. Brandão escrevia a Escravidão no Brasil. Foram esses os primeiros livros positivistas, hoje quase desconhecidos. Depois é que o positivismo começou a ser falado entre matemáticos e que os professores da Central e da Escola Militar deram em citar a Astronomia e o primeiro volume da Filosofia.

- Era o tempo em que se considerava a Política um livro ímpio...

- Ainda não se fizera sentir a necessidade de dispensar os serviços provisórios de Deus. O caráter religioso do positivismo não era conhecido. Isso não impediu que Benjamim Constant, fazendo concurso na Escola Militar, declarasse ser positivista ortodoxo e republicano, e que o próprio Benjamim, com os Drs. Oliveira Guimarães e Abreu Lima, constituísse o núcleo dos ortodoxos em 1872.

- A influência foi nula... - interrompi eu, olhando uma senhora loura que entrava com o catecismo encadernado em veludo verde.

- Nada se perde. Oliveira Guimarães deixou um discípulo, Oscar de Araújo; Benjamim levou às escolas a palavra religiosa do mestre, regenerou o ensino da matemática e foi o primeiro brasileiro que teve no seu quarto o retrato de Clotilde de Vaux. Os trabalhos adotados na Escola Militar são quase todos de discípulos seus. No meio inteligente desses

"One cannot deny the positivist influence on our politics, on Brazilian cults," I was saying, "but the public…"

"The papers…"

"… the general public does not understand and chafes. My friend can talk of Spencer, of Kant, of other philosophers. He passes for an erudite and is respected. Speaking of Comte, however, is enough for people to take him as a strange person and injuriously ask if this is the religion of Clotilde de Vaux."

"It's natural. It's the rabble who does not know the cult, which is adulterated by anarchistic spirits. But you see that honest men now begin to understand the sweet religion which submitted intelligence over sentiment."

"It has cost them."

"Positivism has been spreading for forty years in Brazil. In 1864, Dr. Barreto de Aragão published an arithmetic giving the scientific hierarchy of Comte, and Dr. Brandão wrote Slavery in Brazil. These were the first positivist books, now almost unknown. It was later that positivism began to be spoken of among mathematicians, and that the teachers of the Central and Military Schools started quoting Astronomy and the first volume of Philosophy."

"It was the time when the Politics was considered an unholy book…"

"There was still no need to exempt the provisional services of God. The religious character of positivism was not known. That did not stop Benjamin Constant, studying at the Military School, from declaring himself to be an orthodox positivist and republican, or Benjamin himself, with Dr. Oliveira Guimarães and Dr. Abreu Lima, from constituting the Orthodox centre in 1872. "

"The influence was nil…" I interrupted, looking at a blond lady who came in with the Catechism bound in green velvet.

"Nothing is lost. Oliveira Guimarães left a disciple, Oscar de Araújo. Benjamin took the master's religious word to schools, regenerated mathematics teaching, and was the first Brazilian who had the picture of Clotilde de Vaux in his bedroom. The works selected by the Military

últimos surgiram Raimundo e Miguel Lemos; era um momento de agitação. Pereira Barreto publicava o 1º volume da obra *As três filosofias*, e tanto Miguel como Teixeira Mendes eram litréistas, considerando a parte religiosa de Comte como obra de louco.

Foi com eles que Oliveira Guimarães fez aliança para fundar a biblioteca positivista e abrir cursos científicos.

- Era a filosofia da Academia...

- Sem jardins. O começo do positivismo no Brasil é absolutamente acadêmico. Em 1876 a Escola de Medicina manifestou-se com a tese Da Nutrição, de Ribeiro de Mendonça, e a primeira sociedade positivista foi feita de professores ortodoxos e de estudantes litréistas.

- Seria curioso saber como estes mudaram.

- As pequenas causas têm às vezes grandes efeitos. Uma censura ao diretor da escola motivou serem suspensos, por dois anos, Teixeira Mendes e Miguel Lemos, que foram para a Europa; e enquanto só, Benjamim propagava aqui, os dois em Paris litréizavam. Mendes veio o mesmo, achando o Comte da Política maluco. Miguel ficou, e lá, *sponte sua*, abandonou Littré e relacionou-se com Laffite.

- E converteu-se?

- A 4 de julho de 1879.

Solenemente, o meu amigo positivista apanhava sol. Levei-o com carinho para o jardim, onde devia florir o bosque sagrado com as sepulturas dos homens dignos. Não havia bosques, nem sepulturas. Apenas algumas árvores. O positivista acendeu o cigarro, depois de o fazer com um forte fumo Rio Novo. Eu perguntei pasmado:

- Toma café?

Ele riu.

- Como toda a gente! Essa história de não tomar café e não fumar é apenas uma léria. Então você pensa que Augusto Comte imaginasse, de mau, fazer o mundo deixar o café e o fumo, só para arruinar o Brasil? O fato é outro. O grande filósofo não fumava nem bebia excitantes, porque lhe faziam mal; Miguel Lemos, doente como é, não se atira a esses excessos; Teixeira Mendes, um homem que reflete dezesseis horas a fio, não

School are almost all from his disciples. Amidst the intelligent surround-ings of the latter, Raimundo and Miguel Lemos appeared. It was a time of unrest. Pereira Barreto published the first volume of the The Three Philosophies, and both Miguel and Teixeira Mendes were Littreists,[1] considering Comte's religious side as the work of a madman."

It was with them that Oliveira Guimarães forged an alliance to found the positivist library and to open science courses.

"It was the philosophy of the Academy... "

"With no gardens. The beginning of positivism in Brazil is abso-lutely academic. In 1876 the School of Medicine manifested itself with the thesis Of Nutrition, by Ribeiro de Mendonça, and the first positivist society was formed by Orthodox teachers and Littreist students."

"It would be interesting to know how these have changed."

"Small causes sometimes have big effects. A reproach to the school principal motivated the suspension, for two years, of Teixeira Mendes and Miguel Lemos, who went to Europe. And whilst alone, Benjamin spread the word here, and the two were 'littreized' in Paris. Mendes came back the same, believing the political Comte a lunatic. Miguel stayed, and there, *sponte sua*,[2] abandoned Littré and started relating to Laffitte."

"And he converted?"

"On July 4, 1879."

My positivist friend basked solemnly in the sun. With care I took him to the garden, where the sacred grove with the graves of the righ-teous men was supposed to bloom. There were neither groves nor graves. Only a few trees. The positivist lit a cigarette after making one with the strong Rio Novo tobacco. Amazed, I asked, "Do you drink coffee?"

He chuckled.

"Like everyone else! This tale of not drinking coffee and not smok-ing is all foolishness."

"So you think that Auguste Comte, with bad intentions, conjectured making the world quit coffee and smoking only to ruin Brazil? The fact is otherwise. The great philosopher did not smoke or drink stimulants because they made him ill. Miguel Lemos, ill-founded as he is, does not

se pode dar aos devaneios da fumaça... Não há proibições formais para o horrendo vício; há apenas medo...

Puxei com vigor uma baforada.

- A propaganda desapareceu com a estada de Miguel Lemos em Paris?

- Não. A sociedade passou a chamar-se Sociedade Positivista do Rio de Janeiro, sendo aclamado presidente o Dr. Ribeiro de Mendonça, que se filiou a Laffite:

- Começou a era do lafitismo...

- E com excesso. Concorríamos até pecuniariamente para o subsídio sacerdotal da igreja em Paris. Lemos influiu de tal modo sobre Teixeira Mendes, que pouco tempo depois este também se convertia. Foi, ligada a Laffite, que a nossa igreja iniciou as comemorações de caráter religioso com a festa de Camões em 1886; que se comemorou o 22.º passamento de Comte e a festa da Humanidade; e é dessa época que data a primeira procissão cívica no Rio de Janeiro, com andores e o busto de Camões esculpido por Almeida Reis.

- Quando Miguel voltou, aspirante ao Apostolado, as reuniões tornaram-se regulares aos domingos, na Rua do Carmo, no 14, e Ferreira de Araújo abriu uma seção na *Gazeta* com o título Centro Positivista, cujo primeiro artigo dava a teoria científica do calendário. Em 1881, já presidente Miguel Lemos, o Centro passou para a Rua Nova do Ouvidor, as exposições da religião tornaram-se regulares, e Raimundo fez no Liceu um curso do catecismo, interrompido pelas suas célebres conferências de antigo litréista contra o sofisma de Littré.

- Era a prosperidade.

- Nesse ano, em que se comemorou a Tomada da Bastilha, Lemos foi a São Paulo, fez nove conferências, fundou uma filial com Ferreira Souto, Carvalho de Mendonça, Oliveira Marcondes, Godofredo Martins e Silva Jardim, e as intervenções do Centro na nossa vida política acentuaram-se contra a imoralidade da colonização chinesa, traçando o programa do candidato positivista, protestando contra as loterias, exigindo o registro civil, a abolição, opondo-se às universidades...

throw himself into these excesses. Teixeira Mendes, a man who reflects sixteen hours on end, cannot give in to the reveries of smoke... There are no formal prohibitions against the horrendous addiction; there is only fear..."

I vigorously inhaled a puff.

"The propaganda disappeared whilst Miguel Lemos stayed in Paris?"

"No. The company came to be called the Positivist Society of Rio de Janeiro. Dr. Ribeiro de Mendonça, being acclaimed President, who joined the Laffitte: "The era of Laffitteism[3] began...""

"And with excess. We even competed financially for the priestly allowance of the church in Paris. Lemos influenced Teixeira Mendes so much that shortly afterward he would also convert. It was connected to Laffitte that our church began the celebrations of religious character with the Camões festivity in 1886, which celebrated the twenty-second anniversary of the passing of Comte and the Humanity festivity. And it is in this period that the first civic procession happened in Rio de Janeiro, with litters and the bust of Camões sculpted by Almeida Reis."

"When Miguel, aspirant to the Apostleship, returned, the meetings became regular on Sundays at Rua do Carmo, number 14, and Ferreira de Araújo opened a section in the *Gazeta* under the title Positivist Center, in which the first article presented the scientific theory of the calendar. In 1881, with Miguel Lemos as President, the Center moved to the Rua Nova do Ouvidor, the exhibitions of the religion became regular, and Raimundo organized a course of the catechism in the Lyceum, interrupted by his famous old Littreist's speeches against the sophistry of Littre."

"It was the prosperity."

"In that year, as the storming of the Bastille was celebrated, Lemos went to São Paulo and gave nine speeches, founded a branch with Ferreira Souto, Carvalho de Mendonça, Oliveira Marcondes, Godofredo Martins and Silva Jardim; and the interventions of the Centre in our political life against the immorality of the Chinese colonization accentu-

- Já nesse tempo?

- Os artigos foram publicados na *Gazeta de Notícias* e fizeram que o imperador se opusesse à idéia, aconselhando ao ministro que reformasse o ensino por outro qualquer meio que não fosse as universidades.

O meu velho amigo andou alguns passos pelo futuro bosque sagrado. Acompanhei-o.

Ouvia-se lá dentro o som múltiplo de uma orquestra. Raros retardatários entravam.

- Neste ano também, continuou com calma, uma circular instituiu o subsídio sacerdotal, o que deu lugar à retirada de Benjamim Constant, e foram conferidos os primeiros sacramentos aos filhos de Miguel Lemos, Teixeira Mendes e do Dr. Coelho Barreto.

- Hoje esses sacramentos são comuns?

- Como os do matrimônio, em grande número.

- A ruptura com Laffite deu-se logo depois?

- Em 1883. Lemos ficou o único responsável do positivismo no Brasil, continuando a ingerir-se na vida pública da sua pátria.

- Mas este templo como foi feito?

- O Apostolado deixou a sede da Rua Nova do Ouvidor para a Rua do Lavradio. A mudança determinou o lançamento de um empréstimo em 1891 para a construção do templo, no que muito concorreram Pereira Reis, Otero, Rufino de Almeida, Décio Vilares. A inauguração foi em 1894, e a igreja custou 250 contos.

- É mais uma prova da importância do Centro no regime republicano.

- A nossa intervenção no início da República foi de primeira ordem. Basta citar a Bandeira Nacional, a separação da Igreja do Estado, a liberdade dos professores, a reforma do código no caso da tutela de filhos menores.

- O Centro também tem uma casa em Paris?

O semblante do positivista anuviou-se.

- Sim, a casa em que morreu Clotilde. Foi comprada por 70 mil francos. É triste. Em Paris não estavam preparados para compreender Teixeira Mendes. Era tarde para a campanha... Mas venha ver a nossa

ated, drawing the positivist candidate's program, protesting against the lotteries, demanding civil registration, abolition, opposing to the universities..."

"Already by that time?"

"The articles were published in the *Gazeta de Notícias*, and they made the emperor oppose the idea, advising the Minister to reform education by any other means besides the universities."

My old friend walked a few steps through the future sacred grove. I accompanied him.

The composite sound of an orchestra could be heard from inside. Rare latecomers entered.

"This year also, he continued calmly, a circular instituted the priesthood subsidy, which led to the withdrawal of Benjamin Constant, and the first sacraments were conferred to the children of Miguel Lemos, Teixeira Mendes, and Dr. Coelho Barreto.[4]"

"Are these sacraments common today?"

"As common as marriage, in large numbers."

"A rupture with Laffitte happened soon after?"

"In 1883. Lemos became solely responsible for Positivism in Brazil, continuing to intervene in the public life of his country."

"But how was this temple built?"

"The Apostleship left the headquarters at Rua Nova do Ouvidor for Rua do Lavradio. This change led to the launch of a loan in 1891 in order to build the temple, for which Pereira Reis, Otero, Rufino Almeida, Decio Villares strongly competed. The inauguration was in 1894, and the church has cost 250 *contos de réis*."

"It's further evidence of the importance of the Center in the Republican regime."

"Our intervention in the early years of the Republic was of the highest order. We just need to mention the National Flag, the separation of church and state, the freedom of teachers, the reform of the code in the guardianship of minor children."

"The Center also has a house in Paris?"

tipografia.

Caminhamos com intimidade pela avenida estreita. De vez em quando ouvia-se o som de uma voz acre. Era a prédica.

A tipografia fica embaixo, correspondendo a toda a extensão da nave em cima. É completa. Pergunto respeitoso o número de publicações dessa oficina.

- As obras de maior valor são o Ano sem Par, a Biografia de Benjamim Constant, a Visita aos Lugares Santos do Positivismo, a Química Positiva, as Últimas Concepções de Augusto Comte (onde se acha a teoria dos números sagrados), todas obras de Raimundo Mendes. A publicação de folhetos é talvez superior a 600.

- Mas os subscritores são muitos?

- São suficientes. A Igreja do Brasil tem recebido também auxílios de Londres.

O pavimento embaixo não é só ocupado pela tipografia. Há também o gabinete luxuoso de Miguel Lemos e a sala Daniel Encontre, onde Teixeira Mendes expõe aos jovens discípulos da humanidade, e a quem quiser ouvi-lo, as sete ciências. Ouvem-no lentes de academias e professores notáveis.

- É grande o número de positivistas?

- No Brasil os ortodoxos devem ser uns 700. Os simpáticos não se podem mais contar. As gerações que saem da nossa Escola Militar são quase que compostas de simpáticos.

- E a influência moral aumenta?

O positivista confessou com tristeza.

- Vai-se tornando fraca. Não se admire. Será por fraqueza dos apóstolos? Será porque o público se afasta da realidade, corrompido moralmente? O fato é patente. Ainda há pouco o privilégio funerário foi uma campanha perdida... Mas entremos.

Com o chapéu na mão, nós entramos. Havia luxo e conforto. De um lado a secretária, onde se vendem as obras editadas pela igreja, de outro, a sala onde está a escada para o coro, com orquestra e uma rica biblioteca de carvalho lavrada. Degraus atapetados dão acesso à nave.

The countenance of the Positivist clouded.

"Yes, the house in which Clotilde died. It was bought for 70 thousand francs. It is sad. In Paris they were not prepared to understand Teixeira Mendes. It was late for the campaign... But come and see our typography."

We walked intimately through the narrow avenue. Occasionally you could hear the sound of an acrid voice. It was the preaching.

The typography is downstairs, corresponding to the entire length of the nave above. It is complete. I respectfully ask about the number of publications from this workshop.

"The works of greater value are O Ano sem Par, Biography of Benjamin Constant, the Visita aos Lugares Santos do Positivismo, Química Positiva, Últimas Concepções de Augusto Comte (where the theory of the sacred numbers is found), all works of Raimundo Mendes. The publication of pamphlets is perhaps greater than six hundred."

"But are there many subscribers?"

"There are plenty. The Church of Brazil has also received aid from London."

The downstairs floor is occupied not only by the typography. There are also the luxurious office of Miguel Lemos and the Daniel Encontre room, where Teixeira Mendes addresses young humanity disciples and whoever else wants to hear the seven sciences. University teachers and illustrious professors listen to him."

"Is the number of Positivists large?"

"In Brazil, the Orthodox must be about 700. The sympathizers we cannot count anymore. The generations that come out of our Military School are almost all composed of sympathizers."

"And the moral influence increases?"

The positivist confessed sadly.

"It is becoming weaker. Do not be surprised. Is it from the weakness of the apostles? Is it because the public is detached from reality, morally corrupt? The fact is patent. Not so long ago the funeral privilege was a lost campaign... But we stepped in."

O templo da humanidade é lindo. Ao alto, junto ao teto correm janelas que arejam o ambiente. Todo pintado de verde-mar, está-se dentro como num suave banho de esperança. Sentam-se os homens na nave, que tem catorze capelas; colunas de pau negro sustentando em portais abertos bustos esculturados por Décio Vilares. Os bustos representam os meses do calendário: Moisés ou Teocracia inicial, Homero, Aristóteles, Arquimedes ou a poesia, filosofia e a ciência antiga; César ou a civilização militar; São Paulo, ou o catolicismo; Carlos Magno ou a civilização feudal: Dante, Gutenberg, Shakespeare, Descartes, Frederico e Bichat, ou a epopéia, a indústria, o drama, a filosofia, a política, a ciência moderna, e Heloisa, a santa entre as santas, que fica na última capela, voltando o seu semblante magoado para a porta.

Na capela-mor, rica de tapetes e de madeiras esculpidas, há uma cátedra, onde se senta Teixeira Mendes com as vestes sacerdotais negras debruadas de verde. Por trás fica um busto de bronze de A. Comte, e, dominando toda a sala, o quadro de carvalho lavrado com letras de ouro, de onde surge a figura delicada de Clotilde, a humanidade simbolizada por Décio numa das suas miríficas atmosferas sonhadoras.

A voz de Raimundo corre com a continuidade de uma queda de águas; na nave cheia cintilam galões e lunetas graves; na capela-mor, senhoras ouvem com atenção essa palavra, que não deixa de ser demolidora.

- Que é positivismo? sussurro eu, sentando-me.

- É uma religião que respeita as religiões passadas e substitui a revelação pela demonstração. Nasceu da ruptura do catolicismo e da evolução científica do século XVII para cá. De Maistre dizia que o catolicismo ia passar por muitas transformações para ligar a ciência a religião. Comte descobriu a lei dos três estados, a chave da sociologia, e quando era o grande filósofo, Clotilde apareceu e ensinou que a inteligência é apenas o ministro do coração.

Agir por afeição,

Pensar para agir.

Comte proclamou que o homem e a mulher se completam sob o

With hat in hand, we entered. There was luxury and comfort. On one side was the desk, where they sell the works edited by the church; on the other, the room where the staircase to the choir is, along with the orchestra, and a rich library in carved oak. Carpeted stairs provide access to the nave.

The temple of humanity is beautiful. At the top, next to the ceiling, there are windows airing the ambience. All painted in sea-green, the inside feels like such a gentle bath of hope. Men sit in the nave, which has fourteen chapels. Frywood[5] columns in open portals support busts sculptured by Décio Vilares. The busts represent the months of the Calendar: Moses or initial Theocracy, Homer, Aristotle, Archimedes or the poetry, philosophy and the ancient science; Caesar or the military civilization; Saint Paul, or Catholicism; Charles the Great or the feudal civilization: Dante, Gutenberg, Shakespeare, Descartes, Frederico e Bichat, or the epic, industry, drama, philosophy, politics, modern science; and Heloise, the holiest of the holy, which is in the last chapel, her grave countenance turned towards the door.

In the chancel, richly furnished with carpets and carved woods, there is a cathedra, where Teixeira Mendes sits wearing black priestly robes trimmed in green. Behind it there is a brass bust of Auguste Comte, and dominating the entire room, the oak frame embossed with gold letters, where the delicate figure of Clotilde arises, humanity symbolized by Décio in one of his admirable dreamy environments.

Raimundo Teixeira Mendes's voice runs with the continuity of falling water: in the full nave solemn braids and lunettes twinkle. In the chancel, ladies carefully heed this word, which never fails to be devastating.

"What is Positivism?" I whispered, sitting up.

"It is a religion that respects the past religions and replaces the revelation by demonstration. It germinated from the rupture of Catholicism and the scientific developments of the seventeenth century onwards. De Maistre said that Catholicism would go through many transformations to connect science to religion. Comte discovered the law of the three states,

tríplice aspecto: sentimento, inteligência e atividade. A religião divide-se em Culto, Dogma e Regime, o que vem a ser bem amar, bem conhecer e bem servir a humanidade, o Grande Ser, o conjunto das gerações passadas e futuras pela geração presente. A existência do Grande Ser está ligada à terra, o Grande-Fetiche, e ao espaço, o Grande Meio...

- Mas quantas senhoras!

- As mulheres devem amar o positivismo. Comte dignificou-as. A mulher é a força moderadora, o sentimento puro do amor que faz a sociabilidade, é a sacerdotiza espontânea da Humanidade que modifica pela afeição o orgulho vão e o reino da força: a mulher é a humildade, o foco do culto no lar, é Beatriz, é Clotilde, é Heloisa, mãe, esposa e filha, a Veneração, a Doçura e o Bem. As mulheres deviam ser todas positivistas.

Enquanto o meu amigo assim falava, Raimundo Mendes, do alto da cátedra, relampejava.

Na catadupa das palavras faltavam rr, havia repetições de pensamento, de frases, mas na explicação cultual, de repente, iconoclastamente, o azorrague partia contra os fatos, contra a anarquia atual: e um esto de amor, de amor indizível, de amor pela Vida, subia, como um incensório, à alma das mulheres.

Fiquei enlevado a ouvi-lo. Esse mesmo homem, puro como um cristal, que tem o saber nas mãos, eu já o vira uma vez, de manhã, carregando com dignidade um embrulho de carvão...

As mulheres sorriam; em toda a translúcida claridade parecia vibrar a alma do grande filósofo terno e bom, e do alto, Clotilde, a Humanidade, abria como um lírio a graça suave do seu lábio.

Original publication: "A Igreja Positivista," *Gazeta de Notícias*, Rio de Janeiro, ed. 64, p.2, 04/03/1904.

the key of sociology. And when he was the great philosopher, Clotilde appeared and taught that intelligence is only the minister of the heart.

Act by affection,

Think before acting.

Comte proclaimed that men and women complement each other under three aspects: feeling, intelligence and activity. Religion is divided into Cult, Dogma and Polity, which comes to mean to love, to know, and to serve humanity well, the Great Being, the aggregation of past and future generations by the present generation. The existence of the Great Being is linked to the land, the Great Spell, and to space, the Great Means...

"But so many ladies!"

"Women should love Positivism. Comte dignified them. Women are the moderating strength, the pure feeling of love which produces sociability, Humanity's spontaneous priestesses who modify vain pride and the reign of force through affection: women are the humility, the focus of home worship. They are Beatrice, Clotilde, Heloise, mother, wife and daughter, Veneration, Kindness and Goodness. All women should be Positivists."

Whilst my friend spoke, Raimundo Mendes gleamed from the height of the cathedra. There were Rs missing the in the gushing of the words; there were repetitions of thought, of phrases. But in cultic explanation, suddenly, iconoclastically, the scourge broke against facts, against the current anarchy, and a surge of love, unspeakable love, love for life, rose, like a censer, to the women's souls.

I was captivated by his words. I had seen this same man once in the morning, pure as a crystal, who has knowledge in his hands, carrying a package of coal with dignity...

The women smiled. Across the translucent clarity the soul of the loving and good great philosopher seemed to vibrate; and from high above, Clotilde, Humanity, opened the soft grace of her lips like a lily.

Capítulo Três

Os Maronitas

O povo maronita, dizia o papa Benedito, é como uma flor entre os espinhos. Se o pontífice notável tinha esta doce frase para pintar os homens do monte Líbano, os que lhe sucederam guardaram tão perfumada imagem, e hoje, quando se fala dos maronitas, logo se recorda a flor e os espinhos antigos. Tudo, porém, neste mundo tem o vinco fatal do destino. A frase dos papas tornou-se profética e através da vida imensa, os de Marun[1] continuam a perfumar a crença impoluta entre os espinhos das hostilidades.

Os maronitas, gente extremamente religiosa, habitam a Síria e descendem dos Aramilos,[2] filhos de Aram, de Sem, de Noé. Ascendência tão digna de respeito só os preparou para um longo e pungente sofrer. Desde os tempos dos Apóstolos, dizem os *Atos* no versículo 22 do capítulo XV, eram cristãos, conservando a fé ortodoxa havida do príncipe dos Apóstolos no ano 38 da era de Jesus Cristo. Quando no quarto século começaram a aparecer no Oriente as heresias e as doutrinas falsas, protegidas pelos soberanos coroados de pedrarias, impostas pelas armas,

---

[1] Maron nos dias de hoje.
[2] Arameus nos dias de hoje.

Chapter Three

The Maronites

The Maronite people, said Pope Benedict, are like a flower among thorns. If the remarkable pontiff had this sweet phrase with which to paint the men of Mount Lebanon, those who succeeded him kept the same fragrant image, and today, when speaking of the Maronites, we readily remember the old flower and thorns. But everything in this world has the fatal crease of fate. The word of popes became prophetic, and through the immensity of life, the ones from Maron continue to perfume the unpolluted belief among the thorns of hostilities.

The Maronites, extremely religious people, inhabit Syria and descend from the Arameans, sons of Aram, of Shem, of Noah. Ancestry so worthy of respect only prepared them for long and pungent suffering. From the times of the Apostles, *Acts* says, in verse 22 of Chapter XV, they were Christians, regarded as preserving the Orthodox faith given by the prince of the Apostles in the 38th year of the era of Jesus Christ. When, in the fourth century, heresies and false doctrines put in place by military force began to appear in the East, protected by sovereigns crowned with jewels, and faith and sovereignty faltered, St. Maron, head

e a fé e a soberania ao mesmo tempo vacilavam, São Marun, chefe dos eremitas da Síria, saiu de sua toca de cilícios e orações e veio salvá-los.

- Quem é esse homem de grandes barbas, meio roto? indagavam os homens, vendo a figura ressurgida do santo sem pecado.

S. Marun não respondia; seguia pelas estradas cheias de sol, na atmosfera de milagre do azul sem mancha, e pregava a doutrina pura, exortava o povo a conservar a sua verdadeira fé.

- Acredita sempre em Deus, tal qual te ensinaram os Apóstolos, e conservarás a tua liberdade!

A gente, que dos seus lábios ouvia as palavras ungidas pela meditação contínua, seguia num novo esplendor de crença, em cada coração a esperança brotava, e em pouco tempo o povo da província do monte Líbano era chamado maronita. Os heresiarcas quiseram caluniá-lo, mas Marun era puro como o cristal. São João Crisóstomo, o boca-d'oiro, na carta que lhe escrevia, rogava que por ele orasse, e a ironia como a calúnia fenderam-se de encontro ao seu broquel de bondade.

Quando a sua alma irradiou, deixando o invólucro terreno, o povo maronita tinha inabalável a crença para suportar todas as sangrentas perseguições, e tem sido desde então o mesmo ordeiro e persistente auxiliar da obra divina.

Durante as cruzadas combateu ao lado dos cristãos contra os ímpios. Ao aproximarem-se os exércitos, desciam da montanha, alimentavam e vestiam os cruzados nus e com fome. Sempre que os turcos entravam sedentos de sangue pelo seu território, sofriam como mártires o sacrifício sem protestar. O ódio do Maometano seguia-os, entretanto, na vida simples e indolente dos mosteiros. Em 1860 os druzos, povo pagão e feroz, recordando velhos ódios religiosos, atiraram-se subitamente sobre os pobres maronitas, traídos e abandonados.

A carnificina foi horrenda. A França então, sempre benevolente para os cristãos do Oriente, mandou uma esquadra àságuas do Levante, forçando o Turco a modificar o governo do Líbano e a dar-lhe uma certa autonomia. Desde essa época o governo é cristão nomeado pelas sete grandes potências européias, a câmara dos representantes faz-se por

of the hermits of Syria, left his den of cilices[2] and prayers and came to save them.

"Who is this half-ragged man with a long beard?" inquired the men, seeing the resurrected figure of the saint without sins.

St. Maron did not answer. He went along the sun-filled roads in the miraculous atmosphere of the unblemished blue and preached the pure doctrine, exhorting people to retain their true faith.

"Always believe in God, just as the Apostles taught you, and you will keep your freedom!"

The people who heard from his lips the words anointed by continual meditation followed a splendor of faith. Hope sprang in every heart, and soon the people of the province of Mount Lebanon were called Maronites. The heresiarchs wanted to defame him, but Maron was as pure as crystal. St. John Chrysostom, the golden-mouthed, in the letter he wrote, begged Maron to pray for him, and irony as much as defamation shattered against his buckler of goodness.

When his soul radiated, leaving its terrestrial wrapping, the Maronite people had an unwavering belief to bear all the bloody persecutions, and it has been the same orderly and persistent aid of the divine work ever since.

During the Crusades they fought alongside the Christians against the impious. As the armies approached, they descended from the mountain, fed and clothed the naked and hungry Crusaders. Whenever the Turkish came in, bloodthirsty for territory, they suffered the sacrifice without protesting, like martyrs. The Muslims' hatred followed them, however, through the simple and indolent life of the monasteries. In 1860, the Druze, a fierce and pagan people, recalling old religious hatreds, suddenly launched themselves over the poor betrayed and abandoned Maronites.

The carnage was gruesome. France, always amiable to the Christians of the East, then sent a fleet to the waters of the Levant, forcing the Turk[3] to change Lebanon's government and to give it some independence. Since that time the government has been Christian, appointed by

eleição livre e o chefe da polícia deve ser cristão. O chefe da polícia em todos os povos do Oriente representa um papel formidável.

Extremamente religiosos, os maronitas dependem civil, militar e religiosamente, em qualquer parte em que se achem, dos sacerdotes, e a hierarquia da sua igreja compõe-se de um prelado, com o título de Patriarca de Antióquia e de todo o Oriente, de doze bispos diretores de doze dioceses e de um número infindável de sacerdotes inteligentes e bons.

A intervenção européia, entretanto, espalhou pelo mundo a flor pontifícia. A imigração esvazia aos poucos o Líbano. Não se pode viver com farturas em terras tão antigas, as autoridades conservam a influência aterradora do Sultão. Os que primeiro saíram, com os ortodoxos e outros crentes de Jesus, escreveram chamando os que ficavam, a perspicácia maometana facilitou a emigração para enfraquecer os libertos da sua prepotência e os maronitas vêm para os Estados Unidos, para a Argentina, para o Brasil, num lento êxodo...

Nós temos uma considerável pétala da celebrada flor. Uma das nossas maiores colônias hoje é incontestavelmente a colônia síria. Há oitenta mil sírios no Brasil, dos quais cinqüenta mil maronitas. Só o Rio de Janeiro possui para mais de cinco mil.

Quando os primeiros apareceram aqui, há cerca de vinte anos, o povo julgava-os antropófagos, hostilizava-os; e na província muitos fugiram corridos à pedra. Até hoje quase ninguém os separa desse qualificativo geral e deprimente de turcos. Eles, todos os que aparecem, são turcos!

Os sírios, arrastados na sua imensa necessidade de amizade e amparo, davam com a muralha de uma língua estranha, num país que os não suportava. Agremiaram-se, fizeram vida à parte e, como a colônia aumentava, foram por aí, mascates a crédito, fiando a toda a gente, montaram botequins, armarinhos, fizeram-se negociantes. Quem os amparou? Ninguém! Só, por um acaso, Ferreira de Araújo, o Mestre admirável, escreveu defendendo-os. Os sacerdotes maronitas respeitam-lhe a memória, e na data da sua morte rezam-lhe missas pela alma, guardando delicadamente uma gratidão duradoura.

No mais, a hostilidade, os espinhos da frase papal.

the seven major European powers. The House of Representatives is set up by free election, and the head of the police must be a Christian. The chief of the police of all the peoples of the East is a formidable role.

Extremely religious, the Maronites depend civilly, militarily and religiously, anywhere they find themselves, on priests; and the hierarchy of their church consists of a prelate with the title of Patriarch of Antioch and of All the East, of twelve director bishops, of twelve dioceses, and an endless number of good, intelligent priests.

The European intervention, however, spread the papal bloom worldwide. Immigration emptied Lebanon gradually. One cannot live with abundance in such ancient lands; authorities retain the terrifying power of the Sultan. The first to leave, with the Orthodox and other believers of Jesus, wrote to call those who remained. The Muslim perspicacity facilitated the emigration in order to weaken the freedmen of their arrogance, and the Maronites come to the United States, to Argentina, to Brazil, in a slow exodus...

We have a considerable petal of the celebrated flower. One of our largest colonies today is unquestionably the Syrian colony. There are eighty thousand Syrians in Brazil, of which fifty thousand are Maronites. Rio de Janeiro alone has more than five thousand of them.

When the first ones arrived here, some twenty years ago, people believed them cannibals. People antagonized them, and in the countryside many fled under stoning. Even today, almost nobody detaches them from this general and depressing adjective: Turks. They—those who show up—are all Turks!

The Syrians, dragged away in their immense need of friendship and support, faced the wall of a foreign language in a countryside that did not support them. They gathered together, had a life apart and, as the colony grew, they went around as credit peddlers, selling on credit to everybody, opened taverns, haberdasheries; they became merchants. Who supported them? No one! Only Ferreira de Araújo, the admirable Master, by chance, wrote to defend them. The Maronite priests respect his memory, and on the day of his death they have masses for his soul, gently holding

Há nessa gente operários hábeis, médicos, doutores, homens instruídos que discutem com clareza questões de política internacional, jornalistas e até oradores. A vida é dura, porém; jornalistas e doutores vendem alfinetes e linhas em casas pouco claras da Rua da Alfândega, do Senhor dos Passos, do Núncio e dos subúrbios. A totalidade ainda ignora o português!

Conversei com alguns maronitas, sempre de uma amabilidade penetrante. Um deles, dando-me a satisfação da sua prosa torrencial, falou como um estrategista da guerra russo-japonesa. Esse homem não falava, redigia um artigo de jornal com a retórica empolada que fez a delícia dos nossos pais e ainda hoje é a força do jornalismo dogmático. Eu ouvia-o de lábios entreabertos.

- Se a justiça de Deus não desapareceu, se a vida humana decorre dos desejos da divindade, é possível crer que os japoneses possam vencer?

- Oh! não!

Eu respondera, como no teatro, mas estava interessado por esses organismos simples, criados na chama de uma crença inabalável, desses românticos do Oriente.

Todos são feitos de exagero, de entusiasmo, de amor e de ilusão. Os dois jornais sírios têm os títulos simbólicos e extremos: *A Justiça*, *A Razão*. Os homens naturalmente perdem o limite do natural. Numa outra casa em que sou recebido, um gordo cavalheiro preocupa-se com o problema da colonização.

- A colonização síria - diz - é a melhor para o Brasil. Os brasileiros ainda não a compreenderam. O sírio não é só o comerciante, é também agricultor, operário. Desprezam-nos? Este país não vê que conosco, povo tranqüilo e dócil, não poderia haver complicações diplomáticas? Os espanhóis, os portugueses, os italianos enriquecem, partem, pedem indenizações. Nós, pobres de nós! não pedimos nada, queremos ser apenas do Brasil.

Não respondo. Talvez bem cedo os sírios sejam assimilados à família heterogênea da nossa pátria. Estas criaturas têm qualidades muito pare-

on to a lasting gratitude.

In the end, hostility, the thorns of the papal sentence.

There are skilled workers, physicians, doctors, learned men who clearly discuss international politics issues, journalists, and even speakers among these people. Life is hard, however; journalists and doctors sell pins and threads in shops at Rua da Alfândega, Rua do Senhor dos Passos, Rua do Núncio, and in the suburbs. Most of them still are ignorant of the Portuguese language!

I talked to some Maronites, who were always of a penetrating kindness. One of them, giving me the satisfaction of his torrential prose, spoke as a strategist of the Russo-Japanese war. This man did not speak; he wrote a newspaper article with the puffed-up rhetoric that delighted our parents and still today is the strength of dogmatic journalism. I listen to him with my lips half-open.

"If the righteousness of God has not disappeared, if human life stems from the desires of divinity, is it possible to believe that the Japanese can win?"

"Oh! No!"

I had replied as if in a theater play, but I was interested in these simple organisms that had been forged in the flame of an unshakable belief, these romantics from the East.

They are all made of exaggeration, enthusiasm, love and illusion. The two Syrian newspapers have symbolic and extreme titles: *The Justice*, *The Intellect*. Men naturally lose the limit of the natural. In another house where I am welcomed, a fat gentleman is concerned with the problem of colonization.

"The Syrian colonization," he says, "is best for Brazil. Brazilians have not yet understood it. The Syrian is not only a businessman; he is also a farmer, a laborer. Do the Brazilians despise us? Don't they see that with us, a quiet and docile people, there couldn't be diplomatic complications? The Spaniards, the Portuguese, the Italians grow rich, leave, request indemnifications. Us, poor us! We do not ask for anything, we just want to belong to Brazil."

cidas com as dos brasileiros.

Vários negociantes que comigo discutem, porque os sírios discutem sempre, são como jornais retóricos e brandos; diziam naturalmente:

- No Amazonas perdi há pouco 400 contos. A colônia síria teve na baixa do café um prejuízo de 70 mil contos. As últimas remessas de fazendas elevam-se a 200 contos.

A princ ípio eu os acreditei um bando de Vanderbilts, falando com desprendimento do ouro e das riquezas. Mas não. Um sacerdote amigo nos desfaz o sonho. Há fortunas restritas. A totalidade porém tem relações com o alto comércio, compra a crédito para vender a crédito aos mercadores ambulantes do interior e às vezes a situação complica-se, quando lhes falta o pagamento dos últimos, tudo por causa do exagero, a mania de aparentar riqueza. Cada cérebro oriental tem um Potosi nas circunvoluções.

- Os sírios chegam, ganham dois mil réis por dia e já estão contentes. Nunca serão verdadeiramente ricos, porque aparentam ter oito quando apenas têm dois.

Este feitio os há de fazer compreendidos dos brasileiros.

Mas os maronitas, sob a proteção do velho santo austero, são essencialmente bons, de uma bondade à flor da pele, que se desfaz em gentilezas ao primeiro contacto com um bombom. Os homens falam sempre, as mulheres olham com os seus líquidos olhos insondáveis e por todas essas casas há, inseparável da vida, o mistério da religião, no amor que as mulheres, algumas inefavelmente belas, proporcionam, nos negócios, nas idéias e nas refeições. Quando um maronita enferma, a primeira coisa que faz é chamar um padre para se confessar; quando um negócio vai mal, aconselha-se com o sacerdote, só casa pelo seu rito, o único verdadeiro, e trabalhando para viver, funda irmandades, colégios e pensa em edificar capelas.

De 1900 data a fundação da Irmandade Maronita, posterior a outras duas que se desfizeram. Foram sócios fundadores: Dieb Aical, Arsanius Mandur Galep Toyam, Seba Preod Curi, Miguel Carmo, Acle Miguel, João Facad, Antonio Nicobá, Antonio Kairur, Bichara Bueri, Gabriel

I do not reply. Perhaps the Syrians are soon assimilated into the heterogeneous family of our homeland. These creatures have qualities very similar to those of Brazilians.

Several merchants who argue with me – because the Syrians always argue – are like mild and rhetorical newspapers. They said casually:

"I've recently lost four hundred *contos de réis*[1] in the Amazon. The Syrian colony had, during the coffee depression, a loss of seventy thousand *contos de réis*. The last shipments of fabrics amounted to two hundred *contos de réis*."

At first I believed them a bunch of Vanderbilts,[4] talking nonchalantly of gold and riches. But no. A priest friend undoes the dream. There are restricted fortunes. The bulk, however, have relationships with high business, buying on credit to sell on credit to itinerant merchants from the countryside, and sometimes the situation becomes more complicated when they lack the payment of the latter, all because of the excess, the craze of flaunting wealth. Each Eastern brain has a Potosí in their convolutions.

"The Syrians arrive, earn two thousand *réis* per day, and are already happy. They will never be truly rich because they appear to have eight when they only have two."

This trait might make them easily understood by the Brazilians.

But the Maronites, under the protection of the old austere saint, are essentially good, of a skin-deep kindness which unravels in pleasantness at the first contact with a bonbon. Men talk forever; women look with their unfathomably liquid eyes; and in all these houses there is, inseparable from life, the mystery of religion, in the love that women, some ineffably beautiful, provide, in business, in ideas, and in meals. When a Maronite falls ill, the first thing he does is to call a priest to confess. When a business is doing badly, you get advice from the priest. You get married by only his rite, the only genuine one; and working to get by, you establish brotherhoods and schools and think of building chapels.

The founding of the Maronite Brotherhood dates from 1900, follow-

Ranie, Salbab, José Chalub e Bichara Duer. Brevemente abrirá as suas portas o Colégio dos Jovens Sírios.

Apesar da permissão para dizer missa em todas as igrejas católicas e de celebrarem aos domingos na Saúde e em Cascadura, já compraram o terreno na Rua do Senhor dos Passos para edificar a capela maronita, e a propaganda se faz mesmo entre os sírios ortodoxos e maometanos, porque uma ordem do Papa lhes indica que pela bondade façam voltar à crença única as ovelhas tresmalhadas.

Atualmente há três padres maronitas em São Paulo e quatro no Rio, os Revs. Pedro Abigaedi, Pedro Zaghi, Luiz Trah e Luiz Chediak. Andam todos de barba cerrada, usa móculos e são suavemente eruditos. Trah, por exemplo, esteve oito anos na Bélgica e discursa como um regato tranqüilo; Chediak é professor, e cada palavra sua vem repassada de doçura. É sabido que a reconciliação dos maronitas com a igreja romana data de 1182. A reconciliação foi incompleta a princípio, mas hoje é quase integral. Os padres, podendo casar, abandonam essa idéia; há o maior respeito pelo Sumo Pontífice, e a política do Vaticano consegue aos poucos outras reformas.

Como os padres me levassem a ver o terreno onde a igreja maronita surgirá, interroguei-os a respeito do rito da sua seita.

- É quase idêntico ao romano, dizem-me. A liturgia é redigida em siríaco. É uma necessidade. Há sírios que sabem de cor o sacrifício da missa. Talvez o mesmo não aconteça numa igreja romana, que conserva o latim.

- A começar pelos sacristãos.

- Há além disso as missas privadas, a regra é a de Santo Antônio e seguimos o martirológio de São Marun.

- Dizem que os maronitas foram a princípio monotelistas...

- Dizem tanta coisa no mundo!

Eles tinham parado diante de uns velhos muros.

- Será aqui a igreja?

- Querendo Deus!

E não sei porque, vendo-os tão simples diante das paredes carcomi-

ing two others which fell apart. Its founding members were: Dieb Aical, Arsanius Mandur Galep Toyam, Seba Preod Curi, Miguel Carmo, Acle Miguel, João Facad, Antônio Nicobá, Antônio Kairur, Bichara Bueri, Gabriel Ranie, Salbab, João Chalub and Bichara Duer. Before long the School of Young Syrians will open its doors.

Despite the permission to say mass in all Catholic churches, and of celebrating on Sundays at Saúde and in Cascadura,[5] they've already bought a plot at Rua Senhor dos Passos to build the Maronite chapel. And proselytism is spread even among the Orthodox and Muslim Syrians, because by an order of the Pope they are instructed that through goodness they can make stray sheep return to the true belief.

Currently, there are three Maronite priests in São Paulo and four in Rio, the Reverends Pedro Abigaedi, Pedro Zaghi, Luiz Trah, and Luiz Chediak. They all wear bushy beards, glasses, and are gentle scholars. Trah, for example, was in Belgium for eight years, and speaks like a quiet brook; Chediak is a teacher, and his every word is impregnated with sweetness. It is known that the reconciliation of the Maronites with the Roman Church dates from 1182. Reconciliation was incomplete at first, but today it is almost total. The priests may marry, but they renounce this idea. There is the greatest respect for the Pope, and the Vatican policy gradually attains other reforms.

As the priests were taking me to see the plot where the Maronite church will arise, I asked them about the rite of their sect.

It's almost identical to the Roman, they tell me. The liturgy is written in Syriac. It is a requirement. There are Syrians who know the sacrifice of the mass by heart. Perhaps the same does not happen at a Roman Church, which retains the Latin.

"Starting with the Sextons."

"Moreover, there are the private masses. The rule is of St. Anthony, and we follow the martyrology of St. Maron."

"They say that the Maronites were Monothelites originally…"

"They say so much in the world!"

They had stopped in front of some old walls.

das, esses sacerdotes de um povo religiosamente bom, eu recordei a frase profética dos papas. O povo maronita é como uma flor entre espinhos, mas uma flor cujo viço é eterno. Os espinhos continuam persistentes, mas a velha flor espalha-se pelo mundo, recendendo a mais doce ternura e a mais profunda crença...

Original publication: "Os Maronitas," *Gazeta de Notícias,* Rio de Janeiro, ed. 108, p.2, 17/04/1904.

"Will the church be here?"

"God willing!"

And I do not know why, seeing them so humble before the crumbling walls—these priests of a religiously good people—I recalled the prophetic words of the popes. The Maronite people are like a flower among thorns, but a flower whose lavishness is eternal. The thorns persist, but the old flower spreads throughout the world, scenting the sweetest tenderness and the deepest belief...

Capítulo Quatro

Os Fisiólatras

Quando resolvi interrogar o hierofante Magnus Sondhal, sabia da fisiolatria o que os prosélitos deixavam entrever em artigos de jornal cheios de nomes arrevezados e nos comunicados, nos copiosos comunicados trazidos aos diários por homens apressados e radiantes. Pelos artigos ficara imaginando a fisiolatria um conjunto de positivismo, ocultismo e socialismo; pelos comunicados vira que os fisiólatras, quase todos doutores, criavam cooperativas e academias. Entretanto o Sr. Magnus Sondhal certa vez à porta de um café definira para meu espanto a sua religião.

— A fisiolatria não é um culto no sentido vulgar da palavra, mas uma verdadeira cultura mental. É, antes, a sistematização racional do processo espontâneo da educação dos seres vivos, donde resultaram todas as aptidões, mesmo físicas e fisiológicas, respectivamente adquiridas.

Pus as mãos na cabeça assombrado. Magnus tossiu, revirou os olhos azuis.

— A fisiolatria baseia-se, como toda a reforma sociocrático-libertária, na sistematização da lógica universal ou natural que o *hierofonte* + SUN intitula ortologia.

— Ortologia? fiz sem compreender.

Chapter Four

The Physiolaters

When I decided to question the hierophant[1] Magnus Sondhal, I knew of Physiolatry what the proselytes let us glimpse through newspaper articles filled with obscure names, and in announcements, in the copious announcements brought by hurried and radiant men to the daily newspapers. Through these articles I had been imagining Physiolatry to be a set of positivism, the occult, and socialism. Through the reports I saw that physiolaters, almost all doctors, created unions and academies. But then one time at the door of a café, however, Mr. Magnus Sondhal defined, to my astonishment, his religion.

"Physiolatry is not a cult in the ordinary sense of the word, but a real mental culture. It is rather the rational systematization of the spontaneous process of educating live beings, where all respectively acquired skills come from, even physical and physiological."

I put my hands on my head, haunted. Magnus coughed, rolled his blue eyes.

"Physiolatry is based, as in all liberal-sociocratic reform, in the systematization of universal or natural logic that the hierophant + SUN calls Orthology."

"Orthology?" I did not understand it.

- Do grego *orthos*, *logos* - reta razão.

A religião também é chamada ortolatria, ou verdadeira cultura, como ortodoxia significa verdadeira doutrina. Os fisiólatras pretendem fazer uma remodelação de todas as coisas humanas, não limitando a sua ação à modificação dos conceitos.

- Mas o remodelamento geral é possível?

Sondhal sorriu com calma:

- Nós somos onibondosos, oniscientes e onipotentes.

- Os atributos de Deus.

- Nós nos intitulamos os verdadeiros deuses. A reforma abrange as opiniões, os costumes, o Homem e a própria Terra.

Arregalei os olhos, pus o pé bem firme no chão, passei o lenço trêmulo na fronte e olhei os verdadeiros deuses. Para o que falava, envolto na sobrecasaca, com uma barbinha rala e o nariz ao vento, escavoquei a religião do ideal divino e não lhe achei comparação. O outro torcia um bigode sensual por cima do lábio rosado.

- Com que então deuses? Dera-me de repente a vontade de ser também onisciente e onipotente. Mas que é preciso para eu ser também?

- A propaganda toma um cunho secreto. Os aspirantes à Ortologia têm de passar pela iniciação esotérica, que custa, além das provas morais, quinhentos mil réis em moeda corrente.

Era relativamente barato, e eu pensava em fazer uma redução shilockeana, quando Magnus começou a desdobrar a beleza útil da vida fisiólatra.

A iniciação dá entrada na Universidade Ortológica resumida no *hierofante*, a qual se intitula Maçonaria + Católica. A Maçonaria Católica divide-se em lojas, cujo conjunto, em três graus, constitui o respectivo templo. Os aspirantes representam as lojas, o templo só pode ser representado pelo *hierofante* ou por um *areopagita*.

- Onde esse templo?

- Os fisiólatras, os que praticam a magia ortológica, não precisam de local determinado.

São os novos homens, fazem excursões pelos prados, montes e lagos

"From the Greek *orthos, logos* — straight reasoning."

The religion is also called Ortholatry, or true culture, as orthodoxy means true doctrine. The physiolaters intend to do a remodeling of all things human, not limiting their action to the modification of concepts.

"But is the general remodeling possible?"

Sondhal smiled calmly:

"We are omnikind, omniscient and omnipotent."

"The attributes of God."

"We have given ourselves the title of true gods. The reform covers opinions, customs, Man, and the Earth itself."

My eyes widened, I put my foot down firmly, ran my trembling hand-kerchief over my brow and looked at the real gods. For the one who spoke, wrapped in a frock coat, with a thin beard and nose toward the wind, I broke down the religion of the ideal divine and did not find a comparison. The other man twisted a sexy mustache over his rosy lip.

"What do we do, gods?" I suddenly had the urge to be omniscient and also omnipotent. "So, what does it take so that I too become a god ?"

"The proselytizing has a secret nature. Orthology aspirants have to go through the esoteric initiation, which costs, in addition to the moral tests, five hundred thousand *réis*[2] in cash."

It was relatively cheap, and I thought of making a Shylockian[3] re-duction, when Magnus began to unfold the useful beauty of the life of Physiolatry.

The initiation starts at the Orthologic University, summarized in the hierophant, which is titled Masonry + Catholic. The Catholic Masonry is divided into lodges, which together, in three degrees, constitute the respective temple. The aspirants represent the lodges; the temple can only be represented by the hierophant or an Areopagita.[4]

"Where is this temple?"

"The physiolaters — those who practice the Orthologic magic — do not need a particular location. They are the new men; they make excur-sions through the meadows, hills and lakes in Aesthetic, Philosophical or Orthologic Phratries,[5] according to the degree of the ludambulants.[6]"

em Fraterias Estéticas, Filosóficas ou Ortológicas, conforme o grau dos *ludâmbulos*.

- *Ludâmbulos?*
- Uma palavra da língua universal!
- O *volapuck?* O *esperanto?*
- Não, uma língua inventada por mim, o *Al-tá.*
- Mas que vem a ser o Al-tá?
- Aplicando a Ortologia (ou Lógica Universal) aos fatos da Linguagem, verifica-se que os elementos fonéticos, sons e entonações (ou consoantes e vogais) são por toda a parte idênticos. Deduz-se que são oriundos das mesmas impressões e resultantes das mesmas aptidões expressionais. Colocando em sínese, descobre-se que os sons, que exprimem relações, formam uma escala semitonal, como a da música, e composta de treze notas, ou graves primárias como todas as escalas, aliás: U (grave fundamental) A (dominante e geratriz) e I (sensível superior) estabelecem todas as relações sinésicas:

U	A	I (e U)
Gênese	Megaforema	Metaforema
Origem	Crescimento	Transformação
Passado	Presente	Futuro
Corpo	Espaço	Movimento
Sentir	Pensar	Agir
Opressão	Libertação	Aspiração
Escuro	Amarelo	Rubro e Branco
etc.	etc.	etc.

"Ludambulants?"

"A universal language word!"

"Volapük? Esperanto?"

"No, it's a language invented by me, the *Al-tá*."

"But what is the Al-tá?"

"Applying Orthology (or universal logic) to the basis of language, it appears that phonetic elements, sounds and intonations (or consonants and vowels) are identical everywhere. It is inferred that they come from the same impressions and result from the same expressional aptness.

Using synesis, one finds that sounds, which express relationships, form a semitonal scale, as in music, and it is composed of thirteen notes, or primary bass notes as in all scales, in other words: - U (fundamental basis) A (dominant and generator) and I (upper-sensitive) establish all synesis[7] relations."

U	A	I (and U)
Genesis	Megaphoreme	Metaphoreme[8]
Source	Growth	Transformation
Past	Present	Future
Body	Space	Movement
To Feel	To Think	To Act
Oppression	Liberation	Aspiration
Dark	Yellow	Crimson and White
etc.	etc.	etc.

Quanto às Entonações, essas formam três teclas, donde três escalas, também, analógicas mas distintas:

H (Geratriz)

TECLA GUTURAL	TECLA DENTAL	TECLA LABIAL
Metafonias	Metafonias	Metafonias
K (Chave)	T (Chave)	P (Chave)
G (guê)	D	B
Ch	R	F
J	r (brando)	V
-	L	-
-	Lh	-
-	S	-
-	Z	-
-	N	-
-	Nh	M

Aplicando a Sínese ortológica às Teclas orais, como se fez relativamente aos Sons, temos:

TECLA GUTURAL	TECLA DENTAL	TECLA LABIAL
Gênese	Megaforema	Metaforema
Objetivo	Subjetivo	Ativo
Eidonomia	Eimologia	Ergonomia e Erostergia

Detalhando, enfim, o valor fracional dos fonemas em geral, obtém-se, por dedução lógica, a expressão natural; de qualquer espécie de impressão: sensacional, emocional ou acional... e a Língua Universal está, enfim, racionalmente instituída.

Exemplo perfunctório:

K é a raiz de Corpo, concreto, etc.

A significa o atual e ação, donde:

Ativo: K A - O Corpo que se apresenta e se move.

e

Passivo: A K - O Corpo que é impelido ou sofre a ação.

Regarding intonations, these form three *keys*, whence three scales, are also analog, but distinct :

H (generatrix)

GUTTERAL KEY	DENTAL KEY	LABIAL KEY
Metaphonias	Metaphonias	Metaphonias
K (key)	T (key)	P (key)
G (gi)	D	B
Ch	R	F
J	r (mild)	V
-	L	-
-	Lh	-
-	S	-
-	Z	-
-	N	-
-	Nh	M

Applying Orthological Synesis to the oral Keys, as we did regarding Sounds, we have:

GUTTERAL KEY	DENTAL KEY	LABIAL KEY
Genesis	Megaphoreme	Metaphoreme
Objective	Subjective	Active
Eidonomy[9]	Eimology	Ergonomics[10] nd Erostergy

Finally, detailing the fractional value of the phonemes in general, the *natural expression* is obtained by logical deduction, from any kind of impression: sensorial, emotional or actional... and the Universal Language is finally established rationally.

Perfunctory example:

K is the root of Body, concrete, etc.

A means current and action, whereby:

Active: K A - the Body which appears and moves.

and

M é o símbolo do sentir e agir, donde:

Passivo: A M = Eu = amo = sou...

e

Ativo: M A = mu = mover = mãe, mulher... criar.

Eu não compreendera muito bem, não compreendera mesmo nada. Magnus Sondhal porém foi íntimo e educador.

- Vou dar-lhe alguns nomes esotéricos dos iniciados da Maçonaria Católica. Sobem a milhares, além de alguns que foram condenados ao olvido, ao *au-tá*...

Fez uma pausa, depois como quem se confessa:

- Eu devo dizer *esotericamente*, o *espírito* que preside à Propaganda da Razão. A minha *emancipação* de Ortólogo, vai a um extremo inacessível para a totalidade dos homens coevos. Por isso, tudo que eu faço toma o aspecto joco-sério, desde o deboche até o sagrado, desde a Orgia até o Culto da Natureza!... De fato estou exterminando pelo ridículo todas as velhas e caducas crenças e instituições e todos os preconceitos, mesmo científicos e filosóficos! Em mim a Consciência superior, a dignidade e a nobreza destruíram por completo toda espécie de Veneração, Respeito ou Tolerância!... Mas, voltemos aos nomes *esotéricos*.

Todo Iniciado na Maçonaria Católica toma um *Nome*, por sua própria escolha, em substituição ao nome, sem sentido, que lhe deram seus pais *Gorilhas*. Esse novo Nome é a síntese de seu verdadeiro Ideal ou Aspiração superior para o Progresso. Em torno desse novo Símbolo o Iniciado constrói a sua nova Existência Subjetiva, isto é, o seu KARMA. Quem souber identificar-se com o seu Nome de *Regenerado*, está, *ipso facto*, isento de toda e qualquer perturbação subjetiva, causada habitualmente pelos ataques malévolos da Canalha humana. Mas a adoção voluntária do novo Nome é, além disso, um ato belamente revolucionário, e um protesto solene contra todas as velharias e convenções hipócritas e perversivas. Quem *escolheu o seu próprio* NOME, também rompeu, *ipso facto*, com todas as imposições e Imposturas que tendam a tiranizar a sua Vontade e tolher a sua Liberdade de Indivíduo!... Mil outros motivos há que advogam esse *Rito da Adoção*.

Passive: A K - the Body which is propelled or acted upon.

M is the symbol of feeling and acting, whereby:

Passive: A M = I = love = am...

and

Active: M A = mu = to move = mother, wife... to create.

I did not understand very well; I really didn't understand anything. Magnus Sondhal, however, was warm and educative.

"I'll give you some esoteric names of the Catholic Masonry initiates. They come to the thousands, besides some others who were sentenced to oblivion, to the *al-tá*..."

He paused, then said like someone who confesses:

"I should *esoterically* say, it's the *spirit* that presides the Proselytizing of Reason. My Orthologer's *emancipation* goes to an unreachable ends for the totality of coeval men. That's why everything I do takes on a jocular-serious aspect, from debauchery to the sacred, from Orgy to the Cult of Nature!... In fact I'm extinguishing as ridiculous all old and outdated beliefs and institutions and all prejudices, even the scientific and philosophical! In me, the superior consciousness, dignity, and nobility have destroyed all sorts of Reverence, Respect and Tolerance completely!... But, let's get back to the *esoteric* names."

All Catholic Masonry Initiates take a Name of their own choice, replacing their meaningless name, given by their Gorilla parents. This new Name is the synthesis of their true *Ideal* or *higher Aspiration for Progress*. Around this new symbol the Initiate builds his new Subjective Existence, that is, *his* KARMA. Whoever can identify himself with his Regenerate Name is, *ipso facto*, exempt from any subjective disturbance, which is usually caused by malicious attacks from the human Scoundrel. But the voluntary adoption of the new *Name* is, moreover, a beautifully revolutionary act, and a solemn protest against all old things and hypocrites and perversive conventions. Whoever *chose his own* Name, also broke, *ipso facto*, with all impositions and Deceits which tend to bully his Will and limit his Individual Freedom!... There are a thousand other reasons which advocate for this *Rite of Adoption*.

- Os nomes esotéricos! supliquei, vendo que se eternizava num misterioso falar.

Ele sentou-se com um papel e um lápis.

- Antes de tudo, é preciso conhecer o esquema da figura da Lei Universal, ou Ciclo da Matéria, donde se deduz a Ortologia, ou a Sabedoria Universal.

Diante daquele lápis hostil, tremi.

- Os nomes sem figuras, Magnus.

Ele coçou a ponta do nariz.

- Ei-los:

SUN, nome do HIEROFONTE (+) atual; significa: *Sol* no NADIR, ou *Sol posto* e, por extensão, *Luz invisível*, isto é, *Sol subjetivo*.

Etimologia: S... símbolo de Fonte e de Brilho em sua máxima intensidade e, portanto, símbolo de SOL; N... símbolo de infinito e indefinido, de espaço e de espírito, portanto: num ponto indefinido do Espaço. A quer dizer: presente, ou visível, donde SAN - Sol acima do horizonte visual. I... significa o que está para vir e o que sobe, donde SIN - o Sol que vai nascer ou nascituro. U... quer dizer o que está embaixo, donde - SUN *o Sol no Nadir*.

BLUM-SAN-UR - *A Flor que o Sol gerou*. Nome de um Areopagita, cujo símbolo é a cruz.

AM-VA - *Viver para o Amor*. Nome de outro Areopagita em São Paulo.

UN-AN - *O espírito de Origem*, engerador. Nome de outro Areopagita, em Minas.

GVAM-IL - *Viver, Amar e ser Livre*. Nome de um iniciado do 2.º grau.

AL-GAI - *Aquele que quer que todos folguem*. Nome de um cientista bom e inteligente. Iniciado do 2º grau.

VAR-UN - *A vida que palpita imperceptivelmente no seio da Matéria*. Nome de um distinto iniciado do 1º grau.

SIR-US - *O Filho da Aurora Boreal*. Nome de um companheiro dedicadíssimo que propulsionou a Propaganda da Razão no Estado do Paraná.

"The esoteric names!" I pleaded, seeing that he was eternalized in a mysterious speech.

He sat down with paper and a pencil.

"First of all, one must know the schema of the picture of Universal Law, or Matter Cycle, where we draw the conclusion of Orthology, or Universal Wisdom."

I trembled before that hostile pencil.

"The names without pictures, Magnus."

He scratched the tip of his nose.

"Here you have them:"

SUN, the name of the current HIEROPHANT (+), means: *Sun* at the *NADIR*, or *Sunset* and, by extension, *Invisible Light*, that is, *Subjective Sun*.

Etymology: S... symbol of *Source* and *Brightness* in its maximum intensity and, therefore, symbol of SUN. N... symbol of infinity and undefined, of space and spirit, thus: *an undefined point in Space*. This means: present or visible, where SAN - *Sun above the visual horizon*. I... means what is to come and what goes up, where SIN - *Sun that will rise* or *unrisen*. U... means what's underneath, whereby – SUN - *Sun at the Nadir*.

BLUM-SAN-UR - *The Flower which the Sun generated*. Name of an Areopagite, whose symbol is the cross.

AM-VA - *Living for Love*. Name of another Areopagite, in São Paulo.

UN-AN - *The spirit of Origin, engenerator.*[11] Name of another Areopagite, in Minas Gerais.

GVAM-IL - *Live, Love and be Free*. Name of a 2nd Degree Initiate.

AL-GAI - *The one who wants all to take time off*. Name of a good and intelligent scientist. A 2nd Degree Initiate.

VAR-UN - *Life that beats imperceptibly within Matter*. Name of a distinguished 1st Degree Initiate.

SIR-US - *The Son of the Aurora Borealis*. Name of a very devoted comrade who propelled the Proselytizing of Reason in the State of Paraná.

GAM-AR - *He who will rejoice and play acting with enthusiasm for*

GAM-AR - *Aquele que vai alegrar-se e folgar agindo com entusiasmo pela Regeneração Humana.*

Um instante calamo-nos. O hierofante Sun limpava o suor. Mas dentro em pouco continuou a falar.

- Temos, disse, idealizados quatro templos para serem erigidos no centro de cada uma das quatro partes em que dividimos a terra. Os templos chamam-se os templos da Razão.

Também em épocas que todos chamam das grandes transformações, os homens deram templos à Razão encarnada.

- Há muita gente iniciada? indaguei, afundando em amargas comparações históricas.

- Muita. Só agora, porém, é que a iniciação deixou de ser grátis. Não imagina como progredimos.

Há quatro ou cinco anos que em Minas Gerais se fazem festas sociolátricas. As peripatéias ou excursões cultuais são comuns em todos os Estados, máxime no Paraná.

- E aqui?

- Vamos entre as árvores discutindo e conversando.

Platão! Aristóteles! Jesus! Dellile! Procurei acalmar o meu estado nervoso. Assistira à missa-negra, vivera entre os negros *orixalás*, que sobre o *opelê* dizem a vida da gente, ouvira os espíritas, o ocultistas, os gnósticos católicos. Essa reforma desorganizava-me.

- Mas isso tudo foi inventado pelo senhor?

- Foi.

- E desde quando pensa na reforma?

- Desde a idade de cinco anos, em que aprendia a ler sozinho. Só porém em 1884 é que cheguei aos resultados práticos em Cataguazes.

- É brasileiro?

- Descendente de islandeses, os verdadeiros descobridores da América.

Recolhi meditando a questão. Aquele homem que aprendera a ler com tenções de reformar a sociedade, a ortologia, as peripatéias, a reforma da terra - tudo isso assustava. Refleti entretanto. Magnus era um

Human Regeneration.

We were quiet for a while. The hierophant Sun wiped his sweat. But he soon continued to speak.

"We have dreamt of four temples to be erected in the center of each of the four parts into which the Earth is divided. These temples are called Temples of Reason."

Also in times that everyone refers to as of the great transformations, men also built temples to Reason Incarnate.

"Are there many Initiated people?" I asked, sinking into bitter historical comparisons.

"Many. Only now, however, the initiation is no longer free. You cannot imagine how we've progressed."

For four or five years in Minas Gerais they have organized Sociolatric festivals. The peripatetic, or cultic excursions, are common in all states, mainly in Paraná.

"What about here?"

"Let's walk among the trees, talking and discussing."

Plato! Aristotle! Jesus! Dellile! I tried to calm my nervous state. I attended the black mass, I lived among the black *orixalás*, who read our lives over the *opelê*. I heard the Spiritualists, the Occultists, the Catholic Gnostics. This reform disorganized me.

"But was it all invented by you, Sir?"

"It was."

"And since when have you been thinking about the reform?"

"Since the age of five, when I learned how to read alone. But it was in 1884 that I reached practical results in Cataguazes."

"Are you Brazilian?"

"Descendant of Icelanders, the true discoverers of America."

Meditating, I took in the question. That man who learned how to read with intentions of reforming society, the Orthology, the peripatetic, the land reform - it was all scary.

I reflected nonetheless. Magnus was a vast source of knowledge, serene and practical, learned in the Kabbalah, having traveled the world.

vasto saber, calmo e prático, formado em Cabala, tendo viajado o mundo inteiro.

Se apenas nessa qualidade dissesse ter inventado o motocontínuo nas asas das borboletas, eu, deplorando-o, levá-lo-ia ao hospício. Mas Sondhal inventara uma religião, a religião que é o bálsamo das almas, uma religião brasileira, e, como Jesus à beira do lago Tiberíade, ensinava aos iniciados à beira da lagoa Rodrigo de Freitas e da lagoa dos Patos. Era mais um profeta, venerei-o; e assim fazendo quis saber quem comigo o venerava. A fisiolatria é uma religião de doutores; numa lista de 200 ortólogos, sessenta por cento são bacharéis.

As listas são feitas com pompa, e em cada uma eu li: Drs. Toledo de Loiola, Tavares Bastos, Jango Fischer, Flávio de Moura, Luís Caetano de Oliveira, Antônio Ribeiro da Silva Braga, Adolfo Gomes de Albuquerque, Floripes Rosas Júnior, José Vicente Valentim, Ulisses Faro, Barbosa Rodrigues Júnior... Uma série interminável de bacharéis!

Tantos doutores devem assegurar a doutrina doutíssima. Fui então procurar o hierofante no seu templo, que tem percorrido várias casas na Cidade Nova. Magnus Sondhal recebeu-me com o seu inalterável sorriso e o seu inalterável *pince-nez*.

- Há tantos doutores na sua religião, hierofante, que eu a considero.

- Pois, ergonte, uma das idéias da minha religião é acabar com os doutores!

Sentamo-nos divinamente e eu o interroguei:

- A sua religião tem qualquer coisa de positivismo?

- Fui apóstolo da Humanidade seis anos. Só depois é que comecei a propaganda da União Universal, a princípio com um filósofo dinamarquês, depois com os Drs. Adolfo de Albuquerque, Silva Braga e outros Areopagitas. A fisiolatria transforma as palavras e expressões das outras línguas, transformando as instituições humanas existentes e inexistentes em fatos positivos. Os fenômenos sobrenaturais tornam-se até sensíveis.

- A reforma é então geral?

- Até no vestuário. Acredita o senhor que no futuro continuaremos a usar sobrecasaca?

If only in this capacity he said he had invented perpetual motion in the wings of butterflies, I, deploring him, would have taken him to the hospice. But Sondhal invented a religion, the religion that is the balm of souls, a Brazilian religion, and, like Jesus on the banks of Lake Tiberias, taught to initiates on the banks of the lake of Rodrigo de Freitas and of Patos Lagoon. He was another prophet. I worshiped him, and in doing so I wondered who also worshiped him along with me. Physiolatry is a religion of doctors. On a list of two hundred Orthologers, sixty percent hold bachelor's degrees.

The lists are pompous, and in each one I read: Drs. Toledo Loyola, Tavares Bastos, Jango Fischer, Flavio de Moura, Luís Caetano de Oliveira, Antônio Ribeiro da Silva Braga, Adolfo Gomes de Albuquerque, Floripes Rosas Jr., Joseph Vincent Valentine, Ulysses Faro, Barbosa Rodrigues Junior... An endless number of graduates!

So many doctors should indeed ensure this very knowledgeable doctrine. I then went looking for the hierophant in his temple, which has traveled through several houses in the New Town. Magnus Sondhal received me with his unchanging smile and his unchangeable *pince-nez*.

"There are so many doctors in your religion, hierophant, that I am considering it."

"So, *arguer*,[12] one of the ideas of my religion is to do away with doctors!"

We sat divinely, and I questioned him:

"Does your religion have anything from Positivism?"

"I was an apostle of Humanity for six years. It was only after that that I started proselytizing the Universal Union, in the beginning with a Danish philosopher, then with Drs. Adolfo de Albuquerque, Silva Braga and other Areopagites. Physiolatry transforms words and expressions of other languages, translating existing and nonexistent human institutions into positive facts. The supernatural phenomena even become perceptible."

"Is the reform broad then?"

"Even in attire. Do you believe that in the future we will continue to use frock coats? Well, no!"

Pois, não!

As roupas dos *ergontes* serão determinadas pelas estações do ano com um cunho simbólico e as cores tiradas da figura universal. No verão, por exemplo, 1ª estação, *macrofísica* e que representa o dia da vida, usar-se-ão as três cores fundamentais; no outono, 2ª estação, a tarde da vida, cores sombrias; no inverno, 3ª estação, *microfísica*, a noite da vida, roupas negras, e na primavera, a 4ª estação, roupas brancas para corresponder ao albor da existência...

- Muito poético. As nossas casacas passarão a ser empregadas apenas nos bailes de máscaras, como fantasias de gosto. Também, que seria do vestido de Maria Stuart se não fosse o carnaval? Consolemo-nos com a homenagem dos futuros *ergontes*!

Enquanto essas loucuras eram ditas, Magnus Sondhal sorria.

- Uma religião tão nova deve ter o seu culto especial.

- Tem, com efeito: o *kratu*, ou culto público, e a *magia*, ou culto íntimo.

O *kratu* tem um quadro sinótico.

Ei-lo:

The *arguers'* clothing will be determined by the seasons with a symbolic nature and its colors taken from the universal image. In the Summer, for example, the first season, *macrophysics*, which represents the day of life, they will use the three basic colors; in the Fall, the second season, the late life, somber colors; in the Winter, third season, *microphysics*, the night of life, black clothes; and in the Spring, the fourth season, white clothes to match the dawn of existence...

"Very poetic. We will wear our frock coats only in the masquerade ballrooms, as tasteful costumes. In the end, what would be the dress of Mary Stuart if it were not for Carnival? Let's comfort ourselves with the homage of the future *arguers!*"

Magnus Sondhal smiled while these follies were uttered.

"Such a new religion must have its special cults."

"It has, indeed: the *kratu,*[13] or public worship; and *magic,* or private worship."

The *kratu* has a synoptic table.

Here it is:

KARMA
(ou: a Criação e Transformação Eterna,
geradas e contempladas pelo Amor)

KOSMOS ONTOS	ETHOS
	e
	ESTHETOS

EIDONOMIA e EIMOLOGIA	ERGONOMIA
	e
	EROSTERGIA

1º Grau	2º Grau	3º Grau

FISIOLATRIA

IDOLATRIA		BIOLATRIA	PSICOLATRIA	
1º dia	SOL	Fecundação	Sentir	Amor
2º dia	LUA	Gestação	Conceber	Sabedoria
3º dia	TERRA	Procriação	Construir	Poesia
4º dia	MAR	Nutrição	Mecânica	Sensualismo
5º dia	AR	Respiração	Química	Vitalismo
6º dia	CÉU	Lhômição	Alquimia	Animismo
7º dia	NOITE	Subjetivação	Hiperquimia	Idealismo
donde	REFLEXÃO...	CONSCIÊNCIA...	MAGIA...	

A palavra MAGIA é empregada no sentido de sua etimologia Altaica, isto é, derivada de MAC - Força ou Ação e I - sobre ou para o Futuro. Representa o estado superior da Vida, em que o Espírito ou a Razão dirige a *Força Inconsciente*.

A magia começa a revelar-se nas próprias iniciações maçônicas pela adoção de um nome esotérico que liberta das más influências. Só eu a

KARMA
(or: Eternal Creation and Transformation, generated and beheld by Love)

KOSMOS	ONTOS	ETHOS and ESTETHOS

EIDONOMY and EIMOLOGY	ERGONOMICS and EROSTERGY

1st Degree	2nd Degree	3rd Degree

PHYSIOLATRY

	IDOLATRY	BIOLATRY	PSYCHOLATRY	
1st day	SUN	Fecundation	To feel	Love
2nd day	MOON	Gestation	To conceive	Wisdom
3rd day	EARTH	Procreation	To build	Poetry
4th day	SEA	Nutrition	Mechanics	Sensualism
5th day	AIR	Breathing	Chemistry	Vitalism
6th day	SKY	*Lhômição* [14]	Alchemy	Animism
7th day	NIGHT	Subjectification	Hyperchemy[15]	Idealism
hence	REFLECTION...	CONSCIOUSNESS...	MAGIC	

The word MAGIC is used in the sense of its Altaic[16] etymology, that is, derived from MAC - Force or Action, and I - about or for the Future. It represents the highest state of life in which the Spirit or Reason directs the *Unconscious Force*.

The magic begins to unfold in the Masonic initiations themselves by adopting an esoteric name that frees you from evil influences. Only I can

posso empregar, porque sou o único a conhecer a hiperquímica ortológica, ou as leis naturais das influências psíquicas.

A hiperquímica, de *hyper* e da língua universal *kim*, que significa a parte invisível e indestrutível da matéria, tem duas ciências pre-
liminares: a alquimia, ou tratado da reação das matérias em estado das
correntes puras, e a *química*. O princípio alquímico é que a matéria é
una, vive, evolui e se transforma. O princípio unitário *Lhôma* entra como
causa em todas as reações e por ele se explicam o fenômeno microfísico
das funções cerebrais, a função das imagens interiores e a influência da
moral sobre o físico.

Mas tudo isso está nos nossos livros: *A Reforma Sociocrática e a
maior evolução do mundo*, o *Catecismo Ortológico*, *A Arte de Enriquecer
ou extinção do pauperismo pela instituição da plutometria em substituição à plutocracia*, a *Explicação de Deus ao Papa*, a *Pré-história segundo a Ortologia* e outros volumes. O essencial acha-se porém num livro
manuscrito, que não se imprime: - o *Catecismo Esotérico*.

Depois paternalmente o hierofante disse:

- Venha hoje ver uma sessão de magia. Nós comemoramos a morte
de um iniciado. O templo é uma sala, mas é de dever deduzi-lo da figura
da Lei Universal ou Al-Miz: ao Norte a loja azul, ou do 1º grau; a Este
a loja amarela, ou do 2º grau; ao Sul a loja rubra, ou do 3º grau; a Oeste
a *dumma*, ou sala negra, no canto o templo ou empíreo. O *dumma* e o
empíreo significam o branco e o negro, dois elementos antitéticos do
Binário Universal... Venha às 11½.

Eu fui. Era uma noite úmida, de chuva, no dia 5 de agosto. O iniciado
que morrera, meu amigo, um gênio musical, passara pela vida agarrado a
todas as fantasias. Eu fui e delirei tranqüilamente. Tínhamos combinado
estar na pensão de Sondhal. Quando lá cheguei, encontrei treze homens
de chapelão desabado e manto negro. Pareciam conspiradores. Abri o
manto de um deles e vi que estava forrado de seda roxa; abri o de outro,
também, e todos tinham varinhas na mão, onde brilhavam ametistas, a
pedra da magia! Reparei então que o hierofante era um deles.

- De que é feita essa bagueta? inquiri.

use it, because I'm the only one who knows the Orthologic hyperchemy, or the natural laws of psychic influences.

Hyperchemy, from *hyper* and universal language's *kim*, which means the invisible and indestructible part of matter, has two primary sciences: alchemy, or treatise of the reaction of materials in the pure state currents, and *chemy*. The alchemical principle is that matter is one; it lives, evolves and changes. The unitary principle *Lhôma* enters as a cause in all reactions and it explains the microphysical phenomenon of the brain's functions, the function of inner images and the influence of the moral over the physical.

But all that is in our books: *The Sociocratic Reformation and the Great Evolution of the World*, the *Orthologic Catechism*, the *Art of Enriching or the Extinction of Pauperism by the Institution of Plutometry over Plutocracy*, *The Explanation of God to the Pope*, *Prehistory According to Orthology* and other volumes. The essential, however, can be found in a manuscript, which is not in print: the *Esoteric Catechism*.

Then the hierophant says paternally:

"Come over today and attend a session of magic. We will commemorate the death of an initiate. The Temple is a room, but it's one's duty to deduce it from the image of the Universal Law or Al-Miz: the blue lodge, or 1ˢᵗ degree, in the North; the yellow lodge, or 2ⁿᵈ degree, in the East; the crimson lodge, or 3ʳᵈ degree, in the South; the *dumma* or black room, in the West, in the corner the temple or empyrean. The *dumma* and the empyrean mean white and black, two antithetical elements of the Universal Binary... Come over at 11:30 p.m."

I went. It was a wet night, rainy, on 5 August. The initiate who had died, my friend, a musical genius, passed through life clinging to all fantasies. I went and raved quietly. We agreed to stay at Sondhal's boarding house. When I got there, I found thirteen men in big, brimless hats and black cloaks. They looked like conspirators. I opened the cloak of one of them and saw that it was lined with purple silk; I opened the other, also, and all had wands in their hands from which amethysts glowed, the stone of magic! I noticed then that the hierophant was one of them.

- De uma liga metálica que é um segredo alquímico! respondeu uma voz. E com o hierofante à frente, todos deslizaram pelo corredor escuro. Eu os seguia como a sombra dos seus mantos. De repente, pararam a um sinal seco e eu retive um grito. Na extremidade superior do cetro do hierofante, começava a bruxulear uma luz fosforescente.

- Meu Deus!

- Cala-te, é a luz física, é o *au-lis*!

Todos os magos ergueram verticalmente as baguetas estendendo o braço direito para o ar, e na extremidade de cada uma, como uma misteriosa gambiarra de vagalumes, o *au-lis* acendia a sua fulguração indizível. Nas copas dos chapéus dos magos vibrava o *telegormo*, que transmite as palavras pensadas.

A luz porém cessou, as varas abateram-se e os treze saíram para a rua como simples transeuntes.

No curto trajeto do hotel à sala do templo, eu tive a impressão de um ser à parte num mundo à parte, e quando cavamente a porta se fechou num cavo rebôo e subimos aos tropeços as escadas, pareceu-me cair outra vez, na amada vida. A luz reaparecera.

Na sala, cheia dessa luz, o *hierofante* subiu os três degraus do altar, voltou-se para os magos, deu na ara três pancadas e falou. Era a prece da Evocação. Agarrei-me a um portal, tremendo. Com toda a solenidade o homem foi ao outro canto e fez a segunda prece, a Invocação. Depois, voltado para o oriente disse a Efusão. Terminado que foi, sentou-se. Reparei então que havia um estrado e em cada canto sentavam-se quatro magos.

- Aquele estrado? fiz num sopro.

- É o palco dos Fantasmas, ou *lig-ôma*!

De novo três pancadas bateram. O hierofante, em pé, fez um gesto sagrado, colocando a mão esquerda sobre o coração, fonte do Viver e do Sentir, e a direita, ou da ação, na fronte, centro psíquico. Depois um gesto para o ar e para a fronte indicou o porvir e o ideal.

Todos os magos bradaram:

- *Au-ár! An-ár!*

"What is this wand made of?" I inquired.

"From an alloy, which is an alchemical secret!" replied a voice. And with the hierophant in front of us, we all glided down the dark corridor. I followed them like the shadow of their cloaks. Suddenly, at a thump, they stopped, and I held in a scream. At the top of the hierophant's sceptor, a phosphorescent light began to flicker."

"My God!"

"Shut up, it is the physical light, it is the *au-lis*[17]!"

All magi raised their baguettes vertically, extending the right arm into the air, and at the end of each baguette, like a mysterious contraption of fireflies, the *au-lis* lit its unspeakable fulguration. In the crown of the magi's hats the *telegormo*, which transmits the thought words, vibrated.

The light stopped, however; the wands weakened, and the thirteen took to the streets as simple passersby.

In the short route from the hotel to the temple room, I had the impression of being away in a world apart, and when the door closed hollowly in a cavernous echo, and we stumblingly climbed the stairs, it seemed to fall again, into the beloved life. The light reappeared.

In the room full of that light, the hierophant climbed the three steps of the altar, turned to the magi, stroked the altar three times, and spoke. It was the prayer of Evocation. I clung to a portal, trembling. With all solemnity the man went to another corner and did the second prayer, the Summoning. Then, facing the East, he said the Effusion. When it was finished, he sat up. I then noticed that there was a grandstand, and in every corner four magi sat.

"That grandstand?" I huffed.

"It's the stage of the Ghosts, or *lig-ôma!*"

The three strokes struck again. The hierophant, standing, made a sacred gesture, putting his left hand on his heart, the source of Living and Feeling, and his right hand, or the source of action, on the forehead, the psychic center. Then with a gesture to the air and to his forehead, he indicated the future and the ideal.

E a voz do *hierofante* abriu na treva:

- Pobre e triste humanidade de mortos!... Pressentiste o poder da alma humana, e inventaste a invocação, o culto e a prece!... Mas, a quem te dirigias tu? A ficções impotentes! Não conhecias a matéria no seu estado unitário de *Lhôma*, embora teus grandes filósofos chegassem quase a determinar sua existência. Que era o culto do *Lhôma* na Pérsia antiga e o do *Sôma*, na Índia, senão o grande vislumbre da grande magia fisiolátrica!... Mas agora o Universo nos está revelado, em todas as suas maravilhosas manifestações: alquímicas, químicas e hiperquímicas!... Pelo Cérebro, abalamos o *Lhôma*, que penetra toda a Matéria orgânica ou inorgânica!... E o Cérebro é um universo microfísico, onde os átomos valem os astros do espaço sideral!... E lá dentro do crânio há luz, por que é do *Lhôma* tenebroso que, por toda parte, ela se gera?... Que mais pode surpreender ao Ortólogo?!... Onde pode haver um canto no Universo que sua Vontade não penetre?!... Onde um Ser ou Fato que sua Microtagia não desvende?!... Homens mortos!... Vítimas da Feitiçaria teolátrica e da negra magia das forças brutas e inconscientes da Matéria!... Sede eternamente malditos!... Mostrai-vos ali! no palco dos fantasmas, em toda nudez do vosso hediondo Sofrimento!..."

Eu bati os dentes com um frio que traspassava os ossos. A luz acendia de vez em quando, e naquele estrado, onde os espíritos mais deviam estar, eu via o vazio, o vazio horrível, o vazio doloroso.

- Surgi. Vós também, ó Heróis do Bem - continuara o mago - que vivereis eternamente, impulsionando os Progressos que só a Razão inspira! Ei-los!... Eis os quadros da vida humana!... torpe, miserável!... Quem é aquele sublime LIC-UR, cercado de Amores e de Harmonias, e cuja presença de Luz dissipa e dissolve os tenebrosos e estúpidos NUROS corruptores?!... É o SAN-ÁR... Ei-lo, sorridente e vitorioso!... vitorioso da própria Morte! Ei-lo sublime que nos aponta o Futuro, onde fulgura também a nossa suprema Vitória! Assim como ele anulou a corrupção dos Mortos, nos quadros *telefênicos* do Espaço sideral, nós também anularemos a corrupção dos Vivos decadentes, que são demais na superfície do Planeta.

All the magi cried:

"*Au-ár! An-ár!*"

And the voice of the *hierophant* opened in darkness:

"Poor, sad humanity of dead people!... You sensed the power of the human soul and invented the invocation, the worship, and the prayer!... But who did you address yourselves to? To the powerless fictions! You didn't know matter in its unitary state of *Lhôma*, although your great philosophers almost determined its existence. What was the cult of *Lhôma* in ancient Persia and of *Soma*[18] in India if not the great glimpse of the great Physiolatric magic!... But now the universe is revealed to us in all its wonderful manifestations: alchemical, chemical and hyperchemical!... Through the Brain, we shake the *Lhôma*, which pervades all organic or inorganic Matter!... And the Brain is a microphysical universe, where atoms are worth the stars of sidereal space!... And there is light inside the skull, because it is from the dreadful *Lhôma* that it generates itself everywhere?... What else can surprise the Orthologer?!... Where might there be a corner in the Universe in which its Will does not penetrate?!... Where a Being or Fact its Microtagia does not unveil?!... Dead men!... Victims of Witchcraft Theolatry[19] and black magic of brute forces and unconscious Matter!... Be thee eternally damned!... Show yourselves there! On the stage of ghosts, in all the nudity of your hideous Suffering!..."

I gnashed my teeth in a cold that pierced through my bones. The light lit now and then, and on that grandstand, where there should have been more spirits, I saw the emptiness, the horrible vacuum, the aching void.

"I arose. You also, oh Heroes of Good," continued the magus, "you who will live forever, promoting Progresses that only Reason inspires! Here they are!... Here are the pictures of human life!... Filthy, miserable!... Who is that sublime LIC-UR, surrounded by Loves and Harmonies, and whose presence of Light dispels and dissolves the tenebrous and stupid corrupting NUROS!... It is the SAN-ÁR... Here he is, smiling and victorious!... Victorious in his own Death! Here he is, the sublime

De mais! os que são de mais! eu ali dentro estava de mais! Então abri a porta, saí, olhando para trás, aterrado do san-ár; dos nuros, desci agarrado aos balaústres da escada e quando sentei na soleira da porta, fatigado, com o cérebro vazio, senti que suava e que me ardiam as faces.

No outro dia encontrei o fisiólatra Magnus acompanhado de vários iniciados.

- Vou fundar uma Universidade no Liceu de Artes e Ofícios. Não deixe de ir assistir às conferências preparatórias.

- Mas ontem, ontem que fizeram vocês?

Houve uma pausa.

- Meditamos até de manhã à beira da Sabedoria para que a Sabedoria viesse.

E Magnus Sondhal, com um volume de Nietzsche debaixo do braço, seguiu com os iniciados pela rua a fora, como se fosse um ser natural...

Original publication: "Os Physiolatras," *Gazeta de Notícias*, Rio de Janeiro, ed. 67, p.2, 07/03/1904.

who points the Future to us, where also shines our supreme Victory! Just as he annihilated the corruption of the Dead, in the *telephenic* frames of the sidereal Space, we will also annihilate the corruption of the decadent Living, who are too many on the surface of the planet."

Too many! Those who are too many! I was one too many in there! So I opened the door, got out, looking back, terrified of the *san-ár*; of the *nuros*. I went downstairs clutching the banisters of the stairs, and when I sat in the doorway, fatigued, with empty brain, I felt myself sweating, my face burning.

The other day I found the physiolater Magnus accompanied by several initiates.

"I will found a University in the School of Arts and Craftsmanship . Do not miss the preparatory conferences."

"But yesterday, what did you all do yesterday?"

There was a pause.

"We meditated until morning on the edge of Wisdom so that Wisdom would come."

And Magnus Sondhal, with a volume of Nietzsche under his arm, went down the road, followed by the initiates, as if he were a natural being...

Capítulo Cinco

O Movimento Evangélico

A Igreja Fluminense

A Igreja Fluminense data de 1858. Foi a primeira congregação evangélica estabelecida no Brasil, graças ao espírito de um homem rico e feliz.

O Sr. Robert Reid Kalley trabalhava na ilha da Madeira, quando, em 1855, lembrou-se de vir ao Rio de Janeiro. Era escocês, médico, ministro evangélico e possuía bens da fortuna. Ao deixar o clima delicioso da ilha por esta cidade, naquele tempo foco de algumas moléstias terríveis, não o enviava nenhum *board* estrangeiro, vinha espontaneamente apenas por amor do evangelho de Jesus Cristo.

O Brasil sempre foi um centro de reunião de colônias diversas praticando as suas crenças com a mais inteira liberdade.

Entre a prática da religião, porém, e a pregação à grande massa vai uma diferença radical. Robert Kalley vinha para uma monarquia católica, em que a Igreja era um desdobramento do Estado; aportara a uma terra em que cada data festiva fazia repicar no ar os sinos das catedrais e desdobrava por sobre a cidade os pálios e as sedas roxas dos paramentos sacros; vinha pregar ao povo, amante de procissões, que rojava na poeira

Chapter Five

The Evangelical Movement

The Fluminense Church

The Fluminense[1] Church dates back to 1858. It was the first evangelical congregation established in Brazil, thanks to the spirit of a rich and happy man.

Mr. Robert Reid Kalley worked on the island of Madeira, when, in 1855, he thought of coming to Rio de Janeiro. He was Scottish, a physician, evangelical minister and possessed goods of wealth. When he left the delicious climate of the island for this city, at that time the focal point of some terrible diseases, he was not sent by any foreign board. He came here spontaneously, just for the sake of the Gospel of Jesus Christ.

Brazil has always been a meeting point of several colonies practicing their beliefs with the most complete freedom.

However, there is a drastic difference between the practice of religion and its preaching to the people. Robert Kalley came from a Catholic monarchy in which the Church was an offshoot of State. He landed in a place where every festive day caused the bells of the cathedrals to chime in the air, unfurling baldachins and sacred purple silk adornments over the city. He came here to preach to the people, the lovers of processions,

das ruas quando passavam as imagens seguidas de soldados. E Kalley veio e pregou contra os pálios, contra as imagens e contra o povo a rojar, escudado na doce crença de Jesus...

Íamos os dois, eu e o Rev. Marques, pelo asfalto do campo da Aclamação. Muito cedo ainda, os pássaros cantavam indiferentes ao bulício da grande praça, e eu, cada vez mais encantado, ia a ouvir tão suave conversa.

- Era o diletantismo da evangelização.

- Era o conforto moral que a religião dá. Se até hoje os nossos evangelizadores são apedrejados, se nos fecham as igrejas, imagine a impressão do protestante naquele tempo.

Kalley, o ousado capaz de afirmar meia dúzia de idéias desconhecidas, teve uma série infindável de inimigos.

- O protestante! Que recordação de épocas históricas. Carlos IX, os huguenotes, o êxodo para a América, o horror das imagens...

- Os populares naquele tempo não admitiam o funcionamento regular, com entrada franca, das igrejas evangélicas. Kalley, três anos depois da sua chegada, fundava sem bulha, com alguns adeptos, o primeiro templo evangélico, que chamou Fluminense.

- Há temperamentos de missionários. Kalley era um desses. Olhe que podia viver muito bem a Escócia, à beira dos lagos, entre os verdes lindos dos vales. Preferiu a nossa cidade de há meio século, bárbara, feia, cheia de calor; esteve vinte anos no Rio, e só voltou à pátria quando teve a certeza de deixar uma igreja completamente organizada.

- E deixou?

- Ao partir, em 1876, a igreja tinha uns cem membros, havia um pastor substituto, João Manuel Gonçalves dos Santos, eram presbíteros Francisco da Gama, Francisco da Silva Jardim e Bernardo Guilherme da Silva e diáconos João Severo de Carvalho, Antônio Soares de Oliveira, Manuel Antônio Pires de Melo, José Antônio Dias França, Manuel Joaquim Rodrigues, Manuel José da Silva Viana e Antônio Vieira de Andrade. O esforço fora recompensado. Frutificara a semente, e já outras igrejas iam nascendo.

who groveled in the dust of the streets as the icons, followed by soldiers, passed by. And Kalley came here and preached against the baldachins, against the icons, and against the groveling people, shielded by his sweet belief in Jesus...

We both went, Rev. Marques and I, over the asphalt of Campo da Aclamação Park. It was still very early, and the birds sang, indifferent to the bustle of the main square, and I was increasingly delighted to hear his smooth conversation.

"It was the dilettantism of evangelization."

"It was the moral comfort that religion provides. If until today our evangelists are pelted with stones, if our churches are closed, imagine the impressions of the Protestant at that time. Kalley, the bold man capable of asserting half a dozen unknown ideas, had an endless number of enemies."

"The Protestant! What a remembrance of historic times. Charles IX, the Huguenots, the exodus to America, the horror of the icons..."

"The people at that time did not allow the regular functioning, with free admission, of the evangelical churches. Kalley, three years after his arrival, quietly founded, with some followers, the first evangelical church, which he called *Fluminense*."

There are missionary temperaments. Kalley was one of those. Notice that he could have lived very well in Scotland, on the edge of lakes, among the beautiful green valleys. He chose our city — barbaric, ugly, hot — half a century ago. He was in Rio for twenty years and only returned to his motherland when he was sure to leave a fully organized church behind.

"And did he leave it?"

"When he left, in 1876, the church had a hundred members. There was a deputy pastor, João Manuel Gonçalves dos Santos. Francisco da Gama, Francisco da Silva Jardim and Bernardo Guilherme da Silva were presbyters; and John Severo de Carvalho, Antônio Soares Oliveira, Manuel Antônio Pires de Melo, José Antônio Dias France, Manuel Joaquim Rodrigues, Manuel José Viana da Silva and Antônio Vieira de Andrade

- A Igreja Fluminense tem muitas filiais?

- Tem. Há outras Igrejas organizadas por ela, e a essas seria mais apropriado chamar igrejas congregacionais. São essas a de Niterói, cujo pastor é o Rev. Leônidas da Silva, e que possui um belo edifício na Rua da Praia, tendo cerca de cem membros; a de Pernambuco, a de Passa-Três, a de São José de Bonjardim e a que eu pastoreio no Encantado, organizada a 10 de maio, com 56 membros.

Antônio Marques terminara a sua frase com tal carinho que o interrompi:

- Vejo que ama o seu rebanho!

- Não há melhor!... gente simples, boa, capaz de ouvir a palavra do Senhor...

Fez uma pausa, sorriu.

- Devo-lhe dizer que essas igrejas têm também as suas missões. Só a de Passa-Três tem no Cipó, no Arrozal de São João Batista e em toda a zona mais próxima do Estado do Rio.

- A Igreja Fluminense é só de nacionais?

- É a única no Brasil que não tem proteção estrangeira, que vive dos seus próprios recursos apenas; - é o completo atestado do nosso esforço moral. Já educou três jovens para o mi[ni]stério, sustenta três missionários, acabou de construir um templo e, apesar disso, ainda o ano passado teve no seu *budget* um saldo de oito contos. Sendo nacional, recebe entretanto na sua comunhão pessoas de ambos os sexos crentes em Cristo.

- E tem uma escola?

- Tem duas: a dominical, de leitura bíblica, e uma outra diária para as crianças, dirigida pelo Sr. Joaquim Alves e D. Carlota Pires. A característica da igreja é a evangelização da cidade, uma evangelização que vai de porta em porta, levando auxílios, carinhos, paz moral. Há a Sociedade de Evangelização, a União Bíblica Auxiliadora de Moços, a União das Senhoras, a União das Moças, das Crianças... Os templos congregacionais também têm idênticas sociedades. No Encantado, além de duas outras, nós, que estamos em caminho de ter um templo, vamos organizar agora o Esforço Cristão Juvenil.

were deacons. His effort was rewarded. He fructified the seed, and other churches were rising."

"Does the *Fluminense* Church have many branches?"

"It does. There are other churches organized by it, and these would be more appropriately called congregational churches. These are: the one in Niterói, whose pastor is Rev. Leonidas da Silva and which has a beautiful building on the Rua da Praia with about one hundred members; the ones in Pernambuco, Passa-Três, São José de Bonjardim; and the one I lead in Encantado,[2] opened on May 10, with fifty-six members"

Antônio Marques finished his sentence with such affection that I interrupted:

"I see you love your flock!"

"There is no better!... Simple, good people, able to hear the word of the Lord..."

He paused, and smiled.

"I must tell you that these churches also have their missionary branches. Just the one in Passa-Três has got missions in Cipó, Arrozal de São João Batista, and in all the areas nearest the state of Rio."

"Is the *Fluminense* Church formed only by nationals?"

"It is the only one in Brazil that does not have foreign protection, living only from its own resources. It's the full proof of our moral effort. It has raised three young men for the ministry, it supports three missionaries, it has just built a temple and yet, and yet it had in its budget last year a balance of eight *contos de réis*.[3] Being national, it receives in its communion people of both sexes, believers in Christ."

"And does it have a school?"

"It has two: the Dominical, with Bible reading, and another, a daily school, for children, directed by Mr. Joaquim Alves Pires and Mrs. Carlota Pires. A feature of the church is the evangelization of the city, an evangelization that goes door to door, carrying aid, affection, and moral peace. There are the Evangelization Society, the Scripture Union to Help Young Men, the Union of Women, the Union of Young Women, the Union of Children... The congregational churches also have identical

- Mas uma evangelização assim constante?

- Os rapazes distribuem folhetos, fazem a expedição pelo Correio, vão de porta em porta com subscrições para mandar companheiros estudar na Europa. Eu lhe posso citar os nomes de João Menezes, Isaac Gonçalves, Luiz Fernandes Braga, Antônio Maria de Oliveira... São tantos! E todos brasileiros.

Havia na voz do pastor um justo orgulho. Eu emudeci um instante, acompanhando-o. Nesta cidade de comércio, em que o dinheiro parece o único deus, homens moços e fortes pregam a bondade de porta em porta, como os pobrezinhos pedem pão! Ou eu delirava, ou aquele cavalheiro calmo, de redingote de alpaca, dava-me o favo da ilusão, como outrora Platão entre árvores mais belas e discípulos mais argutos.

- A igreja tem hoje um patrimônio grande? - fiz com o desejo de voltar à realidade.

- Sempre aumentado, mas regulado ainda pelos estatutos de 1886, aprovados pelo governo imperial, quando ministro o Barão Homem de Melo. O patrimônio criado com donativos e legados consiste em prédios e títulos da dívida pública. A administração é eleita anualmente dentre os membros da igreja, compõe-se de um presidente, dois secretários, um tesoureiro e um procurador, que têm a seu cargo representar a igreja em todos os seus negócios. Deus tem abençoado a nossa obra.

- As igrejas evangélicas abundam entre nós, pastor. Falam-me agora numa seita, os miguelistas, que dizem ter Jesus Cristo voltado ao mundo, encarnado no Dr. Miguel Vieira Ferreira...

- As verdadeiras igrejas evangélicas do Rio são a Fluminense, a Metodista, a Presbiteriana, a Batista e a Episcopal para os ingleses e os alemães. Nós propriamente, filhos da Fluminense, somos congregacionistas.

A religião é uma só, havendo apenas diferença no ritual e na forma do governo eclesiástico.

O nosso governo é congregacionista, composto de pastor, presbítero e diáconos. Atualmente na Igreja Fluminense o pastor é Gonçalves dos Santos, os presbíteros José Novais, José Fernandes Braga e Gonçalves

societies."

At Encantado, in addition to two others, we, who are on the way to having a temple, will now organize the Christian Youth Effort.

"But is the evangelization so constant?"

"The boys distribute flyers, make shipment by mail, and go door to door with subscriptions to send companions to study in Europe. I can quote you the names of João Menezes, Isaac Gonçalves, Luiz Fernandes Braga, Antônio Maria de Oliveira... There are so many! And they are all Brazilians."

The pastor had a fair pride in his voice. I was speechless for a moment, following him. In this city of trade, in which money seems to be the only god, men young and strong preach goodness from door to door, the way the poor ask for bread! I was either delirious or that quiet gentleman, wearing an alpaca frock coat, gave me the sweetest illusion, as Plato once did among the most beautiful trees and most astute disciples.

"Does the church have great assets today?" I asked, wishing to return to reality.

"It is always growing, but still governed by the 1886 statutes, approved by the imperial government, when Baron Homem de Melo was minister. The assets created with donations and bequests consist of buildings and public debt securities. The directors are elected annually among church members, and it is made up of a president, two secretaries, a treasurer, and a prosecutor, who are responsible to represent the church in all its business. God has blessed our work."

"Evangelical churches abound among us, pastor. They tell me now of a sect, the *Miguelists*, which says that Jesus Christ has returned to the world, embodied in Dr. Miguel Vieira Ferreira...

"The true evangelical churches in Rio are the *Fluminense*, the Methodist, the Presbyterian, the Baptist and the Episcopal for the British and Germans. We, children of the *Fluminense*, are properly Congregationalists. There is just one religion, with the only differences being in the ritual and form of ecclesiastical guidance. Our ministry is congregational, composed of pastor, presbyter and deacon. Currently in the *Fluminense*

Lopes, os diáconos Antônio de Assunção, Guilherme Tâner, José Valença e José Martins.

- Há uma tal subdivisão de ritos entre os evangelistas.

- Nós nos regulamos por 28 artigos de fé. Cremos na existência de um Deus, na trindade de pessoas, na divindade de Jesus Cristo, na sua encarnação, nascendo de Maria e sendo verdadeiro Deus e homem.

Estávamos à esquina da Rua Floriano Peixoto. Verdadeiro homem! Ia perguntar, aprofundar a intenção da frase. O pastor, porém, continuava.

- A Bíblia foi escrita por inspiração divina.

- Não há dúvida.

- Só acreditamos em doutrinas que por ela possam ser provadas. E por isso cremos na imortalidade da alma, na vida futura, na punição eterna dos que não pensam em Jesus, na ressurreição dos mortos, no julgamento do tribunal de Deus.

Antônio Marques parara defronte da igreja, um casarão que tem em letras grandes este apelo convidativo. - Vinde e vede!

- Custou muito?

- Uns setenta contos.

- E o pastor ainda é o substituto de Kelley?

- Ainda. Conhece-o?

- É um ancião de maneiras secas.

- Oh! tem-se esforçado tanto. Há vinte e sete anos que trabalha sem cessar. Foi a Londres estudar o ministério, voltou e nunca mais nos deixou. É o mais antigo ministro evangélico do Brasil, e hoje os seus sessenta e dois anos curvam-se a um trabalho insano. Entre; hoje é o dia da comunhão.

Entrei. Uma sombra tranqüila aquietava-se na sala. Os ruídos de fora, da alegria movimentada da rua, chegavam apagados. No coro, nem viva alma; pelos bancos, alguns perfis emergindo da sombra, muitos atentos e calmos; ao fundo, em derredor de uma mesa onde havia garrafas e pratos de prata, vários senhores. E naquela paz vozes cantavam:

Disposta a mesa, ó Salvador,

Church the pastor is Gonçalves dos Santos; the presbyters José Novais, José Fernandes Braga and Gonçalves Lopes; and the deacons Antônio Assunção, Guilherme Tâner, José Valencia and José Martins."

"There is a certain subdivision of rites among the evangelists..."

"We are regulated by twenty-eight principles of faith. We believe in the existence of God, in the Trinity of people, in the divinity of Jesus Christ, in His incarnation, being born of Mary and the true God and man."

We were at the corner of Rua Floriano Peixoto. The true man! I was going to ask, to probe the intent of the statement. The pastor, however, continued.

"The Bible was written by divine inspiration."

"Certainly."

"We only believe in doctrines which can be proved by it. Hence, we believe in the immortality of the soul, the afterlife, the eternal punishment of those who do not believe in Jesus, the resurrection of the dead, the judgment of the court of God."

Antônio Marques had stopped in front of the church, a townhouse with this inviting appeal in big letters: "Come and see!"

"Did it cost a lot?"

"Some seventy *contos de réis*."

"And the pastor is still Kelley's replacement?"

"Still. Do you know him?"

"He is an old man of dry manners."

"Oh! He has been struggling so much. Twenty-seven years working incessantly. He went to London to study the ministry; then he returned and never left us again. He is the oldest evangelical minister in Brazil, and today his sixty-two years bend under an insane amount of work. Come in, today is communion day."

I entered. A pleasant shade quieted the room. The noises from outside, from the busy joy of the street, came in almost imperceptibly. In the choir, not a living soul. Through the benches, some profiles emerging from the shadow, very attentive and quiet. At the back of the room,

Vem presidir aqui,

Ministra o vinho, parte o pão

Tipos, Jesus, de ti!

Depois, no silêncio que se fizera, o pastor disse:

- Bendito Deus! e a prece evoluía-se direta, pedindo para que se retificasse o fato em memória da morte de Cristo. Era a consagração.

Gonçalves dos Santos tomou do pão e o partiu, os presbíteros foram pela sala com os pratos lavrados de prata, onde branquejavam os pedaços do bolo sem fermento.

- Tomai isso e comei!

Sentei-me humilde no último banco. Como nos evangelhos, eu via os homens darem de comer o pão de Deus, e darem a beber o sangue de Jesus. Era tocante, naquele mi[ni]stério, na paz da vasta sala, quase deserta. E, com gula, a cada um que eu seguia no gozo da suprema felicidade, parecia-me ver o seu olhar, - o olhar, a janela da alma! - voltar-se para o céu na certeza tranqüila de um repouso celeste.

Quando a cerimônia terminou, como um ruflo de asas brancas, de novo as vozes sussurraram.

Eu trouxe a salvação

Dos altos céus louvor,

É livre o meu perdão,

É grande o meu amor.

- Que faz tão triste aí? - disse-me o pastor Antônio. - Aos moços quer Deus alegres! E eu que lhe fora buscar uma Bíblia e *O Cristão*, o nosso jornalzinho! Venha falar ao pastor.

Ergui-me. Manuel Gonçalves dos Santos, com a sua barba alvadia e o seu duro olhar, fitava-me.

Voltei do sonho para reflorir-lhe uma lisonja. Eu já o sabia um probo, praticando o ministério sem remuneração de espécie alguma. Santos conservava-se de gelo. Falei da coesão das igrejas, da propaganda, do evidente progresso do evangelismo no Brasil, com a sua simples essência de fé, gabei o hospital que estão a concluir.

O pastor então discorreu. A única religião compatível com a nossa

around a table with bottles and silver dishes, there were several gentle-men. And within that peace, voices sang:

> *The table arranged, oh Lord,*
> *Come here to preside,*
> *Minister the wine, break the bread*
> *Pieces, Jesus, of thee!*

Then, in the silence that followed, the pastor said:

"God bless!" and the prayer evolved directly, asking for the rectifi-cation of the fact in memory of Christ's death. It was the consecration.

Gonçalves dos Santos took the bread and broke it, the presbyteries went round the room with carved silver plates, blanched by pieces of unleavened cake.

"Take this and eat it!"

I sat humbly in the back row. As in the Gospels, I saw men giving the bread of God to eat and giving the blood of Jesus to drink. It was touching, in that m[ini]yst[e]ry, in the peace of the vast room, almost deserted. And, gluttonously, each one that I followed in the enjoyment of the supreme happiness, I seemed to see their gaze - the gaze, the window of the soul! - turning up to the sky in quiet assurance of a heavenly home.

When the ceremony ended, the voices whispered again as if in the whir of white wings.

> *I brought salvation*
> *High praise of heaven,*
> *My forgiveness is free,*
> *It is great my love.*

"Why are you so sad?" pastor Antônio asked me. "God wants the young men happy! And I who brought the Bible and *The Christian*, our newsletter! Come and talk to the minister."

I rose. Manuel Gonçalves dos Santos, with his albescent beard and his hard work, stared at me.

I came back from the dream to reflourish some flattery at him. I already knew him to be honorable, practicing the ministry without any kind of remuneration. Santos remained icy. I spoke of the cohesion of

República é exatamente o evangelismo cristão. Submete-se às leis, prega o casamento civil, obedece ao código e é, pela sua pureza, um esteio moral. A propaganda torna cada vez mais clara essas idéias, no espírito público aos poucos se cristaliza a nítida compreensão do dever religioso. Os evangelistas serão muito brevemente uma força nacional, com chefes intelectuais, dispondo de uma grande massa. E, de repente, com convicção, o velho reverendo concluiu:

- Havemos de ter muito breve na representação nacional um deputado evangelista.

Apertei a mão do mais antigo ministro evangélico do Brasil. Diante dos esforços que me contara Antônio Marques, a minha alma se extasiara; durante a comunhão, vendo o grave grupo beber o sangue de Jesus, eu sentira o bálsamo do sonho. Mas enquanto meus olhos olhavam com inveja o outro lado da vida, a margem diamantina da Crença, o pastor sonhava com o domínio temporal e a Câmara dos Deputados...

Eterna contradição humana, que não se explicará nunca, nem mesmo com o auxílio daquele que no Apocalipse sonda o coração e os rins e anda entre sete candeeiros de ouro!

Eterna contradição, que cativa a alma de uns e faz as religiões triunfarem através dos séculos!

Original publication: "A Igreja Fluminense," *Gazeta de Notícias,* Rio de Janeiro, ed. 83, p.2, 23/03/1904.

the churches, the proselytizing, the evident progress of evangelism in Brazil, with its simple essence of faith; I extolled the hospital they were finishing.

The minister then spoke. The only religion compatible with our Republic is exactly Christian evangelism. It submits to the laws, preaches civil marriage, obeys the code and is, by its purity, a moral upholder. Proselytizing makes these ideas increasingly clearer. In the public mind, the distinct understanding of the religious duty slowly crystallizes. The Evangelists will be very soon a national force, with intellectual leaders, made up of a large mass of people. And, suddenly, with conviction, the old reverend concluded:

"We will very soon have an evangelist deputy in the national representation."

I shook hands with the oldest evangelical minister of Brazil. Given the efforts that Antônio Marques had told me, my soul enraptured. During communion, seeing the solemn group drinking the blood of Jesus, I felt the balm of dream. But as my eyes looked enviously at the other side of life, the diamantine margin of Belief, the pastor dreamed of the temporal domain and the House of Representatives...

Eternal human contradiction, which will never be explained, even with the aid from that which in Revelation, probes the heart and kidneys and walks among seven golden lamps!

Eternal contradiction, which captivates the soul of some and makes religions triumph through the centuries!

A Igreja Presbiteriana

A sede da Igreja Presbiteriana fica na Rua Silva Jardim, n° 15. É um dos mais lindos templos evangélicos do Rio. A sala pode conter oitocentas pessoas. Tudo reluz, as paredes banhadas de sol, as portas envernizadas, as fechaduras niqueladas, o púlpito severo. Pelas aléias do jardim, brunidas, anda-se sob o desfolhar das rosas e da montanha a pique que lhe fica aos fundos, desce um intenso perfume de mata. A primeira vez que eu lá estive, a sala estava apinhada, não havia um lugar; e, por trás de sobrecasacas, severas, de fatos sombrios, na luz crua dos focos, eu via apenas o gesto de um homem de larga fronte, descrevendo a delícia da moral impecável. Perguntei a um cavalheiro que o ouvia embevecido, quase nas escadas.

- Quem é?

O cavalheiro passou o lenço pela testa alagada.

- Admira não o conhecer: é o Dr. Álvaro Reis.

Álvaro Reis é o pastor atual da Igreja Presbiteriana do Rio, essa igreja produto de uma propaganda tenaz e de um longo esforço de quase meio século. Não há de certo na história dos nossos cultos exemplo tão frisante de quanto vale o querer como essa vasta igreja. Fundada em 1861 pelos Revs. Green Simonton, Alexandre Blackford e Francisco Shneider, três missionários mandados pelo board da igreja Presbiteriana dos Estados Unidos para a evangelização do Brasil, quarenta e tantos anos depois tornou-se realidade; e a semente guardada no celeiro do Senhor, sob o seu divino olhar, brotou e floriu em árvore estrondosa. Quanto custou isso!

Simonton ensinava grátis o inglês para, aprendendo o português, inocular nos discípulos os sãos princípios da Bíblia; cada sermão era um acontecimento, marcava-se com carinho o dia em que professava um novo simpático. Os puritanos pregavam em salas estreitas e sem conforto.

Algumas vezes, um padre católico surgia intolerante, protestava; os pastores interrompiam-se e as duas igrejas combatiam, a ver quem pela

The Presbyterian Church

The headquarters of the Presbyterian Church is at Rua Silva Jardim, 15. It is one of the most beautiful evangelical temples in Rio. The room can hold eight hundred people. Everything shines — the sun-soaked walls, the varnished doors, the nickel-plated locks, the stern pulpit. In the burnished alleys of the garden, you walk under the defoliating roses, and from the sheer mountain behind it falls an intense perfume of forest. The first time I was there, the room was crowded. There was no empty place. And behind frock coats, severe, in dark suits, in the harsh shine of the spotlights, I only saw the gesture of a man with a wide forehead describing the delight of impeccable morals. I asked a gentleman who listened, rapt, almost on the stairs.

"Who is he?"

The gentleman put his handkerchief over his flooded forehead.

"I'm surprised you don't know him: it is Dr. Álvaro Reis."

Álvaro Reis is the current pastor of the Presbyterian Church of Rio, the church which is the product of a tenacious proselytizing and a struggle of nearly a half a century. In the history of our church services there is no example of valuable willingness as striking as that of this vast church. It was founded in 1861 by Revs. Green Simonton, Alexander Blackford and Francisco Shneider, and three missionaries sent by the board of the Presbyterian Church in the United States for the evangelization of Brazil, and forty-some years later it became reality. And the seed saved in the barn of the Lord, under His divine gaze, sprouted and blossomed into a spectacular tree. How much it cost! Simonton taught English for free, learning Portuguese, so that he could inoculate the disciples with the sound principles of the Bible. Every sermon was an event. The day a new sympathizer was professed was remembered with fondness. The Puritans preached in narrow and uncomfortable rooms. Sometimes, a Catholic priest appeared, intolerant, protesting. Pastors interrupted their services, and the two churches fought through their best words to see

palavra melhor parecia estar com Deus.

Como a seita Positivista, a propaganda começou numa sala da Rua Nova do Ouvidor, com dezesseis ouvintes. Passou depois à Rua do Cano, desceu à Rua do Regente, à praça da Aclamação, à Rua de Santa Ana, comprou com sacrifícios e recursos americanos o barracão da fábrica de velas de cera da travessa da Barreira, e ali orou, pediu a Deus e continuou a propagar. Os meios eram os usuais de toda a fé que quer predominar. Os evangélicos faziam versos, faziam o bem e eram tenazes. Foi uma evolução segura e lenta.

A Igreja teve mártires. O sábio padre romano Manuel da Conceição abjurou e ordenou-se presbítero.

Era uma alma antiga. Ordenou-se e logo começou a evangelizar a pé pelas estradas. Não levava uma moeda na bolsa, e de porta em porta, com a Bíblia na mão, revelava aos homens a verdade. Atravessou Minas assim, tropeçando pelos caminhos ardentes, quase sem comer, e, onde parava, o seu lábio abria falando do prazer de ser puro. Em Campanha correram-no à pedra. Conceição, com a Bíblia de encontro ao peito, tropeçando, fugia sob a saraivada, e a turba só o deixou fora da cidade, quando o viu em sangue cambalear e cair. Ao chegar a Sorocaba, o mártir estava andrajoso, quase a morrer, e, morto, os seus ossos foram exumados, por ordem do bispo D. Lacerda, para serem atirados fora do cemitério, ao vento.

Os pastores trabalhavam tanto que Simonton morrera, aos trinta e quatro anos, de cansaço. Eram os primeiros tempos! A adesão religiosa vem da tenacidade. A tenacidade dessas criaturas de aço que atraiu os fiéis, desde os analfabetos aos homens ilustres; a igreja recebeu no seu seio médicos, engenheiros, literatos, arquitetos, professoras públicas, homens rudes, lentes de escolas superiores e cada um que daqui saía, levava para as igrejas dos Estados com a carta demissória um elemento de propaganda. Por último, os pastores foram brasileiros, a derradeira etapa estava ganha, a igreja, ponto inicial da evangelização brasileira, foi construída luxuosamente, e o Rev. Trajano, com verdade e poesia, o

who was with God.

As with the Positivist sect, proselytizing began in a room at Rua Nova do Ouvidor, with sixteen listeners. It later moved to Rua do Cano, down Rua do Regente, then to Praça da Aclamação, to Rua de Santa Ana, where they bought the wax candle plant at Travessa da Barreira through much sacrifice and American resource. And there they prayed to God and continued to spread. The means were the usual for all faiths which want to prevail. The Evangelicals made verses, they did good deeds and were tenacious. It was a safe and slow evolution.

The Church had martyrs. The wise Roman priest Manuel da Conceição abjured and was ordained presbyter.

He was an old soul. He was ordained and soon began to evangelize, walking the roads. He did not take a single coin in his purse, and door to door, Bible in hand, he revealed the truth to men. He crossed Minas Gerais this way, stumbling down scorching paths, barely eating, and used his lips to speak of the pleasure of being pure wherever he stopped. In Campanha he was stoned. In Conceição, with the Bible to his chest, stumbling, he fled under the hail of stones, and the mob only let him out of town when they saw him staggering and falling in his own blood. Upon reaching Sorocaba, the martyr was ragged, almost dying, and dead, his bones were exhumed, by order of the Bishop Dom Lacerda, to be thrown out of the cemetery, into the wind.

The pastors worked so much that Simonton died, aged thirty-four, of tiredness. They were the early years! The religious adherence comes from tenacity. It was the tenacity of these creatures of steel which attracted the faithful, from the illiterate to distinguished men. The church received in its bosom doctors, engineers, writers, architects, public teachers, crude men, university professors. And each one who went out of here took to the churches of the States an element of proselytizing with the dimissory letter. Finally, the pastors were Brazilians, the last stage had been won, the church, a starting point of Brazilian evangelization, was lavishly built, and Rev. Trajano, with truth and poetry, said: "After wandering under six foreign roofs, it was under the seventh that our church

afirmou: depois de peregrinar por seis tetos estrangeiros, só no sétimo a nossa igreja descansou.

Foi nesse descanso que eu dias depois voltei a conversar com o Dr. Álvaro Reis. A casa do pastor fica ao lado esquerdo do templo, oculta nos roseirais. O protestantismo trouxe para os nossos costumes latino-americanos não sei se a pureza da alma, de que o mundo sempre desconfia, mas o asseio inglês, o regime inglês, a satisfação de bem cumprir os deveres religiosos e de viver com conforto.

Logo que vieram abrir a porta, eu tive essa impressão.

- O Pastor?

O pastor não estava, mas isso não impedia que um homem de Deus entrasse a refrescar das agruras do sol. O Dr. Álvaro Reis é paulista: na sua residência encontrei alguns amigos seus, paulistas, que me receberam entre as cortinas e os tapetes, com uma franqueza encantadora. Quando me sentei na doce paz de uma poltrona, como um velho camarada irmão em Cristo, estava convencido de que ia beber café e conversar largamente. Não há como os evangelistas e os evangelistas brasileiros, para gentilezas. À bondade ordenada pela escritura reúnem essa especial e íntima carícia do brasileiro, que, quando quer ser bom, é sempre mais que bom.

- A Igreja Presbiteriana - disse-me o substituto do Dr. Álvaro Reis - realiza, como sabe, o trabalho de propaganda nesta cidade, há 42 anos. Atualmente, além do templo, tem congregações prósperas na Rua da Passagem, em Botafogo, na Rua do Riachuelo e na Ponta do Caju, onde existem salas de culto muito freqüentadas. Foi com elementos nossos que se organizou a igreja de Niterói.

- E nos Estados?

- A Igreja Presbiteriana do Rio ramificou-se por todos os Estados do Brasil. Há presbiterianos no Rio Grande do Sul, no Pará, em Minas, em Goiás, no Piauí e até nos confins de Mato Grosso. A propaganda ficou ao cuidado da Igreja Evangélica Episcopal. O número de congregações e de templos que se organizaram depois do nosso, sobe a 300.

rested".

It was in this resting place where I, days later, went back to talk to Dr. Álvaro Reis. The house of the minister is next to the temple, hidden in the rose gardens. Protestantism brought to our Latin American customs maybe not the purity of the soul, of which the world is always suspicious, but the English neatness, the English discipline, the satisfaction of fulfilling the religious duties and of living comfortably.

I got that impression as soon as they opened the door.

"The Pastor?"

The pastor wasn't there, but that did not stop a man of God from going in and cooling himself off from the harshness of the sun. Dr. Álvaro Reis is from São Paulo: at his residence I found some his friends from São Paulo who received me among curtains and carpets with a charming openness. When I sat down in the sweet peace of an armchair, like an old comrade brother in Christ, I was convinced that I was going to drink coffee and talk extensively. There is nobody like the evangelists, and the Brazilian evangelists for pleasantries. To the goodness commanded in the scripture they add this special and intimate affection of the Brazilians, who, when wanting to be good, are always more than good.

"The Presbyterian Church," the replacement for Dr. Alvaro Reis told me, "has carried out, as you know, the proselytizing work in this city for forty-two years. Currently, besides the temple, it has thriving congregations on Rua da Passagem, in Botafogo; on Rua do Riachuelo; and at Ponta do Caju, where there are well attended worship halls. It was with our members that we organized the church of Niterói."

"And what about in the other states?"

"The Presbyterian Church of Rio branched off to all the Brazilian states. There are Presbyterians in Rio Grande do Sul, Pará, Minas Gerais, Goiás, Piauí, and even in the confines of Mato Grosso. The proselytizing was in the care of the Episcopal Evangelical Church. The number of congregations and temples which were organized after ours rose to three hundred."

"And are there several schools?"

- E há vários colégios?

- Vários? Há muitos. A Igreja Presbiteriana conseguiu estabelecer no Brasil os seguintes colégios: o Mackenzie e a Escola Americana, em São Paulo; o Colégio de Lavas, em Minas; o de Curitiba, no Paraná; o da Bahia, da Feira de Santa Ana e o da Cachoeira, na Bahia; o das Laranjeiras, em Sergipe; o do Natal, no Rio Grande do Norte; e ainda várias escolas gratuitas.

- É natural que uma tão copiosa propaganda tenha uma forma de governo? - fiz vagamente.

- Tem. A igreja é governada por uma seção da igreja, presidida pelo pastor e composta de seis oficiais, que têm o título de presbíteros. A seção da igreja apresenta anualmente atas e relatórios ao presbitério do Rio, concílio superior composto de todos os ministros presbiterianos que trabalham no Rio, no sul de Minas e no Espírito Santo.

No Presbitério, cada seção se faz representar pelo pastor e um presbítero. Além do Presbitério do Rio há o de São Paulo, o de Minas, o do oeste de São Paulo, o de Pernambuco e o do Sul do Brasil. Esses seis presbitérios, reunidos de três em três anos em uma só assembléia, formam o supremo concílio da igreja, com o nome de Sínodo Presbiteriano Brasileiro. E aí que se discutem os interesses gerais da causa.

- A defesa tem jornais?

- Alguns. Venha ver.

Entramos na biblioteca de Álvaro Reis, uma sala confortável, forrada de altas estantes de canela. Por toda a parte, em ordem, livros, papéis, brochuras, cartas, fotografias.

- Veja. Aqui no Rio temos *O Presbiteriano* e *O Puritano*. Há em São Paulo a *Revista das Missões Nacionais*, em Araquati *O Evangelista*, *O Despertador* em Rio Claro, *A Vida* em Florianópolis e *O Século* em Natal.

- E com tantos jornais os senhores não vivem em guerra constante?

- Contra quem?

- Contra as outras igrejas, os batistas, os metodistas... Um jornal só basta para fazer a discórdia; dez jornais fazem o conflito universal!

"Several? There are many. The Presbyterian Church in Brazil was able to establish the following schools: the Mackenzie and the American School in São Paulo; the School of Lavras, in Minas Gerais; the School of Curitiba, in Paraná; the School of Feira de Santana and Cachoeira, in Bahia; the School of Laranjeiras, in Sergipe; the School of Natal, in Rio Grande do Norte; and also several free schools."

"Is it natural for such a copious proselytizing to have a form of governance?" I said vaguely.

"It is. The church is governed by a church assembly, chaired by the pastor and composed of six officers who have the title of presbyters. The assembly of the church presents minutes and reports annually to the Presbytery of Rio, a senior council composed of all Presbyterian ministers working in Rio, in southern Minas Gerais and Espírito Santo."

In the Presbytery, each assembly is represented by the pastor and a presbyter. In addition to the Presbytery of Rio there are the ones in São Paulo, Minas Gerais, the West of São Paulo, Pernambuco, and the south of Brazil. There are six presbyteries meeting every three years in one assembly. They form the supreme council of the church under the name of Brazilian Presbyterian Synod. That is where we discuss the general interests of the cause.

"Has the defense got publications?"

"Some. Come and see."

We entered Álvaro Reis' library, a comfortable room, lined with tall cinnamon wood shelves. Everywhere, in order, there were books, papers, brochures, letters, photographs.

"Look. Here in Rio we have *O Presbiteriano* and *O Puritano*. There is the *Revista das Missões Nacionais* in São Paulo, *O Evangelista* in Araquati, *The Awakener* in Rio Claro, *A Vida* in Florianópolis, and *O Século* in Natal."

"And with so many publications, aren't you gentlemen at constant war?"

"Against whom?"

"Against the other churches, the Baptists, the Methodists… A single

- Não - fez o meu interlocutor a sorrir - não. Reina completa harmonia. A Igreja Fluminense já existia quando começamos a nossa campanha. As relações conservam-se cordiais. O pastor Santos ministra aqui a palavra de Deus sempre que é convidado. Enquanto o templo esteve em construção, a Igreja Fluminense permitiu-nos o uso da sua vasta sala para o nosso serviço religioso. Com os metodistas e batistas a mesma cordialidade existe. Os pastores de lá falam no nosso púlpito, como nós falamos nos seus.

Depois, com tristeza:

- Talvez entre os da casa não existisse essa harmonia há bem pouco tempo... É simples. Na última reunião do Sínodo Presbiteriano houve, uma cisão que se refletiu francamente na igreja do Rio. Um membro do concílio imaginou que a maçonaria fazia pressão nas deliberações do Sínodo, propondo logo que a igreja banisse do seu seio a heresia maçônica. Não era verdade a pressão. O concílio discutiu largamente e aprovou a seguinte resolução: 'O Sínodo julga inconveniente legislar sobre o assunto!' A tolerante aprovação deu em resultado separarem-se sete ministros, que formaram uma igreja independente e antimaçônica. À nova igreja ligaram-se ex-membros da nossa.

Ele falava simplesmente. Em torno, faces tranqüilas aprovavam e naquela atmosfera agradável eu não pude deixar de dizer:

- Como o grande público os ignora, como a população, a verdadeira, a massa, os confunde numa complicada reunião de cultos!

Todos sorriam perdoando.

- Sabemos disso. É natural! Oh! os protestantes! Passam pela porta, pensam coisas incríveis... Mas alguns entram e encontram a tranqüilidade. Qual é, afinal, secamente, em poucas palavras, o modo por que a Igreja Presbiteriana difere da Igreja Romana? Não considera o Papa como chefe, nem tolera a sua infalibilidade, não crê na intercessão dos santos, que estão na glória e nenhum poder tem neste mundo, não aceita o celibato clerical, considerando uma inovação funesta...

- Oh! Funestíssima!

publication is all that's needed to start disagreements; ten publications would start a universal conflict!"

"No," said my interlocutor, smiling, "No. A complete harmony prevails. The *Fluminense* Church already existed when we started our campaign. Relations are kept cordial. Pastor Santos administers the word of God here every time he is invited. While the temple was under construction, the *Fluminense* Church allowed us to use its vast room for our religious service. The same cordiality exists with Methodists and Baptists. Pastors from there speak at our pulpit, as we speak at theirs."

Then, he sadly said:

"Maybe this harmony didn't exist amongst the dwellers until quite recently... It's simple. At the last meeting of the Presbyterian Synod there was a division that was broadly reflected in the Church of Rio. A member of the council thought that Freemasonry put pressure on the deliberations of the Synod, and next he proposed that the church banish Masonic heresy from their midst. The pressure wasn't real. The council discussed it widely and adopted the following resolution: 'The Synod considers it inconvenient to legislate over the matter!' The result of the tolerant approval resulted in the sundering of seven ministers who funded an independent and anti-Masonic church. Former members of our church joined the new one."

He spoke simply. Around him, peaceful faces approved, and in that agreeable atmosphere I could not help saying:

"How the general public knows nothing about you, how the population, the actual masses, confuse you with an awkward assembly of cults!"

They all smiled forgiving.

"We know that. It's natural! Oh! The Protestants! They pass through the door, they think of incredible things... But some come in and find tranquility. What is the way, after all, dryly, in a nutshell, in which the Presbyterian Church differs from the Roman Church? It doesn't see the Pope as its head, nor tolerate his infallibility. It doesn't believe in the intercession of the saints, who are in glory and have no power in this world. It doesn't accept celibacy, considering it a pernicious innovation..."

- ... de Gregório VII, no século XI; não admite o culto das imagens, uma infração ao 2.º mandamento do Decálogo; crê que Jesus Cristo ressuscitou e está vivo e reina como único chefe da sua igreja; crê no único fundamento, na única regra da Religião Cristã, a Palavra de Deus, a Bíblia, e prega que Deus, onipotente, onisciente e onipresente, é único apto a ouvir as orações dos homens. Só aceita dois sacramentos, o Batismo e a Comunhão, os únicos instituídos por Jesus Cristo; só reconhece o casamento civil, sobre o qual impetra a bênção de Deus; não admite o purgatório...

- O absurdo purgatório!

- Diante das santas escrituras.

- Ah!

- Proíbe as missas em sufrágio das almas, porque Jesus nunca rezou missas, e crê que o homem é salvo de graça pela fé viva, como crê na ressurreição, na regeneração, na vida eterna e no juízo final. Todo o seu culto se resume na leitura das escrituras, em sermões explicativos, em orações a Deus, e no primeiro domingo de cada mês na celebração da Eucaristia...

- Há sociedades na igreja?

- Há o Esforço Cristão e uma de acordo com todas as igrejas, o Hospital Evangélico.

Nessa mesma noite eu ouvi, no templo cheio, Álvaro Reis. A sua larga fronte parecia inspirada e ele, desfazendo sutilmente as frases diamantinas da Bíblia, num polvilho de bem, falava da Caridade, da Caridade que sustenta todos os que crêem em Jesus - da Caridade suavemente doce que protege e esquece.

Original publication: "A Igreja Presbyteriana," *Gazeta de Notícias,* Rio de Janeiro, ed. 79, p.2, 19/03/1904.

"Oh! Extremely pernicious!"

"...of Pope Gregory VII, in the eleventh century. It does not allow the worship of images, considered an infringement of 2nd Commandment of the Decalogue. It believes that Jesus Christ has risen and is alive and reigns as the only head of his church. It believes in the single foundation, the single rule of the Christian religion, the Word of God, the Bible. And it preaches that God, omnipotent, omniscient and omnipresent, is the only one fit to hear the prayers of men. It only accepts two sacraments — Baptism and Communion — the only ones instituted by Jesus Christ. It only recognizes civil marriage through which it impetrates the blessing of God. It does not accept purgatory..."

"The absurd purgatory!"

"According to the holy scriptures."

"Oh!"

"It prohibits Masses for the suffrage of the souls because Jesus never prayed Masses. And it believes that mankind is saved by the grace of the living faith as it believes in the resurrection, in regeneration, in eternal life, and in the Judgment Day. All its worship is summarized in reading the scriptures, in explanatory sermons, in prayers to God, and on the first Sunday of each month in the celebration of the Eucharist..."

"Are there societies in the church?"

"There is the Christian Endeavor, and one in accordance with all the churches, the Evangelical Hospital."

That same night I heard Álvaro Reis in the full temple. His broad forehead seemed inspired, and he, subtly undoing the diamantine words of the Bible, in sprinkles of goodness, spoke of Charity, the Charity which sustains all who believe in Jesus — of the gently sweet Charity which protects and forgets.

A Igreja Metodista

– A mados irmãos, estamos reunidos aqui à vista de Deus, e na presença destas testemunhas, para unir este homem e esta mulher em santo matrimônio, que é um estado honroso, instituído por Deus no tempo da inocência do homem, significando-nos a união mística que existe entre Cristo e a sua Igreja. Esse estado santo, Cristo adornou-o com a beleza da sua presença, fazendo o primeiro milagre em Cananéia da Galiléia; São Paulo o recomenda como um estado honroso entre os homens; e por isso não deve ser empreendido ou contraído sem reflexão, mas, sim, reverente, discreta, refletidamente, e no temor de Deus.

No ar pairava um suave perfume, senhoras de rara elegância tinham fisionomias imóveis, cavalheiros graves pareciam ouvir com atenção a palavra do pastor e tudo cintilava ao brilho dos focos luminosos. Era um casamento na Igreja Metodista, na praça José de Alencar. Ao fundo, via-se, à mão direita do pastor, o noivo, à esquerda a noiva, e por trás dos vitrais, lá fora, naquele recanto onde corre devagar um rio, a turba dos curiosos que não entram nunca.

- Estas duas pessoas apresentam-se - continuava o ministro evangélico - para serem unidas nesse estado santo. Se alguém sabe coisa que possa ser provada como causa justa, pela qual estas pessoas não devam legalmente ser unidas, queira dizer agora, ou do contrário nunca mais fale sobre isso.

Houve um sussurro como se entrasse pela porta ogival uma lufada de ar. O pastor voltou-se para as pessoas que casavam.

- Exijo e ordeno de vós ambos (como respondereis no terrível dia de juízo, quando os segredos de todos os corações forem desvendados) que se algum de vós souber de impedimento pelo qual não podeis legalmente ser unidos pelos laços do matrimônio, queira dizer agora, pois, ficai bem certos disso, que aqueles que se unem de um modo diferente daquele que é autorizado pela palavra de Deus não são unidos por Deus, nem o

The Methodist Church

"Dear brothers, we are gathered here in the sight of God and in the presence of these witnesses, to join together this man and this woman in holy matrimony, which is an honorable state, instituted by God in the time of man's innocence, meaning to us the mystical union that exists between Christ and his Church. Christ adorned this holy state with the beauty of His presence, performing the first miracle in Canaan, in Galilee. Saint Paul recommends it as an honorable state among mankind; therefore it should not be undertaken or contracted without reflection, but rather reverently, discreetly, thoughtfully, and in the fear of God."

A soft perfume hung in the air, ladies of exceptional elegance had motionless faces, serious gentlemen seemed to listen attentively to the word of the pastor, and everything sparkled to the brightness of the spotlights. It was a marriage ceremony in the Methodist Church, at José de Alencar Square. In the background, one could see, at the right hand of the pastor, the groom, at left the bride, and behind the stained glass windows, outside, in that nook where a river runs slowly, the mob of onlookers who never come in.

"These two people appear," continued the evangelical minister, "to be united in this holy state. If anyone knows anything that can show why these people may not lawfully be joined together, let them speak now or forever hold their peace."

There was a whisper as if a breath of air entered through the arched door. The pastor turned to the marrying couple.

"I demand and command both of you (as you will answer in the dreaded judgment day, when the secrets of all hearts shall be disclosed) that if any of you know of an impediment whereby you may not lawfully be joined by the bonds of matrimony, please speak now, because, be reassured that those who unite in a way different from the one authorized by the word of God are not united by God, nor is your matrimony legal."

Neither the bride nor the groom responded. She seemed calm. He

seu matrimônio é legal.

Nem o noivo nem a noiva responderam. Ela parecia tranqüila, ele sorria, um sorriso mais ou menos irônico entre as cerdas do bigode. O ministro então disse ao noivo:

- Queres casar com esta mulher para viverdes juntos, segundo a or-denação de Deus, no estado santo do matrimônio? Amá-la-ás, confortá-la-ás, honrá-la-ás e guardá-la-ás na doença e na saúde; e deixando tudo o mais guardar-te-ás para ela somente, enquanto ambos viverem?

- Sim! - fez o noivo.

- Queres casar com este homem para viver, segundo a ordenação de Deus, no estado santo do patrimônio? Obedece-lo-ás, servi-lo-ás, honrá-lo-ás e guardá-lo-ás na doença e na saúde, e deixando todos os outros guardar-te-ás somente para ele, enquanto ambos viverdes?

- Quero - disse a linda senhora.

Houve a cerimônia do anel, enquanto os assistentes abanavam-se. O ministro tomou-o, deu-o ao noivo, que o enfiou no quarto dedo da mão esquerda da noiva, repetindo as palavras do pastor:

- Com este anel eu me caso contigo e doto-te de todos os meus bens terrestres: em nome do Pai, do Filho e do Espírito Santo, Amém!

- Oremos! Pai nosso que estás no céu...

Era um Padre-nosso... Depois, juntando as mãos do noivo, o ministro disse:

- O que Deus ajuntou não o separe o homem. Visto como têm con-sentido unir-se, e têm assim testemunhado diante de Deus e das pessoas aqui presentes, e portanto têm prometido fidelidade um ao outro e assim declarado, juntando as mãos, eu os declaro casados no nome do Pai, do Filho, e do Espírito Santo. Deus o pai, Deus o filho, Deus o Espírito abençoe, preserve e guarde-os; o Senhor misericordiosamente com o seu favor olhe para vós; e assim vos encha de todas as bênçãos e graças espi-rituais, para que no mundo por vir tenhais vida eterna. Amém!

Estava terminada a cerimônia. Houve um movimento, como nos tem-plos católicos, para felicitar o feliz par, capaz de jurar em tão pouco tem-

smiled a more or less ironic smile between the bristles of his mustache. The minister then said to the groom:

"Do you want to marry this woman to live together, according to the ordinance of God, in the holy state of matrimony? Thou shalt love her, comfort her, honor her, and keep her in sickness and in health; and leaving everything else thou shalt keep thee only to her as long as you both shall live?"

"Yes!" said the groom.

"Do you want to marry this man to live, according to the ordinance of God, in the holy state of matrimony? Thou shalt obey him, serve him, honor him, and keep him in sickness and in health, and leaving everything else thou shalt keep thee only to him as long as you both shall live?"

"I do." said the beautiful lady.

There was the ring ceremony whilst the attendance fanned. The minister took it, gave it to the groom, who slipped it on the fourth finger of the left hand of the bride, repeating the words of the pastor:

"With this ring I thee wed and endow you with all my worldly goods: In the name of the Father, the Son and the Holy Spirit, Amen!"

"Let us pray! Our Father who art in heaven..."

It was the Lord's Prayer... Then, joining the groom's hands, the minister said:

"What God hath joined together let no man put asunder. Since you have consented to be joined together, and have so testified before God and the people present here, and therefore have promised fidelity to one another and so declared, joining your hands, I pronounce you married in the name of the Father, the Son, and the Holy Spirit. God the Father, God the Son, God the Spirit bless, preserve and keep them; the Lord mercifully with His favor look upon you; and so fill you with all the blessings and spiritual graces, for that in the world to come you may have life everlasting. Amen!"

The ceremony was over. There was a movement, as in Catholic churches, to congratulate the happy couple, capable of vowing in such

po tantos juramentos de eternidade. As senhoras afiavam um sorrizinho e os homens iam em fila tocantemente indiferentes.

E da *féerie* do templo, por cima d'água, do mais lindo templo evangelista, onde as luzes ardiam por trás dos vitrais numa confusa irradiação de cores, começaram a sair os convidados. Carros estacionavam na escuridão da praça com os faróis acesos carbunculando... Eu assistira a um casamento sensacional.

No dia seguinte fui à residência do pastor Camargo.

No ano de 1739 falaram com John Wesley, em Londres, oito pessoas que estavam convencidas do pecado e ansiosas pela redenção. Essas criaturas tementes da ira futura desejavam que com elas John gastasse algum tempo em oração. Wesley marcou um dia na semana e daí surgiu a sociedade unida. Aos que desejam entrar para a sociedade só se exige uma condição: o desejo de fugirem da ira vindoura e de serem salvos de seus pecados.

Muita gente há no Brasil receosa da dita ira. A Igreja Metodista, que é um desdobramento da episcopal, começou os seus trabalhos, há vinte e sete anos, no Catete, na casa onde está hoje instalada a pensão Almeida. Tinha apenas sete membros e os missionários mandados pelo *board* americano, os Revs. Ransom, Cowber, Tarbou Kennedy, sabiam que desses sete já quatro eram metodistas nos Estados Unidos. Hoje a Igreja conta cinco mil membros, todos os anos o número aumenta, as igrejas surgem, fundam-se colégios, e as missões levam aos recessos do país, perseguidas, corridas à pedra, a palavra de Cristo. Só o templo da praça José de Alencar custou 107 contos; há missões e igrejas em Petrópolis, na Paraíba, em São Paulo, em Itapecerica, São Roque, Piracicaba, Capivari, Taubaté, Cunha, Amparo; todo o Estado de Minas e o Rio Grande estão cheios de metodistas, e os missionários chegaram até Cruz Alta e Forqueta, no desejo tenaz de prolongar a fé.

Os metodistas têm um grande dispêndio anual. No Rio contribuem para as despesas do pastor em cargo, presbítero-presidente, bispos, missões domésticas, missões estrangeiras, educação de pensionários, Socie-

short time so many oaths of eternity. The ladies sharpened a little smile, and men went in a touchingly indifferent queue.

And from the *féerie*[4] appearance of the temple, over the water, of the most beautiful Evangelist temple, where the lights glowed behind the stained glass in a blurred irradiation of colors, the guests began to leave. Coaches parked in the darkness of the square with their carbuncular lights... I had attended a sensational wedding.

The next day I went to pastor Camargo's residence.

In 1739, eight people who were convinced of the sin and eager for redemption spoke to John Wesley, in London. These creatures, fearful of the future wrath, wished that John would spend some time with them in prayer. Wesley set a date in the week, and thus the united society emerged. For those wishing to join the society, only one condition is required: the desire to flee from the forthcoming wrath and to be saved from their sins.

There are many people in Brazil afraid of said wrath. The Methodist Church, which is an offshoot of the Episcopal, began its work, twenty-seven years ago, in Catete, in the house where the Almeida Pension is established today. It had only seven members, and its missionaries were sent by the American board. Revs. Ransom, Cowber, and Tarbou Kennedy knew that of these seven, four were already Methodists in the United States. Today the church has got five thousand members. Every year the number increases, churches spring up, schools are founded, and the missions, prosecuted, hounded under stones, take the word of Christ to the corners of the country. Just the temple at José de Alencar Square cost 107 *contos de réis*. There are missions and churches in Petrópolis, Paraíba, São Paulo, Itapecerica, São Roque, Piracicaba, Capivari, Taubaté, Cunha, Amparo. Throughout the State of Minas Gerais and Rio Grande there are plenty of Methodists, and the missionaries went as far as Cruz Alta and Forqueta in the tenacious desire to extend the faith.

The Methodists have a large annual expenditure. In Rio they contribute to the costs of the pastor in charge, the presbyter president, bishops, domestic missions, foreign missions, education of pensioners, the

dade Bíblica Americana, pobres, atas, construções, casa publicadora, ligas Epworth, escolas dominicais, sociedade auxiliadora de senhoras, de modo que, sendo a média de cada contribuinte de vinte e nove mil réis, a despesa geral eleva-se anualmente a quantia superior a vinte contos. Há cinqüenta e seis sociedades e dezesseis casas de culto, cujo valor é de trezentos e dezenove contos, oito residências e nove colégios, e o valor desses é de quatrocentos e sessenta contos.

Quando cheguei à residência de Jovenilo Camargo, ordenado presbítero há dois anos, estava edificado da situação financeira da igreja, dessa excelente situação. Camargo é paulista, simples e amável. Recebeu-me no seu gabinete de trabalho, donde se descortina todo um trecho belo da praia de Botafogo.

- Há quanto tempo está aqui?

- Há dois anos; os pregadores metodistas não levam mais de quatro anos em cada igreja.

- Quais são os pregadores atualmente no Rio?

- Rev. Parker, da Igreja Evangélica; Guilherme da Costa, que prega em Vila Isabel e no Jardim Botânico, e eu.

Os metodistas têm uma grande quantidade de ministros e de oficiais de igreja, bispos, presbíteros, pregadores em cargo e em circuito, diáconos itinerantes, presbíteros itinerantes, pregadores supranumerários, locais, exortadores, ecônomos, depositários.

- Para cada distrito; na cidade propriamente há apenas os pregadores locais e os ecônomos que tratam das questões financeiras, uma junta de sete membros, que atualmente é composta dos Srs. Joaquim Dias, João Medeiros, Manuel Esteves de Almeida, José Pinto de Castro, Antônio Joaquim e Elesbão Sampaio.

- Há vários jornais metodistas?

- A Revista da Escola Dominical, em São Paulo; O Expositor Cristão, órgão da conferência anual brasileira, dirigido pelos Srs. Kennedy e Guilherme da Costa; O Juvenil, O Testemunho. Como as outras igrejas evangélicas, a Metodista tem sociedades internas que a propagam;

American Bible Society, the poor, the minutes, the buildings, publishing house, Epworth leagues, Sunday schools, ladies' auxiliary society, so that, twenty-nine thousand *réis* being the average individual contribution, the annual overhead reaches a sum exceeding twenty *contos de réis*. There are fifty-six societies and sixteen houses of worship valued at three hundred and nineteen *contos de réis*; there are eight residences and nine schools, and their value is four hundred and sixty *contos de réis*.

When I arrived at the residence of Jovenilo Camargo, an ordained priest for two years now, he was in charge of the financial situation of the church, this excellent situation. Camargo, simple and lovely, is from São Paulo. He received me in his office, from which a whole beautiful stretch of beach of Botafogo unfolds.

"How long have you been here?"

"For over two years. Methodist preachers do not spend more than four years in each church."

"Who are the preachers currently in Rio?"

"Rev. Parker, at the Evangelical Church, Guilherme da Costa, and I, who preach in Vila Isabel and Jardim Botânico.[5]"

The Methodists have a lot of ministers and church officers, bishops, presbyters, preachers with assignments and itinerant deacons at large, itinerant presbyters, supernumerary preachers, locals, exhorters, treasurers, trustees...

"For each district in the city itself there are only local preachers and bursars dealing with financial matters, a board of seven members, which is currently composed by Messrs. Joaquim Dias, João Medeiros, Manuel Esteves de Almeida, José Pinto Castro, Antônio Joaquim and Elesbão Sampaio."

"Are there many Methodist publications?"

"The *Magazine of the Sunday School*, in São Paulo; *The Christian Exhibitor*, instrument of the annual Brazilian national conference, directed by Messrs. Kennedy and Guilherme da Costa; *The Youth, The Testament*. Like other evangelical churches, the Methodist has got internal societies which disseminate it: the Missionary Society of Women

a Sociedade Missionária das Senhoras no Estrangeiro, a Sociedade de Missões Domésticas das Senhoras...

- A liga Epworth...

- A liga Epworth é um meio de graça como o culto, a oração, as escolas dominicais, as festas do amor. Temos 34 ligas Epworth. As ligas organizam-se em nossas congregações para a promoção da piedade e lealdade à nossa igreja entre a mocidade, para a sua instrução na Bíblia, na literatura cristã, no trabalho missionário da igreja.

A junta compõe-se de um bispo, seis pregadores itinerantes e seis leigos, sendo todos eleitos de quatro em quatro anos pela conferência geral, sob a nomeação da comissão permanente das ligas Epworth. As ligas locais estão sob a direção do pastor e da conferência trimensal.

- Mas o meio da propaganda?

- É quase todo literário; a liga é propriamente a difusão da literatura evangélica.

- O mais admirável entre os metodistas é o maquinismo, o funcionamento da sua igreja.

- Que é governada por conferências, pode-se dizer. Há conferências da igreja, mensais, trimensais, distritais, anuais e gerais de quatro em quatro anos.

Nessa ocasião, Jovelino Camargo ofereceu-me café, e sorvendo o néctar precioso, eu indaguei:

- Muitos casamentos na capela do Catete?

- Alguns. Para esses atos os pastores procuram sempre os templos mais belos.

- Há muita gente que acredita o vosso casamento uma válvula que a nossa lei não permite.

- Mas é absolutamente falso, é uma calúnia formidável. Os evangelistas respeitam antes de tudo a lei do país em que estão. A totalidade dos nossos pastores não casam sem ver antes a certidão do ato civil. Ah! meu caro, a calúnia tem corrido, os pedidos são freqüentes aos ministros evangélicos para a realização do casamento de pessoas divorciadas, mas

Abroad, Society of Domestic Missions of Ladies..."

"The Epworth league..."

"The Epworth league is a means of grace such as worship, prayer, Sunday schools, celebrations of love. We have thirty-four Epworth leagues. The leagues are organized in our congregations for the promotion of piety and loyalty to our church among the youth, for their Bible and Christian literature education, in the missionary work of the church."

The board consists of a bishop, six itinerant preachers, and six laymen, all elected every four years by the General Conference under the appointment of the committee before the Epworth leagues. The local leagues are under the direction of the pastor and the quarterly conference.

"But what about the medium of proselytizing?"

"It's almost all literary. The league is properly the dissemination of the evangelic literature."

"The most remarkable thing among the Methodists is the machinery, the functioning of their church."

"Which is governed by conferences, one may say. There are church conferences, monthly, quarterly, district, annual and general every four years."

On this occasion, Jovelino Camargo offered me coffee, and, sipping the precious nectar, I asked:

"Are there many weddings in the Catete chapel?"

"Some. For these acts pastors always look for the most beautiful temples."

"There are many people who believe your marriage a valve that our law does not allow."

"But this is absolutely false, it is a formidable slander. The evangelists respect the law of the country where they are before all. The totality of our pastors does not marry anyone without before checking the civil act certificate. Ah! my dear, slander has gone round, there are frequent requests for evangelical ministers to perform the marriage of divorced people, but we always evade them; and even this month, C. Tacker, Ál-

nós nos furtamos sempre; e ainda este mês C. Tacker, Álvaro dos Reis, Antônio Marques e Franklin do Nascimento fizeram público pelos jornais que não podiam lançar a bênção religiosa sobre nenhum casal que não tenha antes contraído matrimônio.

Os meus companheiros Kennedy e Guilherme da Costa comentaram esse manifesto que o momento exigia. Nós temos uma lei que nos inibe esse crime. Quer ver?

Ergueu-se, foi à estante, abriu um pequeno livro de capa preta.

- Esta é nossa disciplina, leia.

Ambos curvamos a cabeça, procurando os caracteres à luz fugace do anoitecer e ambos na mesma página lemos: "Os ministros de nossa igreja serão proibidos de celebrarem os ritos do matrimônio entre pessoas divorciadas, salvo o caso de pessoas inocentes, que têm sido divorciadas pela única causa de que fala a Escritura..."

Houve um longo silêncio. As sombras da noite entravam pelas janelas.

- A causa única de que fala a Bíblia...

- É preciso afinal compreender que nem todas as igrejas denominadas cristãs e protestantes, pertencem à Aliança Evangélica Brasileira e que nós não podemos em nome de Cristo pregar, por assim dizer, a dissolução moral.

Ergui-me.

- Apesar das injustiças dos homens, a Igreja Metodista caminha.

- E os casamentos honestos são em grande número.

Jovelino Camargo desceu comigo a praia de Botafogo. Vinha, como sempre, calmo, inteligente e simples.

- Aonde vai?

- A uma festa de amor.

Estaquei. Mas, Senhor Deus, os metodistas davam-me uma excessiva quota de amor. No dia anterior um casamento, minutos antes o casamento de novo, e agora ali, na sombra da noite, o pastor que me dizia, como um velho *noceur*, o lugar perigoso para onde ia!

varo dos Reis, Antônio Marques and Franklin do Nascimento made public by the newspapers that they could not cast the religious blessing on any couple who had not contracted marriage beforehand. My associates Kennedy and Guilherme da Costa commented on this overdue manifest. We have a law that restrains us from this crime. Do you want to see it?"

He stood up, went to the shelf, and opened a small black book.

"This is our rule. Read it."

We both lowered our heads, looking at the characters in the fleeting light of dusk, and we both read on the same page: "The ministers of our church will be forbidden from celebrating the rites of marriage between divorced people, except in the case of innocent people who have been divorced through the only reason that Scripture speaks of..."

There was a long silence. The shadows of the night came through the windows.

"The only reason that Bible speaks of..."

"It must be finally understood that not all so-called Christian and Protestants churches belong to the Brazilian Evangelical Alliance, and that we cannot preach, let us say, moral dissolution in the name of Christ."

I rose.

"Despite the injustice of men, the Methodist Church advances."

"And the honest marriages are in large numbers."

Jovelino Camargo went down Botafogo Beach with me. He walked, as always, peaceful, smart and simple.

"Where are you going?"

"To a love fest."

I stopped. But, Dear Lord, the Methodists were giving me an excessive share of love. The day before a wedding, minutes before the wedding again, and now here, in the shadow of the night, the pastor told to me, like an old *noceur*,[6] about a dangerous place where he was going to go!

"To a love fest?" I questioned, fierce.

"Yes, it's our quarterly party," smiled the pure boy. "I'm going to pray and share bread and water in token of brotherly love."

- A uma festa de amor? - interroguei, feroz.

- Sim, é uma festa nossa, trimensal, fez a sorrir o puro moço. Vou fazer oração e participar do pão e da água em sinal de amor fraternal.

E simplesmente Jovelino Camargo desapareceu na sombra, enquanto eu, olhando o céu, onde as estrelas palpitavam, rendia graças a Deus por haver ainda neste tormentoso mundo quem, por seu amor, ame, respeite e seja honesto.

Original publication: "A Igreja Methodista," *Gazeta de Notícias*, Rio de Janeiro, ed. 84, p.2, 24/03/1904.

And Jovelino Camargo simply disappeared in the shadow, whilst I, looking at the sky, where the stars were throbbing, rendered thanks to God for those who by His love, even in this stormy world, can love, respect and be honest.

Os Batistas

E disse o eunuco: "Eis aqui está a água. Que embaraço há para que eu não seja batizado? E disse Felipe: Se crês de todo o teu coração, bem podes... E desceram os dois, Felipe e o eunuco, à água, e o batizou..."

Estava na Rua de Santana, no templo batista, severo e rígido nas suas linhas góticas. Era de noite. À porta um certo movimento, caras curiosas, gente a sair, gente a entrar, e um velho blandicioso distribuindo folhetos.

- Os batistas? Exatamente.

Pego de um folheto, enquanto lá dentro parte um coro louvando a glória de Deus. Trata do purgatório perante as Escrituras Sagradas e está na 2.ª edição. Leio na primeira página: "Entre as diferentes religiões existentes distinguem-se a religião de Jesus, que nos oferece o céu, e a religião do Papa, que aponta o purgatório. O Papa prega o purgatório porque ama o nosso dinheiro..." Com um pouco mais teríamos *A Velhice do Padre Eterno*!

A Igreja Batista é, entretanto, um dos ramos em que se divide o que o vulgo geralmente chama protestantismo, é uma das muitas divergentes interpretações dos Evangelhos.

Há seis séculos chamava-se anabatista.

Seita antiqüíssima, com grandes soluções de continuidade, desaparecendo muita vez na história sob o martírio das perseguições, sem deixar documentos, mas nunca de todo se perdeu.

Hoje, como as outras seitas que asseguram ser as únicas e verdadeiras intérpretes da Bíblia, o seu foco principal são os Estados Unidos, mas o mundo está cheio de anabatistas e um magnífico serviço de propaganda na China, no Japão, na África, na Itália, no México e no Brasil aumenta diariamente o número de adeptos.

O movimento das missões é tão intenso que até tem um jornal informativo: *The Yorking Mission Journal*.

The Baptists

A nd the eunuch said: "Look! Here is the water! What prevents me from being baptized?" And Philip said: "If you believe with all your heart, you may..." And they both went down into the water, Philip as well as the eunuch, and he baptized him...

I was on Rua de Santana, in the Baptist Church, stern and rigid in its Gothic lines. It was night, and there was a certain activity at the door, curious faces, people going, people coming, and a wheedling old man distributing leaflets.

"The Baptists?"

"Exactly."

I picked up a brochure while inside a chorus praising the glory of God starts up. It is about purgatory according to the Holy Scriptures and is on its 2nd edition. I read on the first page: "Among the different religions one can distinguish the religion of Jesus, which offers us heaven, and the religion of the Pope, pointing towards purgatory. The Pope preaches purgatory because he loves our money..." With a little more we would have had *The Old Age of the Eternal Father*![7]

The Baptist Church is, however, one of the branches into which the popularly known Protestantism subdivides; it is one of the many different interpretations of the Gospels.

Six centuries ago it was called Anabaptist.

It is a very ancient sect, with great continuity solutions, often disappearing from history under the martyrdom of persecution, leaving no records, but never totally lost.

Today, like other sects which assure us they are the only and true interpreters of the Bible, its main focus is the United States of America, but the world is full of Anabaptists, and magnificent proselytizing work in China, Japan, Africa, Italy, Mexico and Brazil increases the number of followers every day.

The missionary movement is so intense that it even has an informa-

Isso não impede que a controvérsia os selecione e que a crítica os divida. Nos Estados Unidos a igreja está dividida em batistas cristãos, novos batistas, batistas rigorosos, batistas separados, batistas liberais, batistas livres, anabatistas batistas, crianças batistas gerais, batistas particulares, batistas escoceses, batistas nova comunhão geral, batistas negros, batistas do braço de ferro, batistas do sétimo dia e batistas pacíficos.

Aos batistas daqui, pacíficos, cristãos e misturados, bem se pode chamar do braço de ferro, desde que braço signifique a decisão e a força com que arredam as nuvens da Luz. A história da igreja do Rio começa em 1884 com a chegada do Sr. e da Sra. Bagby.

O Sr. Bagby foi o patriarca. Quatro dias depois de chegar, organizou a igreja na própria casa, com quatro ovelhas, isto é, com quatro cidadãos. Um ano depois mudava-se para a Rua do Senado já com outros recursos, passava a pregar na Rua Frei Caneca, na Rua Barão de Capanema, quase sem abandonar o rebanho, durante anos a fio, e, passado o décimo primeiro, instalava-se num templo próprio, edifício que custou cinqüenta e um contos.

Era nesse templo que eu estava, defronte da igreja da Senhora Sant'Ana, lendo trechos do tal *Purgatório*, em que uma igreja solapa a outra por amor do mesmo Cristo misericordioso. O velho blandicioso, porém, apertando um maço de *Purgatórios* debaixo do braço, empurrava-me com um ar de cambista depois do 2.º ato.

- Entre, entre, o senhor vai perder!

Foi então que eu entrei. Todos os bicos de gás silvavam, enchendo de luz amarela as paredes nuas. No fundo, em letras largas, que pareciam alongar-se na cal da parede, esta inscrição solene negrejava: "Deus amou o mundo de tal maneira que deu a seu filho unigênito para que todo aquele que nele crer não pereça, mas tenha vida eterna." Na cátedra, ninguém.

Do lado esquerdo, o órgão e diante dele uma senhora com a fisionomia paciente, e um cavalheiro irrepreensível, sem uma ruga no fato,

tive periodical: *The Yorking Mission Journal.*

This does not prevent controversy from selecting them and criticism from dividing them. In the United States the church is divided into Christian Baptists, New Baptists, Strict Baptists, Separated Baptists, Liberal Baptists, Free Baptists, Anabaptist Baptists, General Baptist Children, Private Baptists, Scottish Baptists, New General Communion Baptists, Black Baptists, Iron Arm Baptists, Seventh-Day Baptists, and Peaceful Baptists.

One could well refer to the Baptists here — peaceful, Christian and mixed — as iron arm, provided that "arm" means the decision and strength with which to drive away the clouds from the Light. The history of the church in Rio begins in 1884 with the arrival of Mr. and Mrs. Bagby.

Mr. Bagby was the patriarch. Four days after arriving, he organized the church in his own house with four sheep, that is, with four citizens. A year later, already having other resources, he moved to Rua do Senado and went preaching on Rua Frei Caneca, Rua Barão de Capanema, almost without abandoning the flock, for years on end, and, after the eleventh, installed himself in his own temple, a building that cost fifty-one *contos de réis.*

It was in this temple that I was, in front of the Church of Our Lady Saint Anna, reading passages of that same *Purgatory*, where one church undermines the other for the love of the same merciful Christ. The wheedling old man, however, squeezing a wad of *Purgatories* under his arm, pushed me with an air of a scalper after the 2nd act.

"Get in, get in, you're going to miss it, Sir!"

It was then that I went in. All the gas nozzles hissed, filling the bare walls with yellow light. At the back of the room, in large letters, which seemed to stretch in the whitewash paint of the wall, this solemn inscription blackened: "For God so loved the world, that he gave his only begotten son, that whosoever believes in him shall not perish, but have everlasting life." In the cathedra, no one. The organ was on the left and in front of it a lady with a patient countenance, and a faultless gentleman,

sem um cabelo fora da pasta severa. Pelos bancos uma sociedade complexa, uma parcela de multidão, isto é, o resumo de todas as classes. Há senhoras que parecem da vizinhança, em cabelo e de *matinée*, crianças trêfegas, burgueses convictos, sérios e limpos, nas primeiras filas, operários, malandrins de tamancos de bico revirado, com o cabelo empastado em cheiros suspeitos, soldados de polícia, um bombeiro de cavanhaque, velhas pretas a dormir, negros atentos, uma dama de chapéu com uma capa crispante de lentejoulas, cabeças sem expressão, e para o fim, na porta, gente que subitamente entra, olha e sai sem compreender. O templo está cheio.

O pastor parece concentrado, olhando o rebanho de ovelhas, a maior parte ignorante do aprisco. Nessa noite não se perde em erudições teológicas; nesta noite chama com o órgão do Senhor os carneiros sem fé. E é uma coisa que se nota logo. A propaganda, a atração da Igreja é a música. Ganham-se mais fiéis entoando um hino que fazendo um sábio discurso cheio de virtudes. O Sr. Soren, o pastor calmo, irrepreensível, parece compreender os que o freqüentam, sem esquecer sua missão evangélica. E positivamente o professor. Sem o perfume dos hinários e sem aquelas letras negras da parede, a gente está como se estivesse numa aula de canto do Instituto de Música, ouvindo o ensaio de um coro para qualquer *chèche* mundana...

Vamos mais uma vez, diz ele com um leve acento inglês. Este hino é muito bonito! Cantado por duzentas vozes faz um efeito! Sabem a letra? Vamos... A dama, com um ar de bondade indiferente, corre o teclado, acordando no órgão graves e profundos sons que se perdem no ar vagarosamente. Depois, receosa, acompanhando cada acorde, a sua voz, seguida da do pastor, começa:

Oh! Se-e-e-nhor!...

Muitos lêem os versos, acompanhando a voz do pastor, outros, nervosos, precipitam o andamento. Mas naquele ensaio, logo me prende a atenção um preto de casaco de brim sem colarinho. O órgão domina-o como um som de violino domina os crocodilos. Nos seus dentes brancos,

without a single wrinkle on his suit, not a hair out of its severe paste. On the seats, a complex society, a portion of a crowd, that is, the summary of all classes. There are ladies who seem to be from the neighborhood, in hairdos and *matinée*;[8] mischievous children; bourgeois believers, serious and clean, in the front rows; workers; rogues in upturned tip clogs, with their hair pasted in suspicious smells; police soldiers; a goateed firefighter; old black women sleeping; watchful black men; a lady in a hat wearing a cape encrusted with sequins; expressionless heads; and at the end, by the door, people who suddenly come in, look and leave without understanding. The temple is full.

The pastor seems focused, watching the flock of sheep, the most part oblivious of the corral. No theological erudition is lost tonight; tonight the Lord's organ calls for the faithless sheep. And it is something one notices immediately. The propaganda, the main attraction of the Church, is its music. More faithful are made by the chanting of a hymn than by a wise speech full of virtues. Mr. Soren, the quiet, blameless pastor, seems to understand those who attend, without forgetting his evangelical mission. He is positively the teacher. Without the scent of hymnbooks and without those black letters on the wall, people are as if they were in a singing class of the Institute of Music, listening to a choir rehearsal for any worldly *crèche*[9]...

"Let us sing it once again," he says with a slight English accent. "This song is very beautiful! Sung by two hundred voices it has an effect! Do you know the words? Come on..." The lady, with an air of indifferent kindness, strikes the keyboard, awakening in the deep, grave sounds which slowly lose themselves in the air. Then, timorous, accompanying each chord, her voice, followed by the minister's, begins:

> *Oh! Lo-o-ord!...*

Many read the verses, following the minister's voice. Others nervously hasten the tempo. But in that rehearsal, a black man in a collarless denim jacket instantly holds my attention. The organ dominates him as a violin sound dominates crocodiles. Through his white teeth, white eyes, of an albuminous white, laughs of pleasure flow. Sitting on the edge

nos olhos brancos, de um branco albuminoso, correm risos de prazer. Sentado na ponta do banco, os longos braços escorrendo entre os joelhos, a cabeça marcando o compasso, ele segue, com as mandíbulas abertas, os sons e as vozes que os acompanham. Depois, como o Sr. Soren diz:

- Vamos repetir. Já se adiantaram. Um, dois, três!

Oh! Se-e-e-nhor!...

o negro também, abrindo a *fauce* num repuxamento da face inteira, cantou:

Oh! Se-e-e-nhor!

E todo o seu ser irradiou no contentamento de ter decorado o verso bonito.

Eu curvei-me para o velho, que passava com outro maço de *Purgatórios* debaixo do braço:

- Vem sempre aqui, aquele?

- Vem sim, é fiel. Eu é que não sou...

E, confidencialmente, desapareceu.

Entretanto o hino acabara bem. Quase que houve palmas. Estavam contentes.

O Sr. Soren consultou o relógio e aproveitou a boa vontade dos irmãos.

- Vamos, mais um hino. É lindo! Estudemos só a primeira parte. De Deus até Salvador.

A organista tocou primeiro a música para que os batistas aprendessem o tom, e todos começaram o novo hino, as crianças, as senhoras, os homens graves, enquanto o negro abria as mandíbulas e uma velha fechava os olhos enlevados e sonolentos. Quando as vozes pararam num último acorde, o Sr. Soren disse algumas palavras sobre a glória do Senhor e estendeu as mãos.

Amém! Estava acabado o estudo. Alguns crentes demoraram-se ainda, o negro saiu dando grandes pernadas, outros estremunhavam. Mandei então o meu cartão ao Sr. Soren, que se apoiava ao órgão rodeado de damas veneráveis.

of the bench, his long arms dropping down between his knees, his head marking the rhythm, he follows, with open jaws, the sounds and voices that accompany them. Then, as Mr. Soren says:

"Let's repeat. You've already moved ahead. One, two, three!"

Oh! L-o-o-ord!...

The black man, too, opening his throat and jerking his whole face, sang:

Oh! L-o-o-ord!...

And his whole being was enlightened in the contentment of having memorized the beautiful verse.

I bowed to the old man, who passed by with another bundle of *Purgatories* under his arm:

"Does he come here often, that one?"

"He does, indeed, he is faithful. I'm not..."

And, confidentially, he disappeared.

However the hymn ended well. There was almost clapping. They were happy.

Mr. Soren looked at his watch and availed himself of the willingness of the brethren.

"Come on, one more hymn. It's beautiful! Let us study just the first part. From God until Savior."

The organist first played the music so that the Baptists could learn the tone. Then all started the new hymn, children, ladies, serious men, while the black man opened his jaws and an old woman closed her ecstatic and sleepy eyes. When the voices stopped in a last chord, Mr. Soren said a few words about the glory of the Lord and spread his hands.

Amen! The study was finished. Some believers still lingered around. The black man left, making great strides; others startled awake. I then sent my business card to Mr. Soren, who leaned on the organ surrounded by venerable ladies.

This man is lovable. Born in Rio, from a French family who fled the religious persecutions in France, he studied in the United States and has a bachelor's degree. In his clean and burnished office, at the back,

Esse homem é amabilíssimo. Nascido no Rio, de uma família francesa que fugia às perseguições religiosas da França, estudou nos Estados Unidos e é bacharel. No seu gabinete, ao fundo, limpo e brunido, onde se move com pausa, tudo respira asseio e austeridade. Soren mostra a biblioteca, encadernações americanas de percaline e couro, bate nos livros recordando as dificuldades do estudo, a aridez, o que certos autores custavam.

- Para tudo isso há a compensação da verdade que conforta - diz.

A verdade deve confortar como um *beef*. Guardo, porém, essa comparação.

Os batistas, firmados na Bíblia, assim como praticam o batismo por imersão, não comem carne com sangue... Limito-me a dizer.

- A sua crença?

- Mas nós cremos que a Bíblia foi escrita por homens, divinamente inspirados, que têm Deus como autor e a salvação como fim; cremos que a salvação dos pecados é totalmente de graça pelos ofícios medianeiros do filho de Deus; cremos que a grande bênção do Evangelho que Cristo assegurou é a justificação; e cremos na perseverança, no Evangelho, no propósito de graça, na satisfação que começa na regeneração e é sustentada no coração dos crentes.

O Sr. Soren pára um instante.

- Cremos também - continuou - que o governo civil é de autoridade divina, para o interesse e boa ordem da sociedade e que devemos orar pelos magistrados.

- E crêem no fim do mundo?

- ... Que se aproxima.

Enquanto, porém, o fim não aparece, a propaganda batista é feita com calor no Brasil: em São Paulo, na Bahia, em Pernambuco, no Pará, no Amazonas. No Rio existem os Srs. Entznimger e esposa, Deter e esposa e o Sr. Soren, criaturas de pureza exemplar. Na cidade há quatro congregações. Os pastores, dos quais foi sempre o principal o Sr. Bagby, que se retirou em 1900, têm pregado na Rua D. Feliciana, no Estácio de

where he walks slowly, everything smells of cleanliness and austerity. Soren shows me the library, American percaline[10] and leather bindings. He raps the books, recalling the difficulties of studying, the aridity, what certain authors required.

"For all this there is the compensation of the truth which comforts," he says.

The truth should be as comforting as a steak. I, however, keep this comparison.

The Baptists, based on the Bible, practice baptism by immersion, and do not eat meat with blood... I suffice to say.

"Your belief?"

"But we believe that the Bible was written by men, divinely inspired, that have God as author, and salvation as aim; we believe that the salvation from sins is totally free through the mediator work of God's son. We believe that the great blessing of the Gospel, guaranteed by Christ, is the justification. And we believe in perseverance, in the Gospel, in free intention, in the satisfaction that begins with regeneration and is sustained in the hearts of believers."

Mr. Soren pauses for a moment.

"We also believe," he continued, "that civil government comes from divine authority, in the interest and good order of society, and that we should pray for the magistrates."

"And do you believe in the end of the world?"

"... Which approaches."

Whilst, however, the end does not appear, the Baptist proselytizing is made with warmth in Brazil: in São Paulo, Bahia, Pernambuco, Pará, Amazonas. In Rio there are Messrs. Entznimger and wife, Deter and wife, and Mr. Soren, creatures of exemplary purity. In the city there are four congregations. Ministers, of whom Mr. Bagby was always the preeminent leader and who retired in 1900, have preached on the Rua Dona Feliciana at Estácio de Sá, in Madureira; at Morro do Livramento, in São Cristóvão; at Ladeira do Barroso, in Paula Matos; in Santa Teresa, Piedade, Engenho de Dentro, Rua São Félix.

Sá, em Madureira, no morro do Livramento, em São Cristóvão, na ladeira do Barroso, em Paula Matos, em Santa Teresa, na Piedade, no Engenho de Dentro, na Rua Barão de São Félix.

O Evangelho caminha.

- E são grandes os progressos?

- Ricamente abençoado o trabalho. Pelos dados que tenho, realizaram-se em 1903 cerca de mil batismos, foram organizadas dez igrejas novas, edificaram-se três templos novos e a contribuição das igrejas foi de 50:000$000.[1] Há dois anos que estamos no Brasil. Os batistas aumentaram de 500 a 5.000, de 5 igrejas a 60. A nossa casa publicadora já editou, além do Jornal Batista e do Infantil, mais de um milhão de páginas em folhetos.

- Qual a publicação que tem agradado mais?

- O Cantor Cristão!

A música, o som que convence, a crença em harmonia!

Os gregos admiráveis já tinham no seu divino saber descoberto a propriedade sutil, e na Lacedemônia os rapazes recebiam o amor da pátria ao som das flautas, em odes puras! Já nos íamos despedir. O pastor deu-nos o seu jornal, com um artigo de D. Arquimina Barreto, uma erudita senhora.

- Somos todos iguais perante Deus. No templo pode falar o mais ignorante como o mais sábio... Deus deseja a virtude antes de tudo. D. Arquimina alia as virtudes a um grande saber.

- E, a propósito, aquela senhora organista é sua esposa?

- Não, eu ainda me vou casar nos Estados Unidos.

E eu saí encantado com a clara inteligência desse pastor, que espera calmo e virtuoso o fim do mundo, enquanto, à porta, o velho blandicioso distribui *Purgatórios* contra os padres e as moças.

Original publication: "Os Baptistas," *Gazeta de Notícias*, Rio de Janeiro, ed. 60, p.2, 29/02/1904.

1   Cinquenta contos de réis

The Gospel moves on.

"And are the developments great?"

"It is a richly blessed work. From the data I have, there were about a thousand baptisms in 1903; ten new churches were organized; three new temples built; and the contribution of the churches was 50:000$000 *contos de réis* [i.e. 50 *contos de réis*]. We've been in Brazil for two years, and Baptists have increased from five-hundred to five thousand, from five to sixty churches. Our publishing house has edited, besides the *Baptist Journal* and the *Infant*, over one million pages of pamphlets.

"What is the publication that has appealed more?"

"The Christian Singer!"

Music, the convincing sound, the harmony of belief!

The admirable Greeks had already discovered the subtle property in their divine knowledge; and in Lacedonia[11] the boys received the love of the homeland to the sound of flutes, in pure odes! We were about to say goodbye. The minister gave us his publication with an article by Dona Arquimina Barreto, an erudite lady.

"We are all equal before God. From the most ignorant to the wisest, all can speak in the temple... Because God desires virtues above all. Dona Arquimina combines virtues with great knowledge."

"And, by the way, is that lady organist your wife?"

"No, I will still get married in the United States."

And I left, delighted with the clear understanding that this minister, who calmly and virtuously awaits the end of the world, while, at the door, the wheedling old man distributes *Purgatories* opposing priests and young women.

A ACM

– Olhe as terras onde se propaga o Evangelho.

Desde um ao outro pólo,
Da China ao Panamá,
Do africano solo
Ao alto Canadá
a A.C.M. conquista, suaviza, prestigia e guia...

Nós acabávamos de jantar e o meu ilustre amigo, com um copo d'água pura na mão, dizia-me coisas excelentes.

– O nosso movimento, continuou, conta entre os seus amigos Eduardo da Inglaterra, o príncipe Bernadotte da Suécia, o presidente dos Estados Unidos e Guilherme II. Na França, ministros de Estado aceitam cargos de administração da A.C.M.; na Inglaterra os seus edifícios erguem-se em todas as cidades como os grandes lares da juventude honesta, e por toda a parte ela reforma os costumes e purifica as almas dos moços, tornando-os simétricos e bons. Você não terá uma idéia integral do movimento das cinco igrejas evangélicas do Rio sem ir apreciar de perto o capitel magnífico dessa coluna de branco mármore. A A.C.M. é o remate admirável da nossa obra de propaganda.

Finquei os cotovelos na mesa com curiosidade.

– Mas a origem da A. C. M. no mundo?

– Shuman, secretário-geral em Buenos Aires, disse-nos na convenção de 1903 essa origem. Em 1836 apareceu na cidade de Bridgewater, na Inglaterra, um rapazola de 15 anos, chamado George Williams. Mandava-o o pai do campo para aprender um ofício. George viu que os seus sessenta companheiros eram de moral duvidosa e sem crença e que de um meio tão grande só dois ou três oravam ao Redentor. Orou também no seu mísero quarto, por trás da oficina, durante uma hora. A princípio fazia só esses exercícios, depois convidou os companheiros, e cinco anos

The YMCA

"Look at lands where the Gospel is spread.
From one pole to the other,
From China to Panama,
From African soil,
To the top of Canada
The YMCA conquers, softens, glorifies, and guides..."

We had just finished dinner, and my honorable friend, with a glass of pure water in his hand, told me great things.

"Our continuous movement counts among its friends: Edward of England, Prince Bernadotte of Sweden, the U.S. president, and William II. In France, Ministers of State accept management positions at YMCA. Their buildings rise up in all the major cities in England, like homes of honest youth. And everywhere, it reforms customs and purifies the souls of young men, making them symmetrical and good. You will not have a full idea of the movement of the five evangelical churches in Rio without closely appreciating the magnificent chapter[12] of this white marble column. The YMCA is the admirable achievement of our promotional work."

I fixed my elbows on the table with curiosity.

"But what is the origin of the YMCA in the world?"

"Shuman, general secretary in Buenos Aires, told us about its origin in the 1903 convention. In 1836, a fifteen-year-old lad named George Williams appeared in the town of Bridgewater, England. He was sent from the countryside by his father in order to learn a trade. George saw that his sixty companions were of dubious morality and without faith, and that from such wide surroundings only two or three prayed to the Redeemer. He, too, prayed in his woeful room, behind the workshop, for one hour. At first he did these exercises alone; then he invited his companions, and five years later he was in London. London, the most populous city in the world! Do you know the dangers of the cities, the

depois estava em Londres. Londres! a cidade mais populosa do mundo! Conhecem vocês os perigos das cidades, o desvario, a luxúria, a perdição, o jogo, a ambição desmedida dos grandes centros? Onde se congregam mais os homens, aí entra com mais certeza Satanás, aí grassa mais terrível a epidemia da perdição. Williams na fábrica em que se empregou, não encontrou um só cristão. Ao cabo de um mês, porém, apareceu um novo empregado, Christopher Smith, e os dois ligados pela amizade, resolveram a conversão dos companheiros, convidando-os para estudar a Bíblia e orar. Em pouco tempo as reuniões cresceram, e a 10 de junho de 1844 representantes dessas reuniões efetuaram a organização da primeira Associação Cristã de Moços. Foi seu fundador uma criança de 20 anos, mandada pelo Salvador a um meio cheio de vícios e de tentações para lhe dar o bálsamo da honestidade.

A pequena associação estendeu-se a todos os países do mundo. Hoje há mais de 1.500 na Inglaterra, de 1851 até agora 1.600 fundaram-se só nos Estados Unidos. À primeira convenção internacional compareceram 39 delegados de 38 associações em sete países; em 1902 em Cristiânia assistiram 2.508 delegados de 31 países. Há 60 anos a A.C.M. iniciou os seus trabalhos; hoje só na América do Norte há mais de 25.000 moços estudando a Bíblia nas classes das associações e num só ano 3.560 professaram a sua fé convertidos na Associação e 9.600 outros se dedicaram ao serviço do Senhor.

- As A.C.M. não admitem apenas crentes professos?

- Não, a Associação de Londres resolveu, em 1848, receber como sócios auxiliares os moços de boa moral. Atualmente metade dos nossos sócios, cerca de 250.000, pertence a essa classe. Mas, meu caro, é esta uma base luminosa da propaganda, chamar a si os olhos do mundo, mostrar a pureza num século de impurezas, tolerar e purificar. Entre os estudantes das escolas, na profissão borboletante do jornalismo, nas raças mais estranhas, entre chins e caboclos selvagens, na classe universalmente conhecida pela sua intemperança, nos empregados das estradas de ferro da América, a propaganda alça por esse meio a branca flâmula

madness, lust, perdition, gambling, unrestrained ambition in the major centers? Where more men gather, Satan most certainly comes, the epidemic of perdition rages most terribly. In the factory where he was employed, Williams did not find a Christian. After a month, however, a new employee appeared, Christopher Smith, and the two, connected by friendship, decided to convert their companions, inviting them to study the Bible and pray. Before long the meetings expanded, and on June 10, 1844, representatives of these meetings organized the first Young Men's Christian Association. Its founder was a twenty-year-old child sent by the Savior into an environment full of vices and temptations to give it the balm of honesty. The small association extended to all countries of the world. Today there are over 1,500 in England. From 1851 until now 1,600 were founded just in the United States. Thirty-nine delegates from thirty-eight organizations in seven countries attended the first international convention. In 1902 2,508 delegates from thirty-one countries attended in Christiania.[13] The YMCA started its work sixty years ago. Today, in North America alone, there are more than 25,000 young men studying the Bible in classes of the associations, and in one single year 3,560 professed their faith converting to the Association, and 9,600 other dedicated themselves to the service of the Lord."

"Do the YMCA only admit professed believers?"

"No. The Association of London decided, in 1848, to receive young men of good morals as auxiliary members. Currently half of our members, about two-hundred and fifty thousand, belong to this class. But, my friend, this is the luminous basis of our propagation, to catch the eyes of the world, to show the purity in a century of impurities, to tolerate and purify. The dissemination throws the white pennant of the Association amongst students of the schools, fickle professionals of journalism, the strangest races, Chinese and wild *caboclos*,[14] groups universally known for their intemperance, employees of the American railroads."

My honorable friend fell silent. In the restaurant the bustle increased, ladies in expensive dresses, and joyful men bowed in the pleasure of eating. There were laughs. Attendants passed by with *christofle*[15]

da Associação.

O meu ilustre amigo calou-se. No restaurante o burburinho crescia, senhoras com toilettes caras, homens contentes, curvavam-se no prazer de comer. Havia risos, criados passavam com os pratos de *christofle* brilhando à luz dos focos, em baldes de metal as garrafas gelavam e das jarras de cristal as flores de pano pendiam desoladas ao peso do pó e do tempo. Todos ali conversavam de interesse, de ambição, de amor, de si mesmos... Senti-me superior, mandei vir um copo d'água, bebi-o com pureza. Naquela grande feira nós conversávamos da alma e do bem universal!

- E a A.C.M. do Rio?

- A nossa Associação tem também a sua evolução. Os primeiros moços cristãos reuniram-se para ouvir Simonton e Kalley na travessa das Partilhas. Foi aí que germinou a idéia de uma sociedade evangélica de moços. Em junho de 1866 cerca de vinte crentes organizaram a Sociedade Evangélica Amor à Verdade, que se manteve durante quatro anos. Em 1871 apareceu uma outra sociedade com fins idênticos, funcionando na travessa das Partilhas e na travessa da Barreira. Esta chamava-se o Grêmio Evangélico, tinha uma oficina de impressão da qual eram tipógrafos e impressores os próprios sócios, dirigidos por Antônio Trajano, Azaro de Oliveira, Carvalho Braga e Ricardo Holden.

Myron Clark, que fez o histórico desse movimento, conta ainda mais, antes da atual Associação, a Boa Nova, dirigida por A. Seabra, M. Diel e Antônio Meireles, em 1875; o Grêmio Evangélico Fluminense organizado por Antônio de Oliveira, Severo de Carvalho, Noé Rocha e Benjamin da Silva, na Rua de S. Pedro, 97, com o fim de manter um jornal de propaganda, uma classe de música, biblioteca, sessões literárias; a Associação Cristã dos Moços, fundada na mesma Rua de S. Pedro com uma diretoria composta pelos Srs. João dos Santos, Antônio Andrade, José Luiz Fernandes Braga e Salomão Guisburgo, que publicaram o *Bíblia*, primeiro jornal evangélico a ocupar-se da mocidade no Brasil; e a Sociedade Evangélica de São Paulo. A A.C.M. do Rio foi fundada a 31

plates shining in the light of the lamps; bottles chilled in metal buckets; and from crystal vases cloth flowers hung desolated under the weight of the dust and time. Everyone around talked about self-interest, ambition, love, of themselves... I felt superior, I ordered a glass of water, and drank it with purity. In that huge fair we talked of the soul and the universal good!

"And what about the YMCA in Rio?"

"Our Association has also evolved. The early young Christian men gathered to hear Simonton and Kalley at Travessa[16] das Partilhas. It was there that the idea of an evangelical society of young men germinated. In June 1866 some twenty believers organized the Love of Truth Evangelical Society, which lasted four years."

In 1871 another association with identical aims appeared; it was at Travessa das Partilhas and Travessa das Barreiras. This was called the Evangelical Guild, and it had a printing workshop where the typographers and printers were the partners: Antônio Trajano, Azaro de Oliveira, Carvalho Braga and Ricardo Holden.

Myron Clark, who wrote the history of this movement, says even more. Before the current Association, the Good News, directed by A. Seabra, M. Diel and Antônio Meireles,in 1875, there were the *Fluminense* Evangelical Guild, at Rua de São Pedro, 97, organized by Antônio de Oliveira, Severo de Carvalho, Noé Rocha and Benjamin Smith, with the purpose of maintaining a promotional publication, a music class, library, and literary sessions. The Young Men's Christian Association, founded on the same Rua de São Pedro with a board composed of Messrs. João dos Santos, Antônio Andrade, José Luiz Fernandes Braga and Salomão Guisburgo, which published the *Bible*, the first evangelic publication to engage the youth in Brazil. And the Evangelical Society of São Paulo.

The YMCA in Rio was founded on May 31, 1893. Twenty-two young men, representatives of the Methodist, Presbyterian, Baptist and *Fluminense* churches, gathered at Rua Sete de September, 79; and Myron Clark and Tucker reported the end of the meeting. Days later the statutes were approved and the board was elected: Nicolau do Conto, Antônio

de maio de 1893. Vinte e dois moços, representantes das igrejas Metodistas, Presbiteriana, Fluminense e Batista, reuniram-se na Rua Sete de Setembro, 79 e Myron Clark e Tucker expuseram o fim da reunião. Dias depois aprovaram os estatutos e elegiam a diretoria: Nicolau do Conto, Antônio Meireles, Luís de Paula e Silva, Myron Clark e Irvine. Não é possível ter feito tanto em tão pouco tempo! Em 8 de agosto a Associação já estava instalada na Rua da Assembléia e começava a pôr em atividade os diversos departamentos do trabalho social. Nem a revolta, nem os bombardeios, nem a agitação apavorada da cidade conseguiram esfriar o santo entusiasmo. Quando os tiros eram muitos, a Associação fechava as suas salas, para no outro dia abri-las; as aulas funcionavam; e no dia 12 de outubro, quando toda a gente só falava em tiroteios, os moços cristãos iam a Copacabana, iniciando um dos seus ramos de trabalho, a excursão social.

- Como se realizou a compra do prédio?

O evangelista limpou o lábio seco.

- Em 1895, o secretário-geral sugeria a conveniência do projeto. A diretoria aprovou-o; na reunião da vigília os Revs. Leônidas da Silva e Domingos Silveira falaram, pedindo donativos e compromissos mensais para criar-se um fundo especial, e nesta ocasião começaram os trabalhos da comissão dos compromissos. A Associação tem tido poderosos auxílios estrangeiros, tem em Fernandes Braga, uma alma pura e nobre, um grande esteio, mas no fim da reunião da comissão verificou-se que a soma total dos compromissos era de 65$000 mensais.

- Deus do Céu!

- O patrimônio da Associação eleva-se hoje a mais de cem contos. Fernandes Braga comprou o terreno, James Lawson ofereceu-se para emprestar o dinheiro das obras, abriu-se uma subscrição, Braga deu dez contos e Lawson dois; a comissão, composta de Fernandes Braga Júnior, Lisânias Cerqueira Leite, Luís Fernandes Braga, Domingos de Oliveira e Oscar José de Marcenes, multiplicou-se. Dois anos depois inaugurava-se o edifício, a casa dos moços, a obra de Deus, como diz o Rvdm. Trajano.

Meireles, Luis de Paula e Silva, Myron Clark and Irvine. It's not possible to have done so much in so little time! On August 8, the Association was already settled at Rua da Assembléia and began to bring its various social work departments into activity. Neither the rebellion,[17] nor the bombings, nor the terrified bustle of the city succeeded in quieting the holy enthusiasm. When the shots were too many, the Association closed its rooms, then opened them again next day; classes were held; and on October 12, when everyone only spoke of shootings, the young Christian men went to Copacabana, launching one of their work branches, the social tour.

"How did they purchase the building?"

The evangelist wiped his dry lips.

"In 1895, the Secretary-General suggested the desirability of the project. The board approved it; and in the vespers meeting Reverends Leonidas da Silva and Domingos Silveira spoke, asking for donations and monthly commitments to be established in a special fund, and on this occasion the work of the commitments commission started. The Association has had strong foreign aid, and Fernandes Braga is a pure and noble soul, a great supporter, but at the end the committee meeting they observed that the total sum of the commitments was 65$000 *réis*[18] per month."

"Dear Lord!"

"Today, the assets of the Association amount to over a hundred *contos de réis*. Fernandes Braga bought the land; James Lawson offered to lend the money for the construction; a subscription was opened; Braga donated ten *contos de réis*, and Lawson two. The committee, composed of Fernandes Braga Junior, Lisânias Cerqueira Leite, Luís Fernandes Braga, Domingos de Oliveira and Oscar José de Marcenes, multiplied. Two years later the building was inaugurated, the house of young men; God's work, as Most Reverend Trajan says. Our satisfaction, however, my friend, does not come just from the accomplishment of this endeavor. The YMCA in Rio enkindled the evangelists in Brazil with the desire for identical associations. I can mention the Christian Association of Young

A nossa satisfação, porém, meu caro, não vem apenas da realização desse tentamen. A A.C.M. do Rio acendeu nos evangelistas do Brasil o desejo de associações idênticas. Eu, só, posso citar a Associação Cristã de Moços de Belo Horizonte, a Sociedade de Moços Cristãos de Castro (do Paraná), a A.C.M. de Sorocaba, a Associação Educadora da Bahia, a de Taubaté, a Legião da Cruz, a Milícia Cristã, a Associação de Santo André no Rio Grande, a Associação Cristã dos Estudantes no Brasil, filiada à Federação dos Estudantes no Universo, de São Paulo, a do Natal e a de Nova Friburgo. Dentro em pouco estaremos como os Estados Unidos.

- Prouvera a Deus!

Tínhamo-nos erguido.

- Onde vai?

- Por aí, passear, ver.

- Pois venha comigo à Associação, agora. São 7 horas, estão funcionando as aulas. Venha e terá uma impressão do que é o centro do evangelismo no Brasil.

E saímos pelas ruas pouco iluminadas, em que a chuva miúda punha um véu de névoas.

A Associação não é nem uma igreja nem uma sociedade mundana, embora possua característicos profanos e seculares; é a casa dos moços, o segundo lar que supre as necessidades intelectuais com biblioteca, cursos, aulas, conferências; mantém a sociabilidade da juventude em salões de diversões, desenvolve-lhe o físico com ginásticas, jogos atléticos, passeios, piqueniques e, conjuntamente, lhe faz sentir a necessidade da religião. Há nessa instituição de fonte inglesa o desejo de um equilíbrio, a vontade de criar o moço simétrico, o desenvolvimento harmonioso, num ser vivo, da inteligência, do físico, da natureza social e da alma.

O homem nas grandes cidades perde-se. A Associação ampara-o, serve-lhe de escola, de clube, de lar, de templo, dá-lhe banho, conversas morais, pingue-pongue, danças, aulas noturnas, ensina-lhe a Bíblia, põe-lhe à disposição os jornais do mundo, fá-lo assistir a conferências sobre assuntos diversos. O moço deixa o lar paterno e, enquanto por sua

Men of Belo Horizonte; Young Christian Men Society of Castro in Paraná; YMCA of Sorocaba; Educative Association of Bahia and Taubaté; Legion of the Cross; Christian Militia; St. Andrew Association of Rio Grande; Christian Students Association in Brazil, affiliated to the Students in the Universe Federation in São Paulo, Natal and Nova Friburgo. Soon we will be like the United States."

"God willing!"

We'd stood up.

"Where are you going?"

"I'm going around, strolling, looking."

"Well, come with me to the Association, now. It is 7 p.m., the classes are being held. Come and get an idea of what the center of evangelism in Brazil is."

And we left, into the poorly lit streets onto which the drizzle set a veil of mist.

The Association is neither a church nor a secular society, even though it has profane and secular characteristics. It is the house of young men, the second home that provides for their intellectual needs with a library, courses, classes, conferences. It keeps the sociability of the youth in amusement halls. It develops the physique with gymnastics, athletic games, walks, picnics and, all together makes one feel the need for religion. In this institution of English origin, there is the desire for balance, the will to create symmetrical young men, the harmonious development, in a living being, of intelligence, physique, social nature, and soul.

Mankind is lost in the big cities. The Association supports him. It provides him with school, club, home, temple. It offers him a bath, moral conversations, ping-pong, dancing, evening lessons, teaches him the Bible. It puts the world's newspapers at his disposal. It makes him attend conferences on various subjects. The young man leaves his family home, and, while on his own part he does not start another home, he stays in this environment of honesty, not only becoming the admirable type of balance but keeping the future offspring from damage and suffering.

The Association is the comfort, peace and shield of honesty in these

vez não forma outro lar, fica nesse ambiente de honestidade, não só se tornando o tipo admirável do equilíbrio, como preservando das avarias e dos sofrimentos a prole futura.

A Associação é o conforto, a paz e broquel da honestidade por estes turvos tempos. Tudo quanto ensina é útil, tudo quanto diz é honesto, tudo quanto faz é para o bem.

Ao subir as altas escadarias, recordei a frase do meu amigo. A Associação é o capitel, é a razão de ser da futura propaganda, é o centro do evangelismo, a maneira eficaz por que todas as igrejas evangelistas demonstram na sua perfeita integridade a vida do cristão.

Quando chegamos lá em cima, funcionavam as aulas: na sala de diversões jogava-se o *crokinole* e o *carroms*; a um canto conversava-se. Todos estavam bem dispostos e riam com prazer. O meu ilustre amigo apresentou-me ao presidente, Braga Júnior, um moço inteligente, extremamente modesto; ao secretário, de uma distinção perfeita; e os dois mostraram-me, simples e sem exageros, os vastos salões, o de ginástica, o das conferências, o de estudos bíblicos, aulas, a secretaria, a biblioteca.

A gentileza peculiar aos evangelistas cativava naquele vasto prédio, cheio de vida e de mocidade. Cada frase do secretário era uma noção exata, cada reflexão do presidente tinha um grande ar de bondade e de modéstia. As mobílias eram novas e por toda a parte os conselhos cristãos abundavam.

- Não admire aqui, disse o meu amigo, senão a vida do civilizado e do honesto. Você conversou com os pastores, esteve com os missionários, assistiu ao culto nas nossas igrejas, viu o esforço das missões. Veja agora apenas a vida. Estes que aqui estão, meu amigo, livres estão dos três horrendos animais da visão dantesca. Não os aterram a pantera da literatura pornográfica, o leão do jogo da bola e a loba da lascívia. E, por isto, salvos por Cristo, serão maiores amanhã e mais fortes.

Senhor! parecia uma conversão! Apertei-lhe a mão, deixei-o jogando pingue-pongue, desci os dois andares. Na rua ventava uma chuva fria e

troubled times. Everything it teaches is helpful. Everything it says is honest. Everything it does is for the good.

I remembered my friend's phrase whilst I was climbing the high staircase. The Association is the crown, the reason for the future propagation, the center of evangelism, the effective way by which all the evangelist churches demonstrate the Christian life in its perfect integrity.

When we got to the top, the classes were in session. In the amusement room they played *crokinole*[19] and *carrom*[20] and chatted in a corner. Everyone was well-disposed and laughed with pleasure. My honorable friend introduced me to the president, Braga Junior, an intelligent young man, extremely modest; to the Secretary, of distinguished perfection; and both showed me, simply and without exaggeration, the vast halls: gym, conference room, Bible study room, classrooms, office, library.

The peculiar gentleness of the evangelists was captured in that vast building full of life and youth. The secretary's every sentence was an exact notion. Each reflection from the president had a great aura of kindness and modesty. The furnishings were new, and everywhere Christian counsel abounded.

"You won't see here," my friend said, "anything but the life of the civilized and honest. You spoke to the ministers, met the missionaries, attended the worship in our churches, saw the effort of the missions. Look only at life now. These people here, my friend, are free from the three horrendous animals of the Dantesque vision. They are not terrorized by the panther of the pornographic literature, the lion of the ball game, and the she-wolf of lust. Therefore, they are saved by Christ, and will be superior and stronger tomorrow."

Lord! It sounded like a conversion! I shook his hand and left him playing ping-pong. I went down the two floors. Outside, the wind blew a cold and penetrating rain. The she-wolf, lust, panther, pornography, lion, game, eternal life! How many are saved from the symbolic animals in the great banality of existence of this world, how many?

As the rain worsened, I wrapped my jacket over me and went down the dark streets, recalling the appearance that made Dante retreat to *là*

penetrante. A loba, a lascívia, a pantera, a pornografia, o leão, o jogo, a eterna vida! Quantos neste mundo se salvaram dos animais simbólicos na grande banalidade da existência, quantos?

Como apertasse a chuva, embrulhei-me mais no paletó, atravessei as ruas escuras recordando a aparição que fizera recuar o Dante até *lá dove'l sol tace.*

Mas sem gritar e sem ver o vulto da salvação, porque talvez a tivesse deixado no salão de divertimentos, na doce paz daquelas almas fortes e tranqüilas.

Original publication: "A A. C. M.," *Gazeta de Notícias,* Rio de Janeiro, ed. 86, p.2, 26/03/1904.

dove 'l sol tace.[21]

But without screaming or gazing at the specter of salvation, because I may have left it in the amusement hall, in the sweet peace of those strong and quiet souls.

Irmãos e Adventistas

N a própria A.C.M. eu soube que o evangelismo ainda tinha duas igrejas no Rio, os irmãos e os sabatistas. Dos irmãos, apesar dessa classificação tão fraternal, o meu informante só conhecia um probo negociante da Rua do Hospício.

Esse negociante era um homem baixo, simples e modesto, vendendo relógios e amando a Deus. Recebeu-me por trás do mostrador, e quando soube que tinha sob os olhos um curioso, pasmou.

- Interessa-lhe muito saber o que são os cristãos?

- Os irmãos...

- Perdão, os cristãos.

- Era para mim um grande favor.

Ele coçou a cabeça, alegou uma grande ignorância, com humildade. Depois, como eu continuava diante dele, resolvido a não sair, resignou-se.

- Os irmãos que se reúnem à Rua Senador Pompeu, No. 121 denominam-se cristãos.

Não precisa perguntar porque. Leia os *Atos dos Apóstolos* capítulo 11, versículo 26. Existem no Rio, há vinte e cinco anos. Não tem templo próprio, reúnem-se em casa de um irmão como deve ser. Leia a *Epístola de São Paulo aos Romanos*, capítulo 16, versículo 5. Os seus estatutos, a sua regra de fé são as Escrituras e a sua divisa é não ir além delas. Leia a *1ª Epístola aos Coríntios*, capítulo 4, versículo 6.

- E o pastor, quem é?

- Reconhecemos como único pastor a Jesus Cristo. Leia *São João*, capítulo 10, versículos 11 a 16. O governo da igreja está ao cuidado dos anciãos ou mais velhos, que fazem esse serviço sem outra remuneração que não sejam o respeito e a honra da igreja. Leia os *Atos*... Como não nos achamos autorizados pelas Escrituras, não celebramos casamentos, reconhecemos o instituído pelas potestades legalmente constituídas, a

Brothers and Adventists

At the YMCA I learned that evangelism still had two branches in Rio, the brothers and the Sabbatarians.[22] Of the brothers, in spite of such fatherly classification, my informant could only tell of one honest businessman at Rua do Hospício.

This businessman was a short, simple and modest man selling watches and loving God. He received me behind the counter, and when he learned that he had a curious person before his eyes, he was amazed.

"Are you deeply interested in knowing what the Christians really are?"

"The brothers..."

"Forgive me, Christians."

"You would do me a great favor."

He scratched his head and humbly claimed great ignorance. Then, as I was still before him, determined not to leave, he resigned himself.

"The brothers who meet at Rua Senador Pompeu, 121, call themselves Christians."

No need to ask why. Read the *Acts of the Apostles* chapter 11, verse 26. They have been in Rio for twenty-five years. They don't own a temple. They gather in the house of a brother, as it should be. Read the *Epistle of St. Paul to the Romans*, chapter 16, verse 5. Its statutes, its rule of faith are the Scriptures, and its motto is not to go beyond them. Read the *First Epistle to the Corinthians*, chapter 4, verse 6.

"And the pastor, who is he?"

"We acknowledge Jesus Christ as the only pastor. Read *John*, chapter 10, verses 11-16. The governance of the church is in the hands of elders or older men, who perform this service without any compensation other than the respect and honor of the church. Read *Acts*... As we aren't authorized by the Scriptures, we don't celebrate weddings. We recognize what is instituted by the legally constituted powers, which we seek to obey, provided they do not contravene the determinations of God. Read

quem buscamos obedecer, desde que não contrariem as determinações de Deus. Leia a *Epístola aos Romanos*, versículos 1 a 6. Naturalmente cuidamos dos pobres e dos enfermos, fazendo coletas e seguindo o ensino das Escrituras. Veja a *Epístola aos Coríntios*.

- Como se pratica o culto?

- No primeiro dia da semana congregamo-nos para celebrar a festa da Páscoa cristã, ou a Ceia do Senhor, às 11 da manhã com pão e vinho. Nessa ocasião adoramos a Deus, entoando hinos e lendo as Escrituras, interpretando-as e edificando a alma com muitos outros dons do Espírito Santo. Basta ler a este respeito *São Paulo* e os *Atos* e o *Evangelho segundo São Mateus*. Reunimo-nos também aos domingos das 5½ às 6½ da tarde para estudar as Escrituras. Das 6½ às 7½ prega-se o Evangelho.

Era simples, puro, primitivo. Aquele relojoeiro, que a cada palavra parecia amparar a sua autoridade na palavra da Bíblia, enternecia.

- E que se diz nessa hora de domingo aos pobres pecadores e irmãos?

- Vede os *Atos*, *São Paulo*, *São João*... Só há um Salvador, só há um meio para o perdão dos pecados e só existe um mediador entre Deus e os homens - é nascer de novo, é nascer do Espírito Santo. Esperemos a sua chegada.

- Então, Cristo está para chegar.

Gravemente o honesto irmão olhou-me.

- Talvez demore. Talvez venha aí... A corrupção é tanta que só ele a pode extinguir.

Saí meio aflito. É possível que ainda se encontre um cristão de conto católico em plena cidade do vício, é possível essa candura?

Estava de tal forma nervoso que, sabendo obter de um crente em Niterói informações sobre os adventistas, escrevi logo uma carta espetaculosa, pedindo-lhe uma nota de efeito.

No dia seguinte lia esta resposta lacônica e seca: "Ilmo. Sr. - Se quiser compreender a verdade de Deus, venha V. S. até ao nosso templo, em Cascadura."

Era uma recusa? Era uma lição? Guardei a carta humilhado, porque

the *Epistle to the Romans*, verses 1-6. Needless to say, we care for the poor and the sick, making collections and following the teaching of the Scripture. Look at the *Epistle to the Corinthians*."

"How do you practice the worship service?"

"We gather on the first day of the week at 11 a.m. with bread and wine to celebrate the feast of the Christian Passover, or the Lord's Supper. On this occasion we worship God, singing hymns and reading the Scriptures, interpreting them and edifying our souls with many other gifts of the Holy Spirit. Just read about this in *Paul* and *Acts* and the *Gospel according to Matthew*. We also meet on Sundays afternoons, from 5.30 to 6.30, to study the Scriptures. From 6:30 to 7:30 we preach the Gospel."

It was simple, pure, primitive. That watchmaker, who at each word seemed to bolster his authority in the word of the Bible, moved me.

"And what do you say to the poor sinners and brethren on Sundays?"

"Look at *Acts*, *Paul*, *John*... There is only one Savior, there is only one way to the forgiveness of sins, and there is only one mediator between God and man - he is to be born again; he is to be born from the Holy Spirit. We await his arrival."

"So, Christ is coming soon."

The honest brother looked at me severely.

"It might take some time. Perhaps He's on His way... There is so much corruption that only He can extinguish it."

I left a little distressed. Is it possible that you can still find such a Christian from the Catholic tales in this city full of vices? Is this candor possible?

I was nervous in such a way that, knowing I was going to obtain information about the Adventists from a believer in Niterói,[23] I just wrote a spectacular letter, asking him for an effective note.

The next day I read this laconic and dry reply: "Dear Sir, if you want to understand the truth of God, come to our temple, in Cascadura."[24]

Was it a refusal? Was it a lesson? I put the letter away, humiliated because for me it is great crime to hurt anyone's belief. And I was sadly reading, on Sunday, when a man with a bushy black beard came to my

grande crime é para mim magoar a crença de qualquer, e estava, domingo, tristemente lendo, quando à porta surgiu um homem de negra barba cerrada, vestido numa roupa de xadrez. Olhou-me fixamente, limpamente, e a sua voz, de uma inédita doçura, disse:

- Eu sou o crente a quem há tempos escreveu!

Levantei-me nervoso. A tarde de inverno, caindo, punha pela sala uma aragem álgida, e a minha pobre alma estava num desses momentos de sensibilidade em que se crê no maravilhoso e nos espaços. Fui excessivo de gentileza. Pedia perdão, de não ter obedecido ao convite, mas era tão longe, tão vago, em Cascadura...

O crente fervoroso sentou-se, pousou a sua mala no chão, encostou o velho guarda-chuva à parede.

- Não é bem em Cascadura, fica entre Cupertino e essa estação, deixei de mandar-lhe as notas porque não me achava com competência para as dar. São João disse. Temei a Deus e dai-lhe Glória. Eu sou muito humilde, só lhe posso dar a minha crença.

- Mas uma simples informação?

- Era preciso consultar os meus irmãos.

Eu ficara na sombra, a luz batia-lhe em cheio no rosto. Reparei então nos traços dessa fisionomia. O lábio era quase infantil, os dentes brancos, pequenos, cerrados, e toda aquela espessa barba negra parecia selar potentemente a inefável bondade do seu perfil. De resto o crente era tímido, cada palavra sua vinha como um apostolado que se desculpa e a sua voz persuasiva ciciava baixinho a crença do Infinito, com um conhecimento dos livros sagrados extraordinário.

- Mas a origem dos adventistas? - indaguei eu.

O crente puxou a cadeira.

Uma discussão que se levantou na América em 1840 e na qual Guilherme Miller ocupou lugar saliente. Os adventistas esperavam o fim do mundo em 1844, porque a profecia de Daniel, no capitulo 8 versículo 14, diz que o santuário será justificado ou purificado ao fim do decurso do período profético de 2.300 dias.

door, dressed in plaid clothes. He stared at me fixedly, and his voice, of a unique sweetness, said:

"I am the believer to whom you wrote some time ago!"

I stood up nervously. The winter afternoon, falling, sent an algid breeze through the room. And my poor soul was as if in one of those moments of sensitivity in which one believes in wonders and deep space. I was excessively kind. I asked for forgiveness for not having confirmed the invitation, but the place was so far, so vague, in Cascadura...

The earnest believer sat down, put his valise on the floor, leaned his old umbrella against the wall.

"Not quite in Cascadura; it's between Cupertino and that station. I didn't send you the notes because I didn't feel competent enough. St. John said: 'Fear God and give Him glory.' I'm very humble; I can only give my faith."

"Not even some simple information?"

"I had to consult with my brothers."

I remained in the shadows. The lamp lighted up his entire face. Then I noticed the traces of this physiognomy. The lip was almost childlike; small, white, clenched teeth; and the thick black beard seemed to potently seal the ineffable goodness of his profile. Moreover the believer was shy. Every word came as if from an apostolate who apologizes, and his persuasive voice whispered the belief in the Infinite, with knowledge of the extraordinary sacred books.

"But what is the origin of the Adventists?" I inquired.

The believer pulled up a chair.

It was with a discussion which arose in America in 1840, and in which William Miller held prominent place. The Adventists expected the end of the world in 1844 because the prophecy in *Daniel*, in chapter 8 verse 14, says that the sanctuary will be justified[25] or cleansed[26] at the end of the prophetic period of 2,300 days.

"God! In such short time?"

"The prophetic days are equivalent to a year. The Adventists thought that 2300 was the year of 1844, and that the justification or cleansing of

- Deus! em tão pouco tempo?

- Dias proféticos equivalentes a um ano. Os adventistas julgavam que o 2300 era o ano de 1844 e que a justificação ou purificação do santuário importaria em ser queimada a terra com a vinda de Cristo.

Esperavam pois a vinda de Jesus.

Olhei o crente. Os seus olhos eram beatos como os olhos dos puros.

- Ora o tempo passou e Cristo não veio...

- Sim - fez ele - e claro ficou o erro. Ou houve falta na contagem dos 2.300 dias ou a purificação do santuário não era purificação da terra na segunda vinda de Cristo. Mas a questão agitara o estudo. A coisa foi examinada e duas opiniões se formaram. Uns julgavam que o período profético ainda não decorrera, outros, com lento trabalho, chegaram à convicção de que o erro existia na palavra santuário.

- Então o santuário?

- Não tem aplicação à terra, mas verdadeiramente ao céu, onde Jesus Cristo entrou no fim desse período de tempo, para purificá-lo com o seu próprio sangue, conforme está descrito.

A classe que aceitou essa interpretação é a que se chama Adventistas do 7º Dia. Não marcamos tempo nem cremos que qualquer período profético assinalado na Bíblia se estenda até nós.

- Então aceitam como base da fé?

- A Bíblia Sagrada, a palavra de Deus, sem tradições, e a autoridade de qualquer igreja. Cristo é o Messias prometido, só por ele se obtém a salvação. As pessoas salvas observam os dez mandamentos, inclusive o 4º, celebram a Santa Ceia do Senhor, em conexão com o ato de humilde praticado por Jesus Cristo, crêem na ressurreição, que os mortos dormem até esse momento, conforme as palavras do Salvador em São João.

- A ressurreição?

- Sim, a dos justos far-se-á na segunda vinda de Cristo, a dos ímpios mil anos depois, com um grande fogo que os queimará e purificará a terra!

- Então não é cedo?...

the sanctuary meant the burning of the Earth with the coming of Christ."

They were waiting for the coming of Jesus.

I looked at the believer. His eyes were blissful like the eyes of the pure.

"But time has passed and Christ did not come..."

"Yes," he said, and the mistake became clear. There was a fault either in the counting of the 2,300 days, or the cleansing of the sanctuary was not the cleansing of the Earth on the second coming of Christ. But the question had stirred the study. The issue was analyzed, and two opinions were formed. Some thought that the prophetic period had not elapsed; some others, with slow work, come to the conclusion that the error existed in the word 'sanctuary'.

"What about the word sanctuary then?"

"It doesn't apply to the Earth, but truly to Heaven, where Jesus Christ went in order to, at the end of that period of time, purify it with His own blood, as it is described."

The group which agreed with this interpretation is called Seventh-day Adventist. We do not count time or believe that any prophetic period indicated in the Bible extends to us.

"So what do you accept as the basis of faith?"

"The Holy Bible, God's word, without traditions, and the authority of any church. Christ is the promised Messiah, for only he provides salvation. The people saved observe the Ten Commandments, including the 4th; celebrate the Lord's Supper in connection with the humility act practiced by Jesus Christ; believe in the resurrection, that the dead sleep until this moment, according to the words of the Savior in *Saint John*."

"The Resurrection?"

"Yes, for the righteous it will happen upon the second coming of Christ; for the impious a thousand years later, with a great fire that will burn them and cleanse the Earth!"

"So, it's not that soon?..."

"Unfortunately, it seems not. We do good, and we have a medical mission that sends doctors to all parts of the world. We found sanatori-

- Infelizmente, parece. Nós fazemos o bem, temos uma missão médica, que envia facultativos a toda a parte do mundo, fundamos sanatórios, e, crendo que a educação intelectual não basta, conseguimos escolas industriais.

À semelhança do cristianismo nos tempos apostólicos o adventismo tomou um rápido incremento, elevando-se o número de crentes a 80.000, segundo as profecias sagradas.

- E a obra no Brasil?

- A obra no Brasil começou em 1893, contando hoje um número de membros leigos de 800 a 900 espalhados na maioria pelos Estados de Paraná, Santa Catarina, Rio Grande do Sul, contando o seu corpo eclesiástico: três pregadores ordenados, três licenciados, dois missionários médicos, dois professores diretores de escolas missionárias e onze professores de escolas paroquiais, sete colportores evangelistas, uma revista *O Arauto da Verdade* e um redator.

Na sua organização outros membros ocupam cargos segundo os dons manifestados e conforme a necessidade do trabalho na obra de Deus.

Tem quinze igrejas organizadas. O atual presidente do trabalho é um médico missionário Dr. H. F. Graf, residente em Taquari - Rio Grande do Sul - e o secretário-tesoureiro, o irmão A. B. Stauffer, residente no Distrito Federal, em Cascadura.

Há ainda uma comissão administrativa composta de sete pessoas, duas escolas missionárias, uma em Taquari no Rio Grande do Sul, outra em Brusque, Santa Catarina, e onze escolas paroquiais.

Ele levantara-se. Terminada a informação, partia como um personagem de lenda. Pegou da mala, do guarda-chuva.

- Bernardino Loureiro, quando quiser...

Apertei-lhe a mão com reconhecimento. Se há no mundo momentos fugazes de sinceridade, a presença desse varão mos tinha dado com a extrema paz que vinha da sua palavra.

- Diga-me uma coisa, uma última. E Cristo? Quando vem Cristo?

- Os sinais que deviam preceder a sua vinda, conforme Ele mesmo

ums, and, believing that intellectual education is not enough, we organize industrial schools."

Like Christianity in apostolic times, Adventism has had a quick increase, bringing the number of believers to eight thousand, according to the sacred prophecies.

"And the work in Brazil?"

"The work in Brazil began in 1893. Now we have eight hundred to nine hundred lay members scattered mostly in the states of Paraná, Santa Catarina, Rio Grande do Sul. Within its ecclesiastical board there are three ordained preachers, three graduates, two medical missionaries, two teacher-directors of missionary schools, eleven teachers of parochial schools, seven peddlers of books,[27] the magazine *The Herald of Truth*, and an editor.

Other members in the organization occupy positions according to their manifested gifts and the requirements of God's work.

There are fifteen organized churches. The current president of the works is a missionary doctor, Dr. H .F. Graf, who lives in Taquari, in Rio Grande do Sul; and the secretary-treasurer, Brother A. B. Stauffer, who lives here in the Federal District, in Cascadura.

There is still an administrative committee consisting of seven people; two missionary schools, one in Taquari, in Rio Grande do Sul, another in Brusque, Santa Catarina; and eleven parochial schools.

He had stood up. After the information was given he left like the character of a legend. He grabbed the valise and the umbrella.

"My name is Bernardino Loureiro, when you want..."

I shook his hand with gratitude. If there are fleeting moments of sincerity in the world, the presence of this man had given them to me through the utmost peace that came from his words.

"Tell me one thing, one last thing. And Christ? When is Christ coming?"

"The signs that were to precede His coming, as He Himself foretold in *Matthew*, have been fulfilled. It is believed that His coming is near."

"When?"

predisse em *Mateus*,cumpriram-se. É de crer que a sua vinda esteja próxima.

- Quando?

- Ainda nesta geração, talvez amanhã, quem sabe?

Tornou a apertar-me a mão, sumiu-se. Passara como o anunciador, apagara-se como um raio de sol.

A noite caíra de todo. As trevas subiam lentamente pelas paredes, e a brisa úmida, entrando pelas janelas, sacudia as folhas de papel esparsas, num tremor assustado.

Original publication: *As Religiões do Rio*. Paris: Garnier, 1904, ed. 1.

"Still within this generation, maybe tomorrow, who knows?"

He shook my hand again, and was gone. He had passed as the announcer, and had faded as a sunbeam.

Night had fallen completely. Darkness slowly climbed the walls, and the moist breeze, coming through the windows, shook the scattered sheets of paper in a frightened tremor.

Capítulo Seis

O Satanismo

Os Satanistas

—Satanás! Satanás!

- *Che vuoi?*

- Não o sabes tu? Quero o amor, a riqueza, a ciência, o poder.

- Como as crianças, as bruxas e os doidos - sem fazer nada para os conquistar.

O filosófico Tinhoso tem nesta grande cidade um ululante punhado de sacerdotes, e, como sempre que o seu nome aparece, arrasta consigo o galope da luxúria, a ânsia da volúpia e do crime. Eu, que já o vira *Exu*, pavor dos negros feiticeiros, fui encontrá-lo poluindo os retábulos com o seu deboche, enquanto a teoria báquica dos depravados e das demoníacas estorcia-se no paroxismo da orgia... Satanás é como a flecha de Zenon, parece que partiu, mas está parado e firme nos corações. Surgem os cultos, desaparecem as crenças, esmaga-se a sua recordação, mas, impalpável, o Espírito do Mal espalha pelo mundo a mordacidade

Chapter Six

Satanism

The Satanists

"Satan! Satan!"

"Che vuoi?"[1]

"Thou knowest not? I want love, wealth, science, power."

"Like children, witches and mad people, without doing anything to attain them."

The philosophical Beast has a ululating handful of priests in this great city, and, whenever his name appears, he drags the wallop of lust, the craving of yearn and crime. I, who have already seen *Exú*, the dread of the black sorcerers, found him polluting the altarpieces with debauchery, whilst the Bacchic mob of the depraved and demoniac twisted in the orgy's paroxysm...[2] Satan is like the arrow of Zenon.[3] It seems that he has left, but he is steady and firm in hearts. Cults spring up, beliefs fade away, their memory smashed up. The Spirit of Evil, however, impalpable, spreads its acrimonious cynical laughter with poignancy around the

de seu riso cínico e ressurge quando menos se espera no infinito poder da tentação.

Conheci alguns dos satanistas atuais na casa de Saião, o exótico herbanário da Rua Larga de São Joaquim, o tal que tem à porta as armas da República. Saião é um doente. Atordoa-o a loucura sensual. Faceirando entre os molhos de ervas, cuja propriedade quase sempre desconhece, o ambíguo homem discorre, com gestos megalômanos, das mortes e das curas que tem feito, dos seus amores e do assédio das mulheres em torno da sua graça. A conversa de Saião é um coleio de lesmas com urtigas. Quando fala cuspinhando, os olhitos atacados de satiríasis, tem a gente vontade de espancá-lo. A casa de Saião é, porém, um centro de observação. Lá vão ter as cartomantes, os magos, os negros dos ebôs, as mulheres que partejam, todas as gamas do crime religioso, do sacerdócio lúgubre.

Como, uma certa vez, uma negra estivesse a contar-me as propriedades misteriosas da cabeça do pavão, eu recordei que o pavão no Curdistão é venerado, é o pássaro maravilhoso, cuja cauda em leque reproduz o esquema secreto do deus único dos iniciados pagãos.

- O senhor conhece a magia? - fez a meu lado um homem esquálido, com as abas da sobrecasaca a adejar.

Imediatamente Saião apresentou-nos.

- O Dr. Justino de Moura.

O homem abancou, olhando com desprezo para o erbanário, limpou a testa inundada de suor e murmurou liricamente.

- Oh! a Ásia! a Ásia...

Eu não conhecia a magia, a não ser algumas formas de satanismo. O Dr. Justino puxou mais o seu banco e conversamos. Dias depois estava relacionado com quatro ou cinco frustes, mais ou menos instruídos, que confessavam com descaro vícios horrendos. Justino, o mais esquisito e o mais sincero, guarda avaramente o dinheiro para comprar carneiros e chupar-lhes o sangue; outro rapaz magríssimo, que foi empregado dos Correios, satisfaz apetites mais inconfessáveis ainda, quase sempre cheirando a álcool; um outro moreno, de grandes bigodes, é uma figura

world, and reappears in the infinite power of temptation when one least expects.

I met some of the current Satanists at Saião's house, the exotic herbalist of Rua Larga de São Joaquim, the one that's got the Republic's coat-of-arms on his door. Saião is ill. He is tormented by sensual madness. Ritzing elegantly around the bundles of herbs, the properties of which he often ignores, the ambiguous man expatiates, with megalomaniac gestures, on the deaths and healings he has done, on his affections, and on women's harassment toward his grace. Saião's conversation is a coil of slugs with nettles. When he talks, sputtering, his little eyes are affected by satyriasis. People feel like beating him up. Saião's house is, however, an observation center. A whole range of religious criminals of lugubrious priesthood goes there: fortune tellers, magicians, blacks who make *ebós*,[4] midwives.

Like a time when a black woman was telling me of the mysterious properties of a peacock's head, I remembered that the peacock is worshiped in Kurdistan. It's the wonderful bird whose fanning tail replicates the secret scheme of the one god of the pagan initiates.

"Do you know the magic, Sir?" asked a scrawny man beside me, with his coat flaps fluttering.

Saião immediately introduced us.

"Dr. Justino de Moura."

The man sat down, looking at the herbalist with contempt, wiped his forehead, which was flooded with sweat, and muttered lyrically.

"Oh! Asia! Asia..."

I didn't know the spell, except for some types of Satanism. Dr. Justino pulled his seat over and we talked. Days later he was associated with four or five brutes, more or less educated, who impudently confessed horrendous addictions. Justino, the weirdest and most sincere, greedily saves money to buy sheep and sucks their blood. Another scraggy young man, who was an employee of the Post Office, satisfies more unmentionable appetites, often smelling of alcohol. A swarthy man, with a big mustache, is a character of the streets, can found at the devil's hour...[5]

das praças, que se pode encontrar às horas mortas... Se de Satanás eles falavam muito, quando lhes pedia para assistir à missa-negra, os homens tomavam atitudes de romance e exigiam o pacto e a cumplicidade.

A religião do Diabo sempre existiu entre nós, mais ou menos. Nas crônicas documentativas dos satanistas atuais encontrei de *envoutement* e de malefícios, anteriores aos feitiços dos negros e a Pedro I. A Europa do século XVII praticava a missa-negra e a missa branca. É natural que algum feiticeiro fugido plantasse aqui a semente da adoração do mal. Os documentos - documentos esparsos sem concatenação que o Dr. Justino me mostrava de vez em quando - contam as evocações do Papa Aviano em 1745. Os avianistas deviam ser nesse tempo apenas clientes, como é hoje a maioria dos freqüentadores dos espíritas, dos magos e das cartomantes. No século passado o número dos fanáticos cresceu, o avianismo transformou-se, adaptando correntes estrangeiras. A princípio surgiram os paladistas, os luciferistas que admiravam Lúcifer, igual de Adonai, inicial do Bem e deus da Luz.

Esses faziam uma franco-maçonaria, com um culto particular, que explicava a vida de Jesus dolorosamente. Guardam ainda os satanistas contemporâneos alguns nomes da confraria que insultava a Virgem com palavras estercorárias: Eduardo de Campos, Hamilcar Figueiredo, Téopompo de Sonsa, Teixeira Werneck e outros, usando pseudônimos e compondo um rosário de nomes com significações ocultistas e simbólicas. Os paladistas não morreram de todo, antes se transfusaram em formas poéticas. No Paraná, onde há um movimento ocultista acentuado como há todas as formas da crença, sendo o povo de poetas impressionáveis, existem atualmente escritores luciferistas que estão *dans le train* dos processos da crença na Europa. A franco-maçonaria, morto o seu antigo chefe, um padre italiano Vitório Sengambo, fugido da Itália por crimes contra a moral, desapareceu. No Brasil não andam assim os apóstatas e, apesar do desejo de fortuna e de satisfações mundanas, é difícil se encontrar um caso de apostasia no clero brasileiro. Os luciferistas ficaram apenas curiosos relacionados com o supremo conselho de Charleston, donde partirá o novo domínio do mundo e a sua descristianização.

If they spoke much of Satan, when I asked them if I could attend the Black Mass, they behaved as if they were in a novel and demanded the covenant and complicity.

The Devil's religion has always existed among us, more or less. I've found *envoutement*[6] and maleficence in the current Satanists' documental chronicles, prior to the spells of the blacks and Pedro I.[7] Europe practiced both Black and White Mass[8] in the seventeenth century. It is natural that some fleeing sorcerer planted the seed of evil worship here. The documents - scattered documents with no concatenation that Dr. Justino showed me now and then - tell about the evocations of Pope Aviano in 1745. The Avianists might have been just customers, as most habitués of Spiritualists, of wizards, and of fortune tellers are today. The number of fanatics grew in the last century. Avianism metamorphosed, adapting foreign trends. At first came the Palladists,[9] the Luciferians who admired Lucifer, tantamount to Adonai,[10] the beginning of Goodness and the God of Light.

These formed a Universal Freemasonry with a particular worship that painfully explained the life of Jesus. The contemporary Satanists also preserve some names of the confraternity that insulted the Virgin with scatological words: Eduardo de Campos, Hamilcar Figueiredo, Teópompo de Sousa, Teixeira Wernek and others; using pseudonyms and composing a litany of names with occult and symbolic meanings. The Palladists didn't die at all. Rather, they metamorphosed into poetic forms. In Paraná, where an intense occultist movement exists - as much as all forms of belief, as they're a people of impressionable poets - there are writers who are currently Luciferians *dans le train*[11] of the processes of belief in Europe. The Universal Freemasonry disappeared after its old boss, an Italian priest named Vitório Sengambo, who fled from Italy for crimes against morality, was killed. In Brazil the apostates are not like that, and, despite the desire for wealth and worldly satisfactions, it's hard to find a case of apostasy in the Brazilian clergy. The Luciferians were just curious people who related to the Supreme Council of Charleston,[12]

Os satanistas ao contrário imperam, sendo como são mais modestos.

Sabem que Satã é o proscrito, o infame, o mal, o conspurcador, fazem apenas o catolicismo inverso, e são supersticiosos, depravados mentais, ou ignorantes apavorados das forças ocultas. O número de crentes convictos é curto; o número de crentes inconscientes é infinito.

Seria curioso, neste acordar do espiritualismo em que os filósofos materialistas são abandonados pelos místicos, ver como vive Satã, como goza saúde o Tentador.

Nunca esse espírito interessante deixou de ser adorado. No início dos séculos, na idade média, nos tempos modernos contemporaneamente, os cultos e os incultos veneram-no como a encarnação dos deuses pagãos, como o poder contrário à cata de almas, como o Renegado. As almas das mulheres tremem ao ouvir-lhe o nome, as criações literárias fazem-no de idéias frias e brilhantes como floretes de aço, no tempo do romantismo o Sr. Diabo foi saliente. Hoje Satanás dirige as literaturas perversas, as pornografias, as filosofias avariadas, os misticismos perigosos, assusta a Igreja Católica, e cada homem, cada mulher, por momentos ao menos, tem o desejo de o chamar para ter amor, riqueza, ciência e poder. Bem dizem os padres: Satanás é o Tentador; bem o pintou Tintoreto na *Tentação*, bonito e loiro como um anjo...

A nossa terra sofre cruelmente da crendice dos negros, agarra-se aos feiticeiros e faz a prosperidade das seitas desde que estabeleçam o milagre. Satanás faz milagres a troco de almas. Quem entre nós ainda não teve a esperança ingênua de falar ao Diabo, à meia-noite, mesmo acreditando em Deus e crendo na trapaça de Fausto? Quantos, por conselhos de magos falsos, em noites de trovoada, não se agitaram em lugares desertos à espera de ver surgir o Grande Rebelde? Há no ambiente uma predisposição para o satanismo, e como, segundo o *Apocalipse*, é talvez neste século que Satanás vai aparecer, o número dos satanistas autênticos, conhecedores da Cabala, dos fios imantados, prostituidores da missa, aumentou. Há hoje para mais de cinqüenta.

Quarta-feira santa encontrei o Dr. Justino no Saião. O pobre estava mais pálido, mais magro e mais sujo, levando sempre o lenço à boca,

from where the new world domination and its de-Christianization will come.

The Satanists, on the contrary, reign because they are more modest.

They know that Satan is the outcast, the infamous, the evil, the tarnisher. They just do reverse Catholicism and are superstitious people, the mentally depraved, or frightened ignoramuses of the occult forces. The number of convinced believers is short; the number of unconscious believers is infinite.

It would be curious, in this wake of spiritualism in which the materialistic philosophers are forsaken for the mystics, to see how Satan lives, how the Tempter is healthy.

This interesting spirit has never ceased to be worshiped. In the early centuries, the middle ages, contemporaneously in modern times, the educated and the uneducated venerate it as the incarnation of the pagan gods, as the opposite power in search of souls, as the Renegade. The souls of women tremble at his name. Literary creations make its ideas as cold and bright as florets of steel. Mr. Devil was prominent in the Romanticism era. Today Satan governs the perverse literatures, pornography, damaged philosophies, dangerous mysticism. He scares the Catholic Church, and every man, every woman, for a moment at least, has the desire to summon him in order to have love, wealth, science and power. As the priests well say: Satan is the Tempter. Tintoretto painted him well in *Temptation*, handsome and blonde like an angel...

Our planet cruelly suffers from the superstition of blacks, clings to wizards, and makes sects prosper as long as they establish the miracle. Satan works miracles in return for souls. Who among us hasn't had the naive hope of talking to the Devil at midnight, even believing in God and believing in the fooling of Faust's? How many, advised by false wizards on thundery nights, didn't rustle around desert places, waiting to see the Great Rebel arising? There is a predisposition to Satanism in the surroundings. And as it is, perhaps, according to *Revelation*, in this century that Satan will appear, the number of authentic Satanists, knowledgeable

como se sentisse gosto de sangue.

- Continua nas suas cenas de vampirismo?" - sussurrei eu.

Nos olhos do Dr. Justino uma luz de ódio brilhou.

- Infelizmente o senhor não sabe o que diz! Deu dois passos agitados, voltou-se, repetiu: infelizmente não sabe o que diz! O vampirismo! alguém sabe o que isto é? Não se faça de cético. Enquanto ri, a morte o envolve. Agora mesmo está sentado num molho de solanéas.

Eu o deixara dizer, subitamente penalizado. Nunca o vira tão nervoso e com um cheiro tão pronunciado de álcool.

- Não ria muito. O vampirismo, como a sua filosofia, coopera para a vitória definitiva de Satanás... Conhece o Diabo?

A pergunta feita num restaurant bem iluminado seria engraçada. Naquele ambiente de herbanário, e na noite em que Jesus sofria, fez-me mal.

- Não. Também como o conhecer sem o pacto?

- O pacto é conhecimento de causa.

Passeou febrilmente, olhando-me como a relutar com um desejo sinistro. Por fim agarrou-me o pulso.

- E se lhe mostrasse o Diabo, guardaria segredo?

- Guardaria! - murmurei.

- Então venha.

E bruscamente saímos para o luar fantástico da rua. Esta cena abriu-me de repente um mundo de horrores. O Dr. Justino, médico instruído, era simplesmente um louco. No bonde, aconchegando-se a mim, a estranha criatura disse o que estivera a fazer antes do nosso encontro. Fora beber o seu sanguezinho, ao escurecer, num açougue conhecido. Como todos os degenerados, abundou nos detalhes. Mandava sempre o carneiro antes; depois, quando as estrelas luziam, entrava no pátio, fazia uma incisão no pescoço do bicho e chupava, sorvia gulosamente todo o sangue, olhando os olhos vítreos do animal agonizante.

Não teria eu lido nunca o livro sobre o vampirismo, a possessão dos corpos? Pois o vampirismo era uma conseqüência fatal dessa legião de antigos deuses pagãos, os sátiros e os faunos, que Satanás atirava ao

of the Kabbalah, of the magnetized wires, prostitutors of the Mass, has increased. Today there are more than fifty.

I met Dr. Justino at Saião's house on Holy Wednesday. The poor man was paler, skinnier and dirtier, always taking his handkerchief to his mouth, as if he felt the taste of blood.

"Are you still at your vampirism things?" I whispered.

A flash of hatred shone in Dr. Justino's eyes.

"Unfortunately, you don't know what you say, Sir!" He took two shaky steps, turned, and repeated: "Unfortunately, you don't know what you say! Vampirism! Does anyone know what this is? Don't pretend you're skeptical. While you laugh, death surrounds you. At this very moment you're sitting on a pile of *solanaceae*."[13]

The headquarters of a Satanist movement led by Alberto Pike (Grand Commander of Charleston from 1859 until his death, in 1891) in South Carolina, USA, writer of *Morals and Dogma of the Ancient and Accepted Scottish Rite of Freemasonry*.

Suddenly sorry for him, I let him speak. I had never seen him so nervous and with such a pronounced smell of alcohol.

"Don't laugh too much. Vampirism, as much as your Philosophy, collaborates for Satan's final victory... Do you know the devil?"

The question asked in a well-lit restaurant would be amusing. In that herbalist environment, and on the night that Jesus suffered, it made me ill.

"No. But how to get to know him, without the covenant?"

"The covenant is knowledge of causation."

He walked feverishly, looking at me as if reluctant with a sinister desire. Finally, he grabbed me by the wrist.

"And if I showed the Devil to you, would you keep it a secret?"

"I would!" I whispered.

"So come with me."

And we abruptly went out into the street's fantastic moonlight. This scene suddenly opened a world of horrors before me. Dr. Justino, a learned physician, was simply insane. In the tram, snuggling up to me,

mundo com a forma de súcubos e incubos. O Dr. Justino era perseguido pelos incubos, não podia resistir, entregava-se...

Já não tinha espinha, já não podia respirar, já não podia mais e sentia-se varado pelos símbolos fecundos dos incubos como as feiticeiras em êxtase, nos grandes dias de sabbat.

Sacudi a cabeça como quem faz um supremo esforço para não soçobrar também.

O cidadão com quem falava era um doido atacado do solitário vício astral! Ele, entretanto, febril, continuava a descrever o poder de Satã sobre os cadáveres, a legião que acompanhou o Supremo e o inebriamento sabático.

- Mas, doutor, compreendamos. O sabbat em plena cidade? As feiticeiras de Shakespeare no Engenho Novo?

- Satã continua cultuado, por mais que o mundo se transforme. O sabbat já se fez até nos telhados. Os gatos e os morcegos, animais de Satã, vivem entre as telhas.

Lembrei-me de um caso de loucura, um estudante que recebia o diabo pelos telhados, e morrera furioso. Não me pareceu de todo falso. O sabbat, porém, o sabbat clássico, a festa horrenda da noite, o delírio nos bosques em que as árvores parecem demônios, a ronda detestável das mulheres nuas, subindo aos montes, descendo as montanhas, a fúria necrófila que desenterrava cadáveres e bebia álcool com sangue extinguiu-se. A antiga orgia, a comunicação imunda com o Diabo não passa de contos de demonógrafos, de fantasias de curiosos. Satã vive hoje em casa como qualquer burguês. Esse cavalheiro poderoso, o Tinhoso, não vai mais para trás das ermidas oficiar, as fúrias desnudas não espremem mais o suco da vida, rolando nas pedras, sob a ventania do cio. Todo o mal que a Deus fazem é em casa, nos deboches e na prostituição da missa.

E que vida a deles! Agora que o bonde passava pelo canal do Mangue e a lua batia na copa das palmeiras, o pobre homem, tremendo, contava-me as suas noites de agonia. Sim, o Dr. Justino temia os lêmures e as larvas, dormia com uma navalha debaixo do travesseiro, a navalha

the strange creature said what he had been doing before our meeting. He went drinking his usual little dose of blood, at dusk, at a known butcher. Like all degenerates, he abounded in details. He always sent the lamb ahead. Then, when the stars shone, he entered the courtyard, made an incision in the neck of the animal, and sucked, sipping greedily, all the blood, whilst staring at the glassy eyes of the dying animal.

Hadn't I ever read the book on vampirism, on the possession of bodies? Because vampirism was a fatal consequence of this legion of ancient pagan gods, satyrs, and fauns that Satan threw at the world in the form of succubi and incubi. Dr. Justino was chased by incubi, he couldn't resist them, he just surrendered...

He already had no spine; he couldn't breathe, he could no longer, and he felt pierced by the fecund symbols of the incubi, as witches in ecstasy, in the great days of Sabbat.[14]

I shook my head like someone who makes an extreme effort not to founder.

The citizen to whom I spoke was a madman suffering lonely astral addiction! He, however, feverish, continued to describe the power of Satan over corpses, the legion that accompanied the Supreme and the sabbatical intoxication.

"But, doctor, let's understand. The Sabbat right in the middle of the city? Shakespeare's witches in Engenho Novo?"[15]

"Satan is still worshiped, no matter how much the world changes. The Sabbat has been done even on rooftops. Cats and bats, animals of Satan, live under the roof tiles."

I remembered a case of madness, a student who received the devil on the rooftops and died enraged. It didn't seem at all fake to me. The Sabbat, however, the classic Sabbat – the horrendous party of the night – the rave in the woods, where the trees look like demons; the detestable rounds of naked women, climbing the mounts, coming down the mountains; the necrophilic fury which dug up corpses and drank alcohol with blood – is extinguished. The ancient orgy, the filthy communication with the Devil, is nothing but demonological tales, fantasies of curious peo-

do Cambucá, um assassino que morrera de um tiro. As larvas são fragmentos de idéias, embriões de cóleras e ódios, restos de raivas danadas que sobem do sangue dos criminosos e do sangue regular das esposas e virgens aos astros para envolver as criaturas, são os desesperos que se transformam em touros e elefantes, são os animais da luxúria. E esses animais esmagavam-no, preparando-o para o grande escândalo dos incubos.

- Mas certamente - fiz para acalmá-lo - Satã, desde que se faz com o Inferno um pacto e uma aliança com a morte, dá o supremo poder de magia, o quebranto, a bruxaria, o malefício, o envolver das vontades...

Ele sorriu tristemente, tiritando de febre.

- A magia está muito decaída, eivada de costumes africanos e misturadas de pagés. Conhece o malefício do ódio, a boneca de cera virgem? Esmagava-se a cera, modelava-se um boneco parecido com o odiado, com um dente, unhas e cabelos seus. Depois vestiam-lhe as roupas da pessoa e no batismo dava-se-lhe o seu próprio nome. Por sobre a boneca o mago estendia uma corda com um nó, símbolo da sua resolução, e exclamava: *Arator, Lepidator, Tentator, Somniator, Ductor, Comestor, Devorator, Seductor*, companheiros da destruição e do ódio, semeadores da discórdia que agitam livremente os maléficos, peço-vos e conjuro-vos que admitais e consagreis esta imagem...

- E a cera morria...

- Animado do seu ódio, o mago dominava as partículas fluídicas do odiado, e praguejando acabava atirando a boneca ao fogo, depois de trespassá-la com uma faca. Nessa ocasião o odiado morria.

- E o choque de volta?

- Quando o enfeitiçado percebia, em lugar de consentir nas perturbações profundas do seu ser, aproveitava os fluídos contra o assassino e havia conflagração. O mágico, porém, podia envenenar o dente da pessoa, distender-se no éter e ir tocá-la. Havia ainda o *envoutement* retangular... Hoje, os feiticeiros são negros, os fluídos de uma raça inferior destinados a um domínio rápido. Os malefícios satânicos estão inundados de azeite-de-dendê e de ervas de caboclos.

ple. Today Satan lives at home like any bourgeois. This powerful gentleman, the Beast, doesn't go behind the shrines to officiate. The denuded furies don't squeeze out the juice of life, rolling on the stones, under the windstorm of the rut, any longer. All the evil against God is done at home, in the debauchery and prostitution of the Mass.

And what a life they have! Now that the tram was passing through the Canal do Mangue,[16] and the moonlight flooded the canopy of the palm trees, the poor man, trembling, told me about his agonizing nights. Yes, Dr. Justino feared lemures and larvae.[17] He slept with a razor under his pillow, the razor of Cambucá, a murderer who died of a gunshot. Larvae are fragments of ideas, embryos of rages and hatreds, remainders of damned rages which soar from the blood of criminals and the regular blood of virgins and wives, to the stars to engage the creatures. They are the despairs that turn into bulls and elephants. They are animals of lust. And these animals crushed him, preparing him for the great scandal of incubi.

"But certainly," I said to calm him down, "Satan, provided that a covenant with hell and an alliance with death are made, gives the supreme power of magic, the evil eye, witchcraft, the curse, the binding of the will..."

He smiled sadly, shivering with fever.

"The magic has waned, defiled by African customs and shaman jumbles. Do you know the curse of hatred, the beeswax doll? They crushed the wax, molded it into a doll in the likeness of the hated, with his tooth, hair and nails. Then they clothed it with the person's clothes, and gave it the person's own name in baptism." Over the doll the wizard stretched a rope with a knot, a symbol of their resolution, and exclaimed: *"Arator, Lepidator, Tentador, Soniator, Ductor, Comestor, Devorator, Seductor,* companions of destruction and hatred, sowers of discord who freely stir the curses, I pray to you, and conjure you to receive and consecrate this image..."

"And the wax died..."

Então, encostado a mim, com mau hálito, enquanto o bonde corria, o Dr. Justino deu-me várias receitas. Como se estuda nesse receituário macabro o temor de várias raças, desde os ciganos boêmios até os brancos assustadiços! O sangue é o seu grande fator: cada feitiço é um misto de imundície e de infâmia. Para possuir, para amar, para vencer, os satanistas usam, além das receitas da clavícula, de morcegos, porcos-da-índia, pós, ervas, sangue mensal das mulheres, ratos brancos, produto de espasmos, camundongos, rabos de gatos, moedas de ouro, fluidos, carnes, bolos de farinha com óleos, e para abrir uma chaga empregam, por exemplo, o ácido sulfúrico...

- Com o poder do Horrendo, fez subitamente o médico numa nova crise, é lá possível temer esse idiota que morreu na cruz? Sabe que os talmudistas negam a ressurreição?

Levantou-se titubeante, saltamos. O bonde desapareceu. Embaixo, no leito do caminho de ferro, os *rails* de aço branquejavam, e, no ar, morcegos faziam curvas sinistras. O Dr. Justino ardia em febre. De repente ergueu os pulsos.

- Impostor! Torpe! Salafrário! - ganiu aos céus estrelados.

- Onde vamos?

- À missa-negra...

- Onde?

- Ali.

Estendeu a mão, veio-lhe um vômito, emborcou no meu braço que o amparava, golfando num estertor pedaços de sangue coagulado.

Ao longe ouviu-se o silvo da locomotiva.

Então, com o possuído do Diabo nos braços, eu bati à porta dos satanistas, ouvindo a sua desgraçada vida e a dor infindável da morte.

Original publication: "Os Satanistas," *Gazeta de Notícias*, Rio de Janeiro, ed. 96, p.2, 05/04/1904.

"Excited by his hatred, the wizard controlled the fluidic particles of the hated one, and swearing, he finally threw the doll into the fire, after piercing it with a knife. At this point the hated one died."

"And the struggle back?"

"When the bewitched noticed it, rather than acquiesce in the deep disturbances of his being, he used the fluids against the killer, and there was a conflagration. The wizard, however, could poison the tooth of the person, distend in ether and lay hands on the person. There was also the rectangular *envoutement*... Today, the sorcerers are black, the fluids of an inferior race destined to a fast dominance. The Satanic curses are flooded with palm oil and *caboclo* herbs."

Then, leaning against me with bad breath while the tram ran, Dr. Justino gave me various recipes. How they study fear of various races in this macabre prescription, from bohemian gypsies to jittery whites! Blood is its big factor: each spell is a mix of filth and infamy. To possess, to love, to win, the Satanists use - beyond the recipes of the *Clavicle*[18] - bats, guinea pigs, powders, herbs, menstrual blood, white rats, the product of spasms, mice, cats tails, gold coins, fluids, meats, flour cakes with oils; and to open a wound they employ, for example, sulfuric acid...

"With the power of the Horrid," the doctor suddenly said in a new fit of cough, "it is possible to fear that idiot who died on the cross? Do you know that the Talmudists disavow the resurrection?"

He stood up, faltering, and we got off. The tram disappeared. Below, in the roadbed, the rails of steel whitened, and in the air, bats performed eerie curves. Dr. Justino was burning with fever. Suddenly he raised his wrists.

"Impostor! Lout! Scoundrel!" he yelped at the starry heavens.

"Where are we going?"

"To the Black Mass..."

"Where?"

"There."

He offered a hand; sputum came up. He vomited on my arm, which was giving him support, spurting pieces of coagulated blood in a rattle.

In the distance one could hear the hiss of the locomotive.

Then, with the devil-possessed in my arms, I knocked on the Satanists' door, listening to their miserable life and endless pain of death.

A Missa Negra

A travessamos uma aléia de sapucaias. O terreno enlameado pegava na sola dos sapatos. Justino ia à frente, com um preto que assobiava, dois cães sujos e magros. Por entre os canteiros incultos crescia a erva daninha, e os troncos das árvores, molhados de luar, pareciam curvar-se.

- Entramos no Inferno?

- Vamos ao sabbat moderno.

Tínhamos chegado ao velho prédio, que emergia da sombra. O negro empurrou a porta e todos três, misteriosamente, penetramos numa saleta quase escura, onde não havia ninguém. Justino lavou as mãos, respirou forte e, abrindo uma outra porta, sussurrou:

- Entre.

Dei numa vasta sala cheia de gente. Candeeiros de querosene com refletores de folha pregados às paredes pareciam uma fileira de olhos, de focos de locomotiva golpeando as trevas numa pertinaz interrogação. A atmosfera, impregnada de cheiros maus de pó de arroz e de suor, sufocava. Encostei-me ao portal indeciso. Remexia e gania entre aquelas quatro paredes o mundo estercorário do Rio. Velhos viciados à procura de emoções novas, fúfias histéricas e ninfomaníacas, mulatas perdidas, a ralé da prostituição, tipos ambíguos de calças largas e meneios de quadris, caras lívidas de rôdeurs das praças, homens desbriados, toda essa massa heteróclita cacarejava impaciente para que começasse a orgia. Os velhos tinham olhares cúpidos, melosos, os tipos dúbios tratavam-se entre si de comadres, com as faces pintadas, e a um canto o empregado dos Correios, esticando o pescoço depenado de condor, fixava na penumbra a presa futura. Não era uma religião; era um começo de saturnal.

Senti que me tocavam no braço. Voltei-me. Era um poeta muito vermelho, que cultivara outrora, numa revista de arte, o satanismo literário. Desequilibrado, matóide, o Carolino estava ali em parada íntima de per-

The Black Mass

W e crossed an alley of *sapucaias*.[19] The muddy ground stuck to our shoe soles. Justino led the way with a black man whistling and two dirty, skinny dogs. Weed grew among the uncultivated plots, and the trunks of the trees, moonlight soaked, seemed to bow.

"Have we walked into Hell?"

"We will go to the modern Sabbat."

We had reached the old building, which emerged from the shadows. The black man pushed on the door, and the three of us mysteriously penetrated a small, almost dark room which was empty. Justino washed his hands, breathed hard and, opening another door, whispered:

"Come in."

I entered a huge room full of people. Kerosene lamps with reflector sheets nailed to the walls seemed like a row of eyes, of locomotive headlights striking darkness with a stubborn question. The atmosphere, impregnated with odors of rice powder and sweat, suffocated. I leaned against the portal, unsure. The manurial world of Rio fidgeted and whined between those four walls. Elderly addicts looking for new thrills; hysterical, pretentious nymphomaniac women; lost mulatto women, dregs of prostitution; ambiguous types in baggy pants and swaying hips, livid faces of *rôdeurs*[20] of the streets, men without honor. This whole heteroclite mass clucked out impatiently for the orgy to begin. The elderly had yearning eyes. Treacly, with painted faces, these dubious types called each other godmother. And in a corner the Post Office employee, craning his plucked condor neck, fixed his future prey in the twilight. This was not a religion; it was a start of Saturnalia.

I felt someone touched my arm. I turned. It was a very red poet who had once cultivated literary Satanism in an art magazine. Unbalanced, insane, Carolino was there in an intimate parade of poetic perversion.

"You too?" he said, shaking my hand between his slimy, sweaty hands. "Curious, huh? But it's all buffoonery, son, buffoonery. It's the

versão poética.

- Também tu? — fez apertando-me a mão entre as suas viscosas de suor. — Curioso, hein? Mas palhaçada, filho, palhaçada. É a segunda a que eu assisto. Uma missa-negra de jornal de Paris com ilustrações ao vivo... Imagina que nem há padres. O oficiante é o degenerado que anda à noite pelas praças.

- E as hóstias?

- As hóstias, essas ao menos são autênticas, roubadas às igrejas. Dizem até... — esticou-se, colocou a boca ao meu ouvido como quem vai fazer uma espantosa revelação. — Dizem até que há um sacristão na cidade a mercadejá-las. É para quem quer... hóstias a dez tostões. É boa!

Mas que diferença, meu caro, da missa antiga, da verdadeira!

- Não se mata ninguém?

- É lá possível! E a polícia? Já não estamos no tempo de Gilles de Rais nem de Montespan... Bom tempo esse!

Pousou os dedos no peito, revirou os olhos saudosos. Era como se tivesse tido relações pessoais com o Gilles e a Montespan.

A turba entretanto continuava a piar. Todas as janelas fechadas faziam da sala um forno.

Carolino encostou-se também e deu-me informações curiosas. Estava vendo eu uma rapariga loura, com uma fístula no queixo e óculos azuis? Era uma *trotteuse* da praça Tiradentes. Certo homem pálido, que corcovava abanando-se, era artista peladanista, outro gordo e flácido fazia milagres e intitulava-se membro da Sociedade de Estudos Psíquicos. Havia de tudo... Uma senhora, vestida de negro, passou por nós grave, como cansada.

- E esta?

- É a princesa... Uma mulher original, estranha, que já adorou o fogo...

- Mas você está fazendo romance. Isso é literatura.

- Tudo é literatura! A literatura é o mirífico agente do vício. Porque estou eu aqui? A literatura, Huysmans, o cônego Docre do *Là-Bas*, os livros enervadores. Os que arranjaram estas cenas, o rapaz dos Correios,

second I've attended. A Black Mass out of a Parisian newspaper with live illustrations... Imagine, there aren't even any priests. The officiant is the degenerate who walks the streets at night."

"And the communion hosts?"

"The communion hosts, they are authentic at least, stolen from churches. They even say..." – he reached forth, put his mouth to my ear as if to make a startling revelation: "They even say that there is a sexton in the city trafficking them. It's for whoever wants them... communion hosts for ten *tostões*.[21] It's good!

But what a difference, my friend, from the old true Mass!

"Doesn't it kill anyone?"

"As if at all possible! And what about the police? We are no longer in the times of Gilles de Rais[22] or Montespan...[23] Good old times!"

He laid his fingers on his chest, rolling his wistful eyes. It was as if he had had personal relations with Gilles and Montespan.

The mob, meanwhile, continued to chirp. All the closed windows made an oven of the room. Carolino leaned in, too, and gave me interesting information. Was I seeing a blonde girl with a fistula on her chin, and blue glasses? She was a *trotteuse*[24] from Praça Tiradentes. A certain pale man who bent to fan himself was a *Peladanist*[25] artist. Another man, fat and flaccid, made miracles and titled himself a member of the Society for Psychical Research. There was a little bit of everything... A serious lady dressed in black, passed by us as if tired.

"And this one?"

"She's the princess... a unique woman, strange, who has already worshiped fire..."

"But you're romanticizing. This is literature."

"Everything is literature! Literature is the marvelous agent of addiction. Why am I here? Literature, canon Docre in *Là-bas*,[26] the nerve-racking books. The ones who arranged these scenes, the boy from the Post Office, Justino, Goat..."

"Goat?"

o Justino, o Bode...

- O Bode?

- É o nome satânico do sacerdote... tem o cérebro como um sanduíche de literatura.

- Mas o resto, estas quarenta pessoas que eu vejo, tenho a certeza de ver e que encontrarei talvez amanhã nas ruas?

- Em ruas más... São depravados, pervertidos, doentes, endemoninhados! Satã, meu amigo, Satã, que os padres arrancam dos corpos das mulheres no Rio de Janeiro, a varadas.

- É sempre o melhor meio.

- O único eficaz, mas que nos tira a ilusão e a fantasia... Confesse. É um gozo a descida ao abismo da perdição com o Deus do Mal, este banho de gosma em que, de irreais as cenas, não as acreditam os nossos olhos, ao vê-las, nem os nossos ouvidos ouvindo-as. Começa a cerimônia... Entremos. Só falta aqui o falecido coronel...

Abrira-se uma porta, a da casa de jantar, e a crápula entrava aos encontrões dando-se beliscões, com o olhar guloso e devasso. Entramos também.

Como era razoável a desilusão de Carolino! A missa-negra a que eu assisti, era uma paródia carnavalesca e sádica, uma mistura de várias missas com invenções pessoais do sacerdote. Havia frases do Ofício da Observância, trechos sacrílegos do abade Guibourg, a missa de Vintras, esse doido formidável, aparatos copiados aos Ansariés da Síria e um desmedido deboche, o deboche do teatro São Pedro em noite de carnaval, se à polícia não contivesse o desejo e as portas se fechassem. Carolino tinha razão.

O erotismo ambicioso de outrora devia ser mais interessante. Guibourg aspergindo de água benta o corpo nu da Montespan deitada nos evangelhos dos reis, os pombos queimados, a paixão de Nossa Senhora lida com os pés dentro de água, o cibório cheio de sangue inocente no centro das sensações, tinham um fim. A missa de Ezequiel, o ofício supremo em que, além de Satã, aparecem Belzebu, Astarob, Asmodeu, Belial, Moloch e Baal-Phagor, era religiosamente terrível. A que os meus

"It is the satanic name of the priest... he has a literature sandwich in his brain."

"But what about the rest, these forty people I see, I'm sure I see them, and who I might find on the streets tomorrow?"

"On dangerous streets... They are depraved, perverted, diseased, demoniac! Satan, my friend, Satan, that priests yank off of women's bodies in Rio de Janeiro, beating them with a cane."

"It's always the best way."

"The only effective way, but that takes illusion and fantasy away from us... Confess. It is a pleasure to fall into the abyss of perdition as the God of Evil, this bath of goo in which, the scenes being unrealistic, our eyes don't believe when looking at them, nor our ears at hearing them. The ceremony is starting... Let's go in. The only thing missing here is the late Colonel..."

A door to the dining room was opened, and the crapulence came in bumping and pinching each other, with a greedy and lecherous look. We also went in.

How reasonable was Carolino's disappointment! The Black Mass I attended was a carnivalesque and sadistic parody, a mixture of various masses with the priest's own inventions. There were sentences from the Service of Compliance; sacrilegious passages from Abbot Guibourg,[27] the Mass of Vintras,[28] that formidable lunatic; contrivances copied from the Syrian Nusayres;[29] and rampant debauchery, the debauchery of São Pedro Theater's carnival night if the police didn't contain the lust and the doors were closed. Carolino was right.

The ambitious eroticism of yore might be more interesting. Guibourg sprinkling holy water over Montespan's naked body lying on the gospels of kings, burned pigeons, the Passion of Our Lady read with their feet in the water, the ciborium[30] full of innocent blood at the center of sensations, they had an end. The Mass of Ezekiel, the supreme service in which, besides Satan, Beelzebub, Astaroth, Asmodeus, Belial, Moloch and Belphegor[31] also appear, was religiously terrible. What my eyes saw

olhos viam, não passava de fantasia de debochadas e histéricas neces-
sitando do rifle policial e do chicote.

A casa de jantar estava transformada numa capela. Ao fundo le-
vantava-se o altar-mor, ladeado de um pavão empalhado com a cauda
aberta - o pavão simbólico do Vício Triunfal. Nos quatro cantos do teto,
morcegos, deitados em corações de papelão vermelho, pareciam assustados. Panos pretos com cruzes de prata voltadas cobriam as janelas e
as portas.

Do altar-mor, que tinha três degraus cobertos por um pelego encarnado, descia, abrindo em forma de leque, um duplo renque de castiçais
altos, sustentando tochas acesas de cera vermelha. Era essa toda a luz
da sala. O bando tomou posições. Alguns riam; outros, porém, tinham
as faces pálidas, olheirentas, dos apavorados. Nós, eu e o poeta, ficamos
no fim. Um silêncio caiu. Do alto, pregado a cruz tosca, uma escultura
infame pretendia representar Cristo, o doce Jesus! Era um boneco torpe,
de bigodes retorcidos, totalmente excitado, que olhava os fiéis com um
olhar trocista e o beicinho revirado.

- É horrendo.

- Se estamos na casa do horrendo! Guarde a sua emoção. Tudo isso é
religião. O mesmo fazem com Iscariote no sábado de Aleluia os meninos
católicos.

Guardei. Vinham aparecendo aos saltinhos, num andar de marrecos
presos, quatro sacristãos com as sotainas em cima da pele. Esses efebos
diabólicos, de faces carminadas e sorrizinhos equívocos, passeavam pela
sala como *ménagêres* preocupadas com um jantar de cerimônia, dando
a última demão à mesa. Depois surgiu um negrinho de batina amarela,
com os pés nus, e as unhas pintadas de ouro. Trazia os braseiros para o
incenso e quando passava pelos homens erguia devagar o balandrau cor
de enxofre. A princesa, adoradora do fogo, olhou-o com gula e ia talvez
falar, quando apareceu o sacerdote acompanhado de um outro sacristão
exótico. À luz dos círios que estalidavam, nessa luz vacilante e agônica,
o mulato era teatral. Alto, grosso, com o bigode trincado, as olheiras pap-
udas, os beiços sensuais pendentes, fez a aparição de capa encarnada e

was nothing but debauched and hysterical fantasy requiring police rifle and whip.

The dining room was converted into a chapel. In the back of the room rose the altar, flanked by a stuffed peacock with its open tail - the symbolic peacock of Triumphal Addiction. At the four corners of the ceiling, bats, lying on red cardboard hearts, seemed frightened. Black cloths with inverted silver crosses covered the windows and doors.

From the high altar, which had three steps covered by a red sheep-skin opening in a fan-shape, descended a double row of tall candlesticks holding lighted red wax torches. That was all the light in the room. The gang took positions. Some laughed; others, however, had the pale cheeks and dark circles of the terrified. We, the poet and I, sat in the back. Silence fell. From the top, nailed to a rough cross, an infamous sculpture intended to represent Christ, the sweet Jesus! It was a heinous puppet of twisted mustache, unreservedly excited, who looked at the congregation with a scornful look and overturned pout.

"It's horrendous."

"If we are in the house of horrid! Contain your emotions. This is all religion. The Catholic boys do the same to Iscariot on Easter Eve."

I contained them. Four sextons with cassocks over their skin appeared hopping, walking like tied up mallards. These diabolical ephebes of carmine faces and dubious grins walked around the room as *ménagères*[32] concerned themselves with a ceremonial dinner, touching up the table. Then a pickaninny appeared in a yellow cassock, with bare feet and nails painted gold. He brought the braziers for incense, and when passing by the men slowly lifted the sulfur-colored balandran.[33] The princess, worshiper of fire, looked greedily at him and perhaps was going to talk when the priest appeared accompanied by another exotic sexton. In the light of the sputtering pillar candles, in this vacillating and agonizing light, the mulatto was theatrical. Tall, bulky, with the parted mustache, swollen dark circles, sexy pendant lips, appeared in the incarnate cloak and silver crosier[34] with the potent symbols of Shiva.[35]

"Is this man crazy?"

báculo de prata, com os símbolos de Shiva potente.

- Esse homem é doido?

- Um sádico inteligente. Tem como prazer único o crime de um príncipe que há um ano agitou a moral arquiduvidosa de Londres... Ainda não conversou com ele? Muito interessante. Há tempos inventou a divina junção dos sexos num tipo único, o andrógino satânico. É admirável...

- A literatura! - fiz.

- O Mal! - retrucou o poeta cínico, e apontou o Dr. Justino.

O pobre médico encostado a uma das cruzes batia palmas clamando.

- Satanás! Satanás! Nosso Senhor! Acode!

O sacerdote virou-se. A cauda estrelada de um pavão cobria-lhe o peito da túnica.

Curvou-se, juntou as mãos, e a paródia da missa católica começou, em latim, mudando apenas Deus pelo Diabo. Era tal qual, curvaturas, gestos, toques de campainha, resposta de sacristãos, tudo. De repente, porém, o homem desceu os três degraus. Os sacristãos surgiram com turíbulos enormes, e ele, despregando a casula surgiu inteiramente nu, com o cavanhaque revirado, a mão na anca, cruel como o próprio Rebelde. As mulheres, os pequenos equívocos, o ocultista, arrancaram as roupas, rasgaram-se enquanto o seu dorso reluzente e suado curvava-se diante dos incensos. Depois de novo, com uma voz de metal bradou:

- Senhor! Satã! Glória da terra! Tu que aclaras os pobres homens, Fonte de ouro, misterioso Guarda das criptas e dos antros; Tu que moras na terra onde o ouro vive; Causa dos pecados; Amparo da carne; Delírio único; Fim da vida; deixa que te adoremos! Não te exterminaram as sotainas baratas, não te perdeu o Outro, não se acabará nunca o teu poderoso império, ó Lógica da Existência! Satanás, estás em toda a parte, és o Desejo, a Razão de Ser, o Espasmo! Ouve-nos, aparece, impera! Não vês na cruz o larápio que roubou a tua lábia e o teu saber?

- Deus! - murmurei.

- Guarde a sua emoção, meu amigo. É do rito. Eles dizem que Jesus foi a princípio, de Lúcifer.

- É preciso encarnar o mágico - continuava o homem - neste pedaço

"An intelligent sadist. His only pleasure is the crime of a prince who, a year ago, stirred the archdoubtful morals of London... You haven't talked to him yet? A very interesting man. Some time ago he invented divine junction of the sexes in a single type, the satanic androgynous. He's admirable..."

"Literature!" I said.

"Evil!" replied the cynical poet, and he pointed at Dr. Justino.

The poor doctor, leaning against one of the crosses, clapped his hands calling out, "Satan! Satan! Our Lord! Help!"

The priest turned around. The starry peacock's tail covered the chest of his tunic.

He bowed, joined his hands, and the parody of the Catholic Mass began, in Latin, only changing God to the Devil. It was just like it, bowing, gestures, bell-ringing, sexton responses, everything. Suddenly, however, the man descended the three steps. The sextons emerged with huge censers, and he, taking off the chasuble,[36] became entirely naked, with the goatee messed up, a hand on his hip, as cruel as the Rebel itself. The women, the little quibblers, the occultist, they tore their clothes; they tore them all up while his gleaming and sweaty back bowed before the incenses. Once again, a metal voice cried:

"Lord! Satan! Glory of the Earth! Thou who brightenest poor men; Source of gold; mysterious Guard of crypts and dens; Thou who dwellest in the land where gold exists; Cause of sins; Anchorage of the flesh; unique Delirium; End of life; let us worship thee! The cheap cassocks did not exterminate you, you did not go astray from the Other, thy powerful empire is never going to end, Oh Logic of Existence! Satan, thou art everywhere, thou art the Desire, the Reason of Being, the Spasm! Hear us, rise, reign! Dost thou not see on the cross the thief who stole thy guile and thy knowledge?"

"God!" I whispered.

"Contain your emotions, my friend. It is the rite. They say that, at first, Jesus belonged to Lucifer."

de pão; é preciso magoá-lo, fazê-lo sofrer, mostrar-lhe que és único, impassível e admirável. Que seria da humanidade se não fosse o teu Auxílio, ó Portador dos gozos, ó Desmascarador das hipocrisias? Todo o mundo soluça o teu Nome, a Pérsia, a Caldeia, o Egito, a Grécia, a Roma dos roubadores da tua Pompa. Olha pelo mundo a vitória, os filósofos, os sábios, os médicos, as mulheres. Os filósofos desviam o amor do Outro, os sábios alugam a crença, os médicos arrancam dos ventres a maternidade, fazem as assexuadas delirantes, esmagam as crianças, as mulheres escorrem a lascívia e o ouro! Nós todos prostrados adoramos-te, diante do impostor, do mentiroso, desse que aconselha a renunciar à Carne! Que venha o dinheiro, que venha a Carne! que se esmague os seios das mulheres e se lhes crave o punhal da luxúria em frente ao impostor... Jesus há de descer à hóstia; tu queres!

Deixou cair o braço. Na face dos erotômanos a loucura punha ritos de angústia.

O sacerdote espumava, e a fumaça dos incensários de tão espessa parecia envolver-lhe a indecorosa nudez numa clamide de cinza, estrelada de círios.

- Ó Rei poderoso das satisfações, os que te acreditam, abandonam as cobardias da vergonha, as pregas do pavor e a estupidez da resignação. Envia-nos Astaroh, dá-nos o amor, faze-nos gozar o prazer, faze-nos.

Um palavrão silvou, sagrado como na Bíblia. Houve um complexo de urros e guinchos.

- *Amém*! - cacarejavam os pequenos.

- Tu que és o Vício Amplo, ajuda-nos a violar o Nazareno para a glória imensa.

Outro palavrão estalou. Metade do grupo não compreendia o galimatias blasfemo, mas as frases indignas eram como varadas acendendo a lubricidade, e a gentalha então, com o gesto lúbrico dos macacos, cuspinhava impropérios.

O sacerdote não descansou. Atirada a palavra, trepou os degraus, colocou uma mitra imoral no crânio, e, estendendo entre os dedos uma hóstia branca de neve, encostou-se ao altar vacilante.

"It is necessary to embody the conjurer," the man continued "in this piece of bread. It's necessary to hurt him, to make him suffer, to show him you're unique, impassive and admirable. Oh Bearer of pleasures, Oh debunker of hypocrisies, what would be of humanity if it weren't for your help? The whole world sobs thy Name: Persia, Chaldea, Egypt, Greece, and Rome of the robbers of thy pomp. Look at the victory around the world, philosophers, sages, physicians, women. Philosophers divert the love of the Other; sages rent faith; doctors pluck maternity from wombs, make asexual women delirious, crush children, women trickle lust and gold! We all grovel to worship thee, before the deceiver, liar, the one who admonishes us to renounce the Flesh! Bring on money, bring on the Flesh! Crush women's breasts and ram them with the dagger of lust against the impostor... Jesus will descend to the host; thou wantest!"

He dropped his arm. Madness put rites of anguish on the faces of the erotomaniacs.

The priest foamed, and the smoke of the censers was so thick it seemed to involve the indecorous nudity in a gray drape, starred with pillar candles.

"Oh mighty King of satisfactions, those who believe you, abandon the cowardice of shame, the folds of fear, and the stupidity of resignation. Send us Astaroth, gives us love, make us enjoy pleasure, make us.

A swearword hissed, as sacred as in the Bible. There was a composite of howls and shrieks.

"*Amen!*" the little ones cackled.

"Thou who art the Broad Addiction, help us violate the Nazarene for the immense glory."

Another swearword snapped. Half of the group did not understand the blasphemous gibberish, but the indignant utterances were like welts lighting lustfulness, and the mob then, with the lecherous gesture of monkeys, spattered insults.

The priest did not rest. The word having been put forth, he climbed the stairs, put an immoral miter in the skull, and, showing a snow white host between the fingers, leaned against the altar, faltering.

- Que vai ele fazer?

- Vai ao sinistro banal...

Que Deus seria esse? Ia perguntar ao poeta, mas não tive tempo. Um dos sacristãos trepara ao altar, com o cálice na mão. Como coroado pelos pés do Cristo, o pequeno com tremores pelo corpo, tiques bruscos, garrões de nervos, o olhar embaciado sujeitava-se à estripação do batismo da hóstia, e enquanto o braço do sacerdote num movimento cruel sacudia-o, a sua voz ia dizendo:

- Que Satã o faça encarnar.

De repente o braço estacou. O pequeno tombara babando. Houve então a apoteose. Com a hóstia poluída, o homem nu desceu gritando; os braseiros caíram por terra, os homens ambíguos com gargalhadas infames rolavam; mulheres estrábicas trepavam pelo altar de quatro pés, querendo comer as migalhas da hóstia úmida. A rapariga de óculos azuis com os cabelos presos a um círio estendia o corpo convulsionado; o ocultista gordo gania, em torno do malandro nu, o sacerdos; uma teoria de sátiros e fúrias hidrófobas mastigava enojada os pedaços de hóstia que o rapaz de pescoço de condor cuspinhara. A fumaça dos círios sufocava, alguns castiçais tinham caído.

- Hein? - fez o poeta, por pose. Mas tinha os olhos injetados e tremia.

Então, agarrei-o, passamos à sala em que os corpos redemoinhavam promiscuamente no mais formidável dos debochas entre os círios tombados. Dois sinetas puxaram-no. Claudino amparou-o no pedestal do pavão, o Vício Triunfal rolou. Demos na sala dos refletores, desesperados. A sala parecia na sua solidão uma gare de crime deserta. Entramos na outra em que Justino rolava num canapé sob a pressão de incubos suficientes e reais. O negro abriu meia porta:

- Não querem a água maldita?

- Não.

- V. S. vai assustado. Não diga nada, meu senhor. Deus lá em cima é que lhes dá esse castigo.

Deixei-o falar, deitei a correr como um doido, na noite enluarada. Ouro, prostituição, infâmia, canalhice, sacrilégio, vergonha! Mas que é

"What is he going to do?"

"He's going to go to the banal ominous..."

Which God would that be? I was going to ask the poet but didn't have time. One of the sextons had climbed the altar with the chalice in his hand. As if crowned at Christ's feet, the little one trembled, with jerky tics, tense nerves, the tarnished look subjected to the gutting of the host's baptism, and while the arm of the priest shook him in a cruel movement, his voice was saying:

"May Satan make him incarnate."

Suddenly his arm stopped. The little one had fallen drooling. Then there was the apotheosis. With the foul host, the naked man descended screaming. The braziers fell to the ground. Ambiguous men rolled with infamous laughter. Cross-eyed women crawled to the altar, eager to eat the crumbs of the damp host. The girl with blue glasses with her hair stuck to a pillar candle strained her convulsed body; the fat occultist yelped around the naked scoundrel, the *sacerdos*.[37] A mob of satyrs and hydrophobic furies chewed with disgust the pieces of the host that the condor-necked boy had spewed out. The smoke of the pillar candle was suffocating; some candleholder had fallen.

"Huh?" the poet said, posing. But he had bloodshot eyes and was trembling.

So I grabbed him. We moved to the room where the bodies swirled promiscuously in the most formidable of jeers among the fallen candles. Two acolytes pulled him. Claudino steadied himself on the pedestal of the peacock. The Triumphal Addiction rolled. We ended up in the room of the reflecting candles, desperate. In its loneliness the room looked like a deserted crime station. We entered the other room in which Justino rolled on a settee under the pressure of satisfying and real incubi. The black man half opened the door:

"Don't you want the damn water?"

"No."

"You are frightened, Sir. Don't say anything, my Lord. God up above is the one who gives them the punishment."

tudo isso diante da castidade imaculada dos elementos? Dos altos céus imensos que as estrelas cravejam de glória, a lua derramava por sobre a calma da noite um manto inconsútil de cristal e ouro, e a terra inteira, cheia de paz e doçura, abria em perfume sob o sudário de luz, infinitamente casta...

E foi como se, arrancado ao Inferno de um pesadelo lôbrego de nojo e perversão, eu voltasse à realidade misericordiosa de bondade da vida.

Original publication: "A Missa Negra," *Gazeta de Notícias,* Rio de Janeiro, ed. 98, p.2, 07/04/1904.

I let him talk, and in the moonlit night I started running like crazy. Gold, prostitution, infamy, villainy, sacrilege, shame! But what is all this before the spotless chastity of the elements? Of the high immense skies that stars studded with glory, the moonlight shed by the quiet of the evening, a seamless blanket of crystal and gold. And the whole Earth, full of peace and sweetness, opened itself with fragrance under the shroud of light, infinitely pure...

And it was as if, plucked from the hell of a murky nightmare of disgust and perversion, I had come back to the merciful reality of life's goodness.

Os Exorcismos

— Houve um grande combate nos céus. Miguel e os anjos combatiam contra o dragão que lutava com os seus. Estes, porém, não tiveram a vitória e desde então foi impossível reachar o lugar nos céus. O dragão, a antiga serpente chamada diabo ou sedutor do universo, foi precipitado com os maus anjos sobre a terra. E esse dragão tinha sete cabeças, dez cornos, sete diademas e a sua cauda arrastou a terça parte das estrelas.

Assim fala São João de Patmos. O dragão e as estrelas fazem o mundo diabólico, inspiram o mal, arrastam a teoria furiosa das histéricas e mais do que em qualquer outra terra fazem aqui as endemoninhadas. Pela classe baixa, nas ruas escusas, as possessas abundam. De repente criaturas perfeitamente boas caem com ataques, escabujam, arquejam, cusparam uma baba espessa, com os cabelos tesos e os olhos ardentes. Vêm os médicos chamam a isso histeria, vêm os espíritas, dão outra explicação, mas as criaturas só tornam à vida natural quando um sacerdote as exorcisma. Já vi na Gamboa uma mulher que ficava dois palmos acima do solo, com os braços em cruz, gargolejando injúrias ao Criador; tenho a história de uma outra que babava verde e passava horas e horas enrodilhada, com soluços secos, e atirava punhadas aos crucifixos numa ânsia incrível. São sem conta os casos de possessas.

— E toda essa gente é exorcismada?

— Às vezes.

O amigo com quem eu falava era um médico católico.

— O exorcismo pode ser feito por qualquer?

— Hoje não. Atualmente é preciso ser um homem destituído das vaidades do mundo, é preciso ser velho e puro, dotado de uma força imperecível. O bispo faz tocar ao padre exorcista o livro das fórmulas, dizendo: *"Accipe et commenda memorae, et habe potestatem manus imponendi super energumenos..."* Aqui no Rio há exorcistas falsos, malan-

Exorcisms

"There was a great battle in Heaven. Michael and the angels fought against the dragon, who struggled beside his own. They didn't achieve victory, however, and since then it has been impossible to find their place in Heaven again. The dragon, the ancient serpent called Devil or the universe seducer, was ousted to Earth along with the evil angels. And this dragon had seven heads, and ten horns, and seven diadems, and his tail dragged across a third of the stars."

So says St. John of Patmos. The dragon and these stars make the world diabolical, inspire evil, drag the raging mob of hysterical women; and here, more than in any other land, they beget the demonized women. Within the lower class, in the shady streets, the possessed abound. Perfectly decent creatures suddenly fall with attacks, writhe, pant, spit a thick drool, with stiff hair and fiery eyes. The doctors call this hysteria. The Spiritualists give it another explanation, but the creatures only return to normal life when a priest exorcizes them. In Gamboa[38] I have seen a woman who floated two feet above the ground with her arms crossed, babbling insults at the Creator. I know the story of another woman, who drooled a green substance and spent hours on end coiled up with dry sobs and trounced the crucifixes with an incredible urge. The cases of possessed women are countless.

"And are all these people exorcized?"

"Sometimes."

The friend with whom I spoke was a Catholic doctor.

"Can the exorcism be done by anyone?"

"Not nowadays. Currently, one must be a man devoid of the vanities of the world. He must be old and pure, endowed with an imperishable force. The bishop touches the exorcist priest with the book of formulas, saying: *"Accipe et commenda memoriae, et habe potestatem manus imponendi super Energumenos..."*[39] Here in Rio there are false exorcists, thieving exploiters. There are the Jesuits, some Lazarists,[40] and the su-

dros exploradores, há os jesuítas, alguns lazaristas e o superior da ordem dos Capuchos que têm licença do bispo. Conhece frei Piazza? É uma excelente criatura, feita de bondade e de paz. Nunca recebe mal. Para cada injúria tem um carinho e guarda como máxima a grande verdade de que um frade vale por um exército. Que figuras! Ele pelo menos vale por um exército com a sua carícia e a sua força. É um desses entes que não param, um militante. Anda, sai, indaga, conversa, protege, ajuda, converte, exorcisma. Já o vi uma vez vaiado por alunas de uma escola e rapazes grosseiros, à toa, sem razão de ser, apenas porque era frade. Frei Piazza, muito calmo, agradecia com beijos a vaia e cada beijo seu no ar petrificava a boca de um dos impudentes insultadores. É o nosso primeiro exorcista, o grande combatente dos Diabos... Vá interrogá-lo de preferência a outro qualquer.

- Mas há diabos?

- Um recrudescimento apenas. O catolicismo explica o inexplicável. Quem faz a cosmolatria? Satanás! a necrolatria, o mal de Deus enfim? Satanás, sempre Satanás! Qual o meio de acabar com o Diabo? o exorcismo.

O Rio de Janeiro é uma tenda de feiticeiros brancos e negros, de religiões de animais, de pedras animadas, o rojar de um povo inteiro diante do amanhã,

Spectre toujours mas qué qui nous suit cote a cote
Et qu'on nomme Demam...

Às cenas da missa-negra, dos satanistas, dos magos, é preciso juntar a missa vermelha, e os exorcismos.

- Mas nós estamos no século XX!

- Meu caro, o mundo não varia olhando o invisível. Há sempre de um lado os espíritos bons, os anjos que se demonstram pela teurgia, e os espíritos maus, as larvas, os demônios, isto é, de um lado as teofanias, de outro as fúrias. Ultimamente, porém, casos incríveis, lendas antiqüíssimas deram para reaparecer. Os agentes do Diabo, as sereias, os faunos, os gigantes, os tritões surgem de novo. O João catraeiro, ali do cais dos Mineiros, já viu passeando na água uma dama de vermelho com homens

perior of the Capuchin order who has the bishop's authorization. Do you know Friar Piazza? He is an excellent creature, made of goodness and peace. He's always welcoming. For every insult he uses tenderness, and he holds the maxim of the great truth that a friar is worth an army. What a character! He is worth at least an army with his touch and strength. He's one of those who don't stop, a militant. He walks, gets out, inquires, discusses, protects, helps, converts, exorcizes. Once I saw him booed by female students and rude boys at a school, randomly, for no reason, just because he was friar. Friar Piazza, very quiet, showed gratitude for the booing with kisses, and each kiss thrown in the air petrified the lips of one of the impudent insulters. He's our first exorcist, the great combatant of Demons... Go ask about him with preference over any other person."

"But are there devils?"

"A recrudescence only. Catholicism explains the inexplicable. Who makes the Cosmolatry?[41] Satan! Who makes Necrolatry, the evil from God, anyway? Satan, always Satan! What's the way of getting rid of the Devil? Exorcism."

Rio de Janeiro is a tent of white and black sorcerers, religions of animals, animated stones, all people groveling before tomorrow:

> *Spectre toujours masque qui nous suis côte à côte*
> *Et qu'on nomme Demain...*[42]

To the Black Mass, Satanists, magi, you need to add the Red Mass and exorcisms.

"But we are in the twentieth century!"

"My friend, the world doesn't vary when you look into the invisible. There are always the good spirits, angels who show themselves through theurgy,[43] next to evil spirits, larvae, demons, that is, theophanies on one side, and furies on the other. Lately, however, incredible cases, ancient legends started to reappear. The agents of the Devil, sirens, fauns, giants, newts appear again. João, the boatman, from Cais dos Mineiros,[44] has seen a lady in red with green-bearded men who laughed and whistled, walking on the water. Why should we ban facts? I — and I give you Dr. Rafael Pinheiro and other known people as witness — already had a

de barbas verdes que riam e assobiavam... Por que havemos de banir fatos? Eu, e dou-lhe como testemunha o Dr. Rafael Pinheiro e outras pessoas conhecidas, já tive uma doente que frei Piazza pôs boa. A mulher delirava, tinha ataques formidáveis, eu tratava-a segundo Charcot. Uma vez ela disse: eu tenho o diabo no corpo. Pois vá ao Castelo! Foi e ficou boa.

Era um médico que me dizia o assombro. Nesse mesmo dia subi ao Castelo.

Pelas pedras do morro iam homens carregando baldes de água; mulherios estendiam roupas na relva; embaixo, a cidade num vapor branco parecia uma miragem sob o chuveiro de luz. Em torno do convento saltavam cabras. Pendurei-me de um condão à porta carcomida, como um viajante medieval. Muito tempo depois apareceu um frade italiano de barba negra.

- O Superior?

Abriu a porta, fez-me entrar para uma sala paupérrima, onde havia um altar com imagens grosseiras e paramentos de missa. Pelas paredes, ordens do arcebispo, tabelas dos dias de jejum. Através das outras portas abertas viam-se salas abobadadas, onde as alpercatas sacerdotais punham um brando rumor de intimidade.

Dois minutos depois, frei Piazza aparecia. Muito jovial e muito simples. Eu queria uma informação; ele dava-a. Sempre que Deus lhe fazia a graça de poder ser útil, ficava contente. A impressão desse homem, com os flocos de neve de sua barba escorrendo de uma face cheia de vitalidade, é a de um ser definitivamente certo de seu fim, a quem as injúrias, as intrigas, os elogios ou os males não atingem. Viu-me um curioso mundano, impôs-me a sua crença com delicadeza.

- O senhor é jornalista! ah! os jornalistas!... Se eles dissessem apenas o que vêm, seriam os melhores homens do universo... Mas quase nunca dizem. O príncipe de Crayemberg tinha um temor muito justo. Olhe o que ainda há pouco fizeram com a princesa russa.

Estávamos sentados num duro banco, diante de Deus e dos santos, como em poltronas confortáveis. Ele tinha entre as barbas um sorriso de

sick woman that Friar Piazza cured. The woman was delirious, had formidable fits. I treated her according to Charcot.[45] She once said: I've got the devil inside me. So, go to Castelo![46] She went and got better."

It was a doctor who told me these astonishing things. That same day I went to Castelo.

Men carrying buckets of water walked on the rocks of the hill. Many women spread clothes over the grass to dry. Below, the city, within a white mist, looked like a mirage under the shower of light. Goats jumped around the convent. I hung, from a rope, to the rotten door, like a medieval traveler. Much later an Italian friar with black beard appeared.

"The Superior?"

He opened the door, and saw me in to a very poor room where there was an altar with coarse images and mass vestments. Covering the walls were archbishop's ordinances, charts of fasting days. Through the other open door one could see vaulted rooms where the priestly espadrilles laid a soft whisper of intimacy.

Two minutes later Friar Piazza appeared. Very jovial and very simple. I wanted information; he gave it to me. Whenever God gave him the grace of being useful, he was pleased. The impression I have of this man, with his snowflake beard running down from a face full of vitality, is that of a being definitely sure of his purpose whom insults, intrigues, compliments, or evils don't reach. He saw me as a mundane curious person, and he imposed his belief on me with delicacy.

"You are a journalist! Ah! Journalists!... If they told just what they see, they would the best men of the universe... But they hardly do. The prince of Crayenberg had a justified fear. Look what they've recently done to the Russian princess."

We were seated on a hard pew, before God and the saints, as in comfortable armchairs. He had a smile of subtle irony behind his beard.

"Superior," I confessed "I have seen the evils of the Devil up close lately. They told me that Friar Piazza exorcizes."

"Yes, son, since a few years ago. I work without rest, from four in the morning to four in the afternoon, every Friday. In 1903 alone I exorcized

sutil ironia.

- Superior - confessei eu - tenho nestes últimos tempos visto de perto os males do Diabo. Disseram-me que frei Piazza exorcisma.

- Sim, filho, há alguns anos. Todas as sextas-feiras das 4 da manhã às 4 da tarde, trabalho sem descanso. Só no ano de 1903 exorcismei mais de 300 demoníacas. Esses exorcismos são feitos de preferência na igreja, mas quando me chamam, vou também à casa dos pacientes. Satã mais do que nunca ameaça Deus. Esse macaco do Divino, como diz o padre Goud, arrasta as criaturas para as profundas do Inferno, que a ciência considera um centro de fogo no meio da terra, autor dos vulcões e do abalo das montanhas... Ah! meu filho, é uma vida bem dura!

- O exorcismo é público?

- Nem sempre. O diabo pela boca dos possessos conta a vida de todos, injuria os presentes. Não é conveniente. Ficam alguns amigos que sejam sérios e piedosos.

- E como se praticam os exorcismos?

- Segundo o *Rituale*.

- Contam tanta coisa...

- É bem simples. Leio-lhe a cerimônia.

Foi-se com o seu passo apressado, voltou trazendo os óculos e um livro de marroquim vermelho com letras de ouro.

- Está escrito que o homem não viverá só de pão, mas das palavras de Deus, disse São Paulo.

Sentamo-nos. Frei Piazza abriu o *Rituale*, escrito em vermelho e negro...

O ofício de exorcismo começa com as litanias normais e o salmo LII. Depois, o sacerdote dirige-se ao Energúmeno.

- Quem quer que sejas, ordeno-te, espírito imundo, como aos teus companheiros, que obedeçam a este servidor de Deus, em nome dos mistérios da Encarnação, da Paixão, da Ressurreição e da Ascensão de Nosso Senhor Jesus Cristo, em nome do Espírito Santo, que digas o teu nome e indiques por um sinal qualquer o dia e a hora em que entraste neste corpo, ordeno-te que me obedeças, a mim, ministro indigno de Deus, e

over three-hundred possessed women. These exorcisms are preferably made in the church, but when they call me, I also go to patients' houses. Satan threatens God more than ever. This monkey of the Divine, as Father Goud[47] says, drags these creatures to the depths of Hell, which science considers a central fire in the middle of the Earth, creator of volcanoes and earthquakes... Ah! My son, it's a very hard life!"

"Is exorcism public?"

"Not always. Through the lips of the possessed the devil talks of everyone's life, berates those present. It's not agreeable. Only some serious and pious friends stay."

"And how are the exorcisms practiced?"

"According to the *Rituale*."

"They say so many things..."

"It's very simple. I'll read the ceremony to you."

He went away in his hasty steps and returned with glasses and a red goatskin book with gold engravings.

"It is written that man shall not live on bread alone, but on the words of God, said St. Paul."

We sat down. Friar Piazza opened the *Rituale*, written in red and black...

The craft of exorcism begins with the usual litanies and Psalm LII. Then, the priest addresses the Energumen.

"Whoever you are, I command you, unclean spirit, as to your fellows, to obey this servant of God, on behalf of the mysteries of the Incarnation, Passion, Resurrection and Ascension of Our Lord Jesus Christ, in the name of the Holy Spirit, that you say your name, and show through any signs the day and time that you entered this body. I order you to obey me, me, unworthy minister of God, and I forbid you to offend this creature as well as the others present here."

Then the exorcist reads the Gospels according to St. John, St. Mark, St. Luke. He evokes Christ, makes the sign of the cross on the possessed, wraps her neck in a piece of stole, and with his right hand on the head of the rebel, says:

proíbo-te que ofendas esta criatura assim como aos presentes.

Depois o exorcista procede à leitura dos Evangelhos, segundo São João, São Marcos, São Lucas, evoca o Cristo, faz o sinais-da-cruz no possesso, envolve-lhe o pescoço num pedaço de estola e com a mão direita na cabeça do rebelde, diz:

- Eu te exorcismo, imundo espírito, fantasma legião, em nome de N. S. J. C.,[1] ordeno-te que abandones esta criatura feita por Deus com terra. Deus, o mesmo que do alto dos Céus te precipitou nas profundezas, é quem te ordena. Aquele que manda nos mares, nos ventos e na terra. Ouve e treme de pavor, Satã, inimigo da fé, inimigo do gênero humano, mensageiro da morte, ladrão da vida, opressor da justiça, raiz de todos os males, sedutor dos homens, traidor de todas as nações, origem da avareza, inventor da inveja, causa das discórdias e das dores. Por que ficas? Por que resiste? Temes o que te imolou por Isaac, vendido por José, morto por um anho e que acabou por triunfar do Inferno?

E fazendo sinais-da-cruz na cabeça, no ventre, no peito e no coração do paciente, o sacerdote, com os paramentos roxos, continua:

- Abjuro-te, serpente antiga, em nome dos julgamentos dos vivos e em nome dos mortos, em nome do teu Criador e do Criador dos mundos, Daquele que tem o poder de te enviar ao Inferno, de sair imediatamente com o teu furor desse servidor de N. S.,[2] refugiado no seio da Igreja. Esconjuro-te de novo, não em nome da minha fraqueza, mas em nome do Espírito Santo. Sai desse servidor de Deus, criado à sua imagem; obedece, não a mim, mas ao ministro de Cristo. A força Daquele que te submeteu à sua cruz, ordena-te. Teme o braço do que conduz as almas à luz, após ter vencido os gemidos do Inferno. Que o corpo dessa criatura te cause medo, que a imagem de Deus te apavore. Não resistas. Apressa-te, porque Cristo deseja habitá-lo. Deus, a majestade do Senhor, o Espírito Santo, o sacramento da cruz, a fé dos santos apóstolos Pedro e Paulo e dos outros santos, o sangue dos mártires, a intervenção dos santos e das santas, os mistérios da fé cristã, ordenam-te que obedeças. Sai, violador

---

[1]   Nosso Senhor Jesus Cristo.
[2]   Nossa Senhora Nossa Senhora.

"I'll exorcize you, unclean spirit, legion ghost, in the name of Our Lord Jesus Christ, I command you to abandon this creature made of earth by God. God, the same who cast you down from Heaven into the depths, is who commands you. He who commands the seas, winds and earth. Listen and tremble with fear, Satan, enemy of faith, enemy of mankind, messenger of death, thief of life, oppressor of justice, root of all evil, seducer of men, traitor of all nations, origin of greed, inventor of envy, cause of discords and pains. Why do you stay? Why do you resist? Do you fear what you sacrificed for Isaac, sold by Joseph, killed by a lamb and ultimately triumphed in Hell?"

And making signs of the cross on the head, belly, chest and heart of the patient, the priest, with purple vestments, continues:

"I adjure[48] you, ancient serpent, on behalf of the trials of living and on behalf of the dead, in the name of thy Creator and the Creator of the worlds, the One who has the power to send you to Hell, to immediately take your rage from this servant of Our Lady, a refugee within the heart of the Church. I adjure you again, not on behalf of my weakness, but in the name of the Holy Spirit. Come out of the servant of God, created in His image. Obey, not me but the minister of Christ. The strength of the One who subjected you to His cross commands you. Fear the arm of the One who leads the souls into the light after winning over the groans of Hell. May the body of this creature cause you fear, may the image of God terrify you. Do not fight. Hasten thee, because Christ wants to inhabit it. God, the glory of the Lord, the Holy Spirit, the sacrament of the cross, the faith of the holy apostles Peter and Paul and other saints, the blood of the martyrs, the intervention of all saints, the mysteries of the Christian faith, they order you to obey. Come out, lawbreaker, leave, seducer full of tricks and deceptions, foe of virtue, persecutor of the innocent. Why do you resist? Why do you recklessly refuse?"

The formidable imprecation continues until the smooth hiatus of a new prayer. Then, the priest reads the last and most terrible exorcism.

"I adjure you, *omnis immundissime, dirissime,*[49] ghost, Satan's messenger, in the name of Jesus Christ, the Nazarene, who was driven to

da lei, sai, sedutor cheio de manhas e de enganos, inimigo da virtude, perseguidor dos inocentes. Por que resistes? Por que temerariamente recusas?

A imprecação continua formidável até o hiato suave de uma nova oração. Depois o padre lê o último e mais tremendo exorcismo.

- Abjuro-te, *omnis immundissime, dirissime*, fantasma, enviado de Satã, em nome de J. C., o Nazareno, que foi, conduzido ao Deserto depois do Batismo de São João e que te venceu na tua habitação. Cessa de obsedar esta criatura, que Deus, para sua honra, tirou do limo da terra. Treme, não da sua fragilidade humana, mas da imagem do Todo Poderoso. Cede a Deus que te precipitou no abismo a ti e a tua infâmia, na pessoa de Faraó, por intermédio do seu servidor Moisés; cede a Deus que te condenou no traidor Iscariote...

A imprecação torna-se de uma solenidade colossal. O sacerdote ergue o livro sobre o desventurado possuído:

- Os vermes esperam-te a ti e aos teus. Um fogo devorador está preparado por toda a eternidade, porque tu és a causa do homicídio maldito, o organizador do incesto, o organizador dos sacrilégios, o instigador das piores ações, o que ensina a heresia, o inventor de tudo quanto é obsceno. Sai, ímpio, sai, celerado, sai com as tuas mentiras, porque Deus quis fazer seu templo deste corpo. Obedece ao Deus diante do qual se ajoelham os homens: cede o lugar a N. S. J. C. que derramou o seu sangue sagrado pela humanidade; cede ao Espírito Santo, que pelos seus bem-aventurados apóstolos venceu-te no mago Simão, que condenou as tuas infâmias em Ananias e Safira, que te curvou em Herodes, que te cegou no mago Elima. Sai agora, sai, sedutor. O deserto é a tua morada, a serpente a tua habitação. Eis que aparece Deus, o Senhor; o fogo arderá os inimigos se não fugirem. Se pudeste enganar um homem, não poderás embair Deus. Escorraçar-te-á o que tem tudo em seu poder, far-te-á sair. O que preparou a geena eterna. Aquele de cuja boca sai o gládio agudo, que virá julgar os vivos, os mortos e o século pelo fogo.

E, enquanto as endemoninhadas, flexuosas, praguejando, batendo com o crânio, expectoram Satanás, os *pater*, os salmos envolvem-na.

the desert after the Baptism of St. John and beat you in your dwelling. Cease to haunt this creature, which God, for His honor, removed from the Earth's lime. Tremble, not from your human frailty, but at the image of the Almighty. Submit to God, who cast thee and thy infamy down into the abyss, in the person of Pharaoh, through Moses, His servant; submit to God who condemned Iscariot, the traitor…"

The imprecation becomes a colossal solemnity. The priest raises the book over the wretched possessed:

"The worms await thee and thine. A devouring fire is ready for all eternity, for thou art the cause of the confounded murder, the organizer of incest, the organizer of sacrilege, the instigator of the worst actions, who teaches heresy, the inventor of everything obscene. Out, wicked one, out, treacherous one, out with your lies, because God wanted to make this body His temple. Obey God before Whom men kneel: give way to Our Lord Jesus Christ to shed his holy blood for humanity; submit to the Holy Spirit, who, through its blessed apostles, defeated you through the magus Simon, who condemned your infamies through Ananias and Sapphira, who bowed you down through Herod, who blinded you through the magus Elymas. Out now, out, seducer. The desert is your home, the serpent your dwelling. Behold, here appears God, the Lord; the flames will scorch the enemies who don't escape. If you were able to mislead a man, you won't be able to deceive God. The One who has everything in His power will chase you out, will make you come out. The One who built the eternal Gehenna.[50] The One from Whose mouth the sharp glaive issues,[51] who will come to judge the living, the dead, and the century by fire."

And, while the possessed women, flexuous, cursing, slamming their skulls, expectorates Satan, the *paternosters*, the psalms, swaddle her. When she falls prostrate, saved, the triumphant shouts:

"Here you are, remade saint. Stop sinning so that other misfortunes don't happen to you. Go home and announce to your people the great things God has done for you, and all His mercy…"

I had just read the illuminated Latin. Friar Piazza, very gently, murmured:

Quando ela cai prostrada, salva, o triunfador grita:

- Eis-te refeita santa. Deixa de pecar para que te não aconteçam outros desastres. Vai para casa e anuncia aos teus as grandes coisas que Deus fez por ti e toda a sua misericórdia..

Eu tinha acabado de ler o latim iluminado. Frei Piazza, muito doce, murmurava:

- Há outras formas de exorcismo que invocam os Santos, a Virgem...

- Mas, Superior, há mesmo muitos casos aqui?

- Não imagina! Principalmente nas classes baixas, sem limpeza. O diabo ama a imundície. É quase incrível. Esses fenômenos, que a espiritolatria tem por novos, são nossos conhecidos, há muito tempo explicados. Há criaturas que se dobram em dois, que se tornam sábias de repente, gritam em línguas desconhecidas, têm uma força enorme. Ainda há dias tive dois casos. Não acredita?

- Se eu conheço o caso da Gamboa em que um sacerdote não se pode aproximar da possessa, de tal modo ela coleava!

- A mim aconteceu fato idêntico. Era uma virgem. Cuspia no Crucificado, com os braços em cruz, dobrava em dois, dizia a vida dos outros e de repente começou a arregalar os olhos... Ficaram como duas brasas os olhos, as pálpebras a dilatarem-se, dilatarem-se. Eu estava-as vendo arrebentar, mas tão horrível era o quadro que não tive coragem... Cada palavra do *Rituale* arregalava-lhe mais o olhar pavoroso. É um capítulo infindável a peregrinação pelos bairros pobres. Casos estranhos! Não conhece a Cabocla, uma mulher que comanda 250 espíritos? Esta criatura, onde está, os móveis caem, há rumores, quebram-se os vasos. Também não pára. Ela diz que já nasceu com os espíritos e não os quer tirar. Ainda outro dia encontrei-a em Catumbi...

Eu já conhecia esse ser satânico e inédito, a Cabocla, já a vira escabujando enquanto os móveis caíam e as portas fechadas abriam-se com estridor. Era verdade.

- Mas há amuletos preservativos do Diabo? - perguntei tremendo.

- Basta a cruz de São Bento. As iniciais da medalha dizem ao alto: *Ipse Venena Bibus*; do lado esquerdo; *sunt mal, quae libas*; do lado direi-

"There are other forms of exorcism which invoke the Saints, the Virgin..."

"But, Superior, are there indeed many cases here?"

"You can't imagine! Mainly within the lower classes without hygiene. The devil loves filth. It is almost incredible. These phenomena, which Spiritolatry[52] sees as new, are well known to us, explained long ago. There are creatures who fold in half, suddenly become wise, scream in unknown tongues, have an enormous power. Just the other day I had two cases. Don't you believe?"

"If I know the case in Gamboa, in which a priest was unable to approach the possessed woman, so badly she snaked around."

"An identical event happened to me. She was a virgin. She spat on the Crucified, her arms forming a cross, she bent in two, speaking of the lives of others, and suddenly started to stare wide-eyed... Her eyes were like two live coals, the eyelids puffed up, puffed up. I could see they were bursting, but the scene was so horrible that I did not dare look... Every word of the *Rituale* further goggled her ghastly gaze. The pilgrimage through the poor neighborhoods is an endless chapter. Strange cases! Don't you know of Cabocla, a woman who commands 250 spirits? Wherever this creature is, furniture falls down, there is rumbling, vessels break. She cannot stop. She says she was born with the spirits and doesn't want to have them removed. Just the other day I saw her in Catumbi..."

I already knew this satanic and unprecedented being, Cabocla. I had seen her writhing while furniture fell and doors opened and closed stridently. It was true.

"But are there protective amulets against the Devil?" I asked, shaking.

"St. Benedict's cross suffices. The initials of the medal say above: *Ipse Venena Bibas*; on the left side: *Sunt mala quae libas*; on the right: *Vade retro Satana*; and below: *Nunquam suade mihi vana*. At the center the phrase: *Non draco sit mihi dux*; from left to right, vertically, top to bottom: *Crux sacra sit mihi lux*; and on the four corners: *Crux Sancti Patris Benedicti*...["53]

to: *vade retro, Satanás*; em baixo: *non suads mihi vana*. Ao centro a frase: *non draco sit mihi dux*; da esquerda para a direita, em forma vertical, de cima para baixo: *crux sancta mihi lux*, e nos quatro cantos: *crux, sanctis, patris, benedicti...*

Estava dando uma hora. Através do convento os relógios repetiam interminavelmente a hora solitária. Erguemo-nos, e ainda algum tempo ouvi embevecido a pureza da crença.

Na sexta-feira, porém, de madrugada, fui outra vez ao Castelo certificar-me. Vinha nascendo o dia. No éter puro os sinos desfiavam as notas claras e era como se os sons fossem acordando pela montanha os ecos da vida. Cabras surgiam das sombras, mastigando a relva úmida, e no alto uma estrela ardia a morrer. Vi então subindo a encosta, desde essa hora, a teoria das beatas, homens amparando mulheres de faces maceradas, mantilhas pretas escondendo rostos dolorosos, corpos dobrados em dois tremendo, o bando das possessas modernas galgando o cimo do monte para arrancar a alma a Satanás, o delírio diabólico, a fé, angústia, o mal... E na cor suave da aurora, aquele convento simples, donde saía a harmonia dos sinos, surgiu-me como o bálsamo do Bem, o gládio do Senhor solitário e único em meio da Descrença Universal - último auxilio de Deus às almas do Diabo...

Quando descia, outros crentes, outras demoníacas iam subindo na luz do sol para a Lourdes espiritual que os sinos proclamavam. E, recordando a visão tenebrosa desse turbilhão angustioso que escabuja nas casas espíritas e nas igrejas sob o domínio de Satanás, ergui os olhos ao céu, e louvei a glória de Deus no seu imperecível fulgor...

Original publication: "Os Exorcismos," *Gazeta de Notícias*, Rio de Janeiro, ed. 104, p.2, 13/04/1904.

It was about one o'clock. Through the convent the clocks repeated the lonely hour endlessly. We rose, and for some time I still heard, ecstatic, the purity of belief.

On Friday, however, at dawn, I went to the Castle again to certify myself. The sun was rising. In the pure ether, bells unraveled clear notes, and it was as if the sounds were waking the echoes of life along the mountain. Goats emerged from the shadows, chewing the moist grass, and in the sky a star burned into death. Then I saw a procession of devout women, already at this hour going up the hill; men supporting women with mortified faces; black mantillas hiding sorrowful faces, folded over bodies trembling, the pack of possessed, modern women climbing to the summit of the hill to tear Satan's soul, the diabolical delusion, faith, distress, evil... And within the soft color of daybreak, that simple convent, whence came the harmony of bells, appeared to me as the balsam of Goodness, the glaive of the lonely Lord and the one amid the Universal Disbelief – God's last help to the Devil's souls...

As I was going down, other believers, other demoniac woman, were going up in the sunshine toward the spiritual Lourdes[54] proclaimed by the bells. And, recalling the dark sight of this anguished maelstrom which writhes in the spiritualist houses and churches under Satan's domain, I raised my eyes to Heavens and praised the glory of God in His everlasting glow...

Capítulo Sete

As Sacerdotistas do Futuro

O futuro é o deus vago e polimorfo que preside aos nossos destinos entre as estrelas, oincompreensível e assustador deus dos boêmios nas caravanas da Ásia, a Força oculta, o perigo invisível. Hugo e Alencar acreditavam nessa divindade, e não há entre os deuses quem maior número tenha de sacerdotes e de sacerdotisas.

Só os cultores do Futuro podem modificar a fatalidade, afastar a morte, sacudir o saco de ouro da fortuna, soltar o riso da alegria na tristeza dos séculos. As sacerdotisas do Deus tremendo infestam a nossa cidade, tomam conta de todos os bairros, predizem a sorte aos ricos, compõem um mundo exótico e complexo de cartomantes, nigromantes, sonâmbulas videntes, quiromantes, grafólogas, feiticeiras e bruxas.

Essa gente cura, salva, desfaz as desgraças, ergue o véu da fortuna, faz esperar, faz crer, vive em prédios lindos, em taperas, em casinholas - é o conjunto das pitonisas modernas, as distribuidoras de oráculos. Em meio tão variado há de haver ignorantes - a maioria cartomantes que vêem nas cartas caminhos estreitos e caminhos largos e não sabem nem distribuir o baralho, sonâmbulas falsificadas, portuguesas e mulatas que se apropriam dos moldes dos africanos, e mulheres inteligentes que

Chapter Seven

The Priestesses of the Future

The future is the vague and polymorphous god who presides over our destiny from among the stars, the incomprehensible and frightening god of the Bohemians in the caravans of Asia, the hidden Force, the invisible danger. Hugo and Alencar[1] believed in that divinity, and among the gods there is no one who has a greater number of priests and priestesses.

Only the worshippers of the Future are able to modify fatality, ward off death, shake the gold bag of fortune, release the laughter of joy within the sadness of the centuries. The priestesses of the tremendous God infest our city, take hold of all neighborhoods, predict the fate of the rich, make up an exotic and complex world of fortunetellers, necromancers, somnambulist seeresses, palmists, graphologists, sorcerers, and witches.

These people heal, save, undo woes, lift the veil of fortune, make people wait, make people believe. They live in beautiful buildings, in shacks, in small houses - they are the set of modern pythonesses, distributors of oracles. Amid such a varied bunch there will be ignorant people – the majority are fortunetellers who can see narrow paths and wide paths in the cards, and they don't even know how to deal the deck;

conversam e discutem.

Freqüentei os templos do futuro. Só em uma semana visitei oitenta, encontrando-os sempre cheios de fiéis. O caleidoscópio alucinante das adivinhas faz a vida livremente. Em algumas casas encontrei três e quatro, girando sob uma única firma.

Só na Rua do Hospício, por exemplo, há cinco ou seis. Nos outros pontos conversei com Mme. Jorge na Rua da Ajuda, a Liberata na Rua da Alfândega, a Joana Maria da Conceição na Rua Figueira de Melo, a Amélia de Aragão, a Luiza Barbada na Rua Barão de S. Felix, a Amélia do Pedregulho, a Amélia Portuguesa, a Cândida, a Mme... da Rua dos Arcos, 4, a Ximenes da Rua da Prainha, 19, Maria de Jesus na Rua Dr. Maciel, 7, Castorina Pires em S. Diogo, a Amélia da Rua do Lavradio, dona Martins na Rua Mariz e Barros, a Alexandrina na Rua da América, Mme. Hermínie na Rua Senador Pompeu, Maria Baiana na Rua do Costa, a Genoveva da Rua do Visconde de Itaúna, Dona da Rua da Imperatriz, 15, a Corcundinha célebre adivinha de atores e de repórteres, na deixa um rol infindável. Todas falam do seu desinteresse exigindo dinheiro e algumas vendo o futuro nas mãos, nem ao menos sabem as linhas essenciais segundo o engraçadíssimo Desbarolles. A observação nessas casinholas é incolor. Fica-se entre os feitiços dos minas e a magia medieval, numa atmosfera de burla.

Mas é lá possível não acertar às vezes? A vida humana tem uma linha geral. Tanto amam as heroínas de Bourget como as lavadeiras, gozam e gostam de ser gozados os freqüentadores da *haute-gomme* como os dançarinos dos becos esconsos. As vidas têm uma parecença em bloco, uma uniformidade de sentimentos. Por mais ignorantes que sejam, as sacerdotisas têm o hábito da observação, indagam da vida antes, em conversa. Muitas chegam a perguntar:

- Vem por dor ou por amor?

E como sabem perfeitamente quando se dirigem a um cavalheiro, a uma dama, às *coccottes* ou aos rufiões, as suas respostas acertam. É um exercício de atenção, antes de tudo, com cenários e pedidos sugestivos. Uma delas recebe velas de sebo, terminada a consulta; outras, peças de

fake somnambulists; Portuguese and mulatto women who appropriate the molds of Africans; and intelligent women who talk and discuss.

I frequented the temples of the future. I visited eighty in just one week, finding them always full of faithful people. The fortunetellers freely make a living of this dizzying kaleidoscope. In some houses I found three and four, operating under a single business.

Just down Rua do Hospício, for example, there are five or six. At other commercial points I talked to Mme. Jorge, at Rua da Ajuda; Liberata, Rua da Alfândega; Joana Maria da Conceição, on Rua Figueira de Melo; Amélia Aragão; Luiza Barbada, on Rua Barão de São Félix, Amélia de Pedregulho; Amélia Portuguesa; Cândida; Mme…, at Rua dos Arcos, 4; Ximenes, at Rua da Prainha, 19; Maria de Jesus, at Rua Dr. Maciel, 7; Castorina Pires, in São Diogo;[2] Amélia, from Rua do Lavradio; Ms. Martins, on Rua Mariz e Barros; Alexandrina, on Rua da América; Mme. Herminie, on Rua Senador Pompeu; Maria Baiana, on Rua da Costa; Genoveva, from Rua Visconde de Itaúna; Dona Z, from Rua da Imperatriz, 15. Corcundinha, the celebrated fortuneteller of actors and reporters, leaves us with an endless list. They all speak of their disinterest in demanding money, and some see the future in hands. They don't even know the essential lines according to the hilarious Desbarolles.[3] The observation in these small houses is colorless. In an atmosphere of deceit, one is left between the spells of the Minas and the medieval magic.

But is it possible not to guess sometimes? Human life has a general line. Humans love the heroines of Bourget[4] as much as they love laundresses. The frequenters of the *haute gomme*[5] mock and love to be mocked as much as the dancers of the hidden alleys. Their lives have a block resemblance, a uniformity of feelings. No matter how ignorant they are, the priestesses have the habit of observation. They inquire about life beforehand, in conversation. Many even ask:

"Do you come because of pain or love?"

And as they know perfectly when they're addressing a gentleman, a lady, prostitutes, or ruffians, their answers are right. It is above all an exercise of attention, with suggestive scenarios and requests. One of them

chita. A turba dá-lhes dinheiro, e sussurra os seus segredos nos ouvidos dessa gente que são como abismos de discreto silêncio.

Na peregrinação pelos templos do Deus Futuro guardo como originais uma casa de cartomancia na Rua do Ouvidor entre as modistas do tom e a elegância máxima, a Ceguinha vidente da Rua da Misericórdia, a Rosa que olha n'água e é astróloga, Mme. de F. sonâmbula numa rua paralela à praia de Botafogo, a Corcundinha da Rua General Câmara e a esquisita Mme. Matilde do Catete.

A Ceguinha tem a face macerada e é a exploração de quatro ou cinco. Vive numa cadeira, com os olhos cheios de pus. O grande Deus fez-lhe a treva em torno, para melhor ler a sorte dos outros nos meandros do céu. Dizem que os agentes da polícia vão lá para saber o paradeiro dos gatunos e que os gatunos também vão a ver se escapam. Imóvel como um santo indiano à porta da imortalidade, a Ceguinha, com a mesma ductilidade, desvenda-lhes o Futuro. Às vezes aparecem senhoras. A Ceguinha curva-se, e pinta o Destino com a mesma calma dolorosa.

A Rosa, com as fontes saltadas, o que em magia se chama cornos de Moisés, é um assombro de observação. Esse exemplar único de astrologia conhece mesmo algumas práticas antigas. Quando a fomos procurar, olhou-nos bem.

- Por que veio, se nunca acreditará?

- Estou numa situação difícil.

- Ouça a voz de Deus.

- Mas a minha alma sofre.

- O homem tem muitas almas...

- Mas se posso saber o futuro n'água?

- A água é onde se miram os astros que têm a vida da gente.

- Como se consulta?

- Vendo... Alguns astros de outrora não têm mais importância hoje: outros receberam-lhe a força. Os meus horóscopos são certos; o Destino ordena-me. Mas eu só falo com os homens que a dor faz tristes e crentes.

A Corcundinha, discípula de uma Josefina, tem uma fama tão grande que chega a deitar cartas por dia, às vezes para mais de cinqüenta pes-

accepts tallow candles after the consultation; others, pieces of calico. The crowd gives them money and whispers their secrets in the ears of these people, who are like abysses of discreet silence.

In the pilgrimage of the temples of the Future God I remember as being original: a fortunetelling house at Rua do Ouvidor, among top fashion designers and maximum elegance; the fortuneteller Ceguinha, from Rua da Misericórdia; Rosa, who can look into water and is an astrologer; Mme. F., a somnambulist on a street parallel to Praia de Botafogo; Corcundinha, from Rua General Câmara; and the weird Mme. Matilde, from Catete.

Ceguinha has a withered face, and is the operator of four or five of these houses. She spends her life in a chair, with her eyes full of pus. The great God has made darkness around her so she can read the fortune of others better in the meanderings of the heavens. They say that the police go there to know the whereabouts of prowlers, and that prowlers also go to see if they can get away. As motionless as an Indian saint at the door of immortality, Ceguinha, with the same malleability, unravels the Future for them. Sometimes ladies appear. Ceguinha bows and depicts Fate with the same painful calm.

Rosa, the one with protruding temples, which in sorcery is called the horns of Moses, is a wonder of observation. This unique exemplar of astrology certainly knows some old practices. When we went to see her, she looked us over carefully.

"Why did you come if you'll never believe?"

"I'm in a difficult situation."

"Listen to God's voice."

"But my soul suffers."

"Mankind has many souls..."

"But if I can know the future in water?"

"Water is where we gaze at the stars that hold people's lives.

"How is it consulted?"

"By looking... Some stars of yore are not important today: others have received their power. My horoscopes are correct. Fate commands

soas. Cada consulta custa cinco mil réis e ela só anuncia coisas lúgubres.

Mme. de F... esteve na Inglaterra; em estado natural discute o psiquismo, e quando sonambulizada aparece numa túnica preta. Dizem que predisse os acontecimentos da nossa polícia e prevê um futuro desagradável da pendência brasileira com o Peru. E lúgubre. A roda que a freqüenta, dá-se como ultrachique.

Mme. Matilde, a cartomante do *high-life*, já teve criados de casaca e possui uma linda galeria de quadros. De todos os templos, o dessa senhora é o mais excêntrico. Mme. Matilde, para os íntimos a princesa Matilde, é uma criatura que fala com volubilidade.

Há alguns anos foi a Paris, onde estudou com Papus e Mme. de Thèbes. Conhece a cartomancia, a telepatia, o sonambulismo, a metafísica das estrelas, a quiromancia, coisas complicadas de que faz uma interessante confusão. Além de tudo isso, a princesa é crítica de pintura e interessa-se pelo movimento universal. Quando me anunciei, a agradável dama mandou iluminar o seu salão de visitas, e entre as colchas japonesas, os quadros de valor, os bibelôs do Oriente e as peles de tigres, fez a sua aparição.

Vinha de vestido vermelho, um vestido de mangas perdidas, donde os seus braços surgiam cor de ouro, e vinha com ela a essência capitosa de vinte frascos de perfume. Mme. Matilde embalsamava. Deixou-se cair num divã, passeou com as mãos pelo ar e disse:

- Estou cansadíssima. Se não me mandasse dizer quem era, não o teria recebido. Simpatizo com o seu ser.

Curvei- me comovido.

- Não podia falar das sacerdotisas do Futuro, sem ouvi-la.

- Já tem percorrido os templos do grande Deus?

- Alguns. Visitei oitenta, e há para mais de duzentos.

- Há templos de ouro, de prata, de cobre e de latão.

- Guardei para o fim o melhor.

- Meu caro, os verdadeiros templos do Futuro são de data recente entre nós. A sorte começou a ser descoberta aqui por negros da África imbecis e por ciganos exploradores. Depois apareceram as variações

me. But I only talk to men who are made sad and faithful through pain."

Corcundinha, disciple of a certain Josefina, has such a great reputation that she even reads cards only on certain days, sometimes for more than fifty people. Each consultation costs five thousand *réis*,[6] and she only predicts gloomy things.

Madame de F... has been to England. In her natural state she discusses the psyche, and when in trance she appears in a black robe. People say that she foretold the happenings of our police, and she foresees an unpleasant future for Brazil's unresolved issues with Peru. It is gloomy. The circle she frequents is said to be ultrachic.

Madame Matilde, the highlife fortuneteller, has already had jacketed servants and has a beautiful gallery of paintings. Of all the temples, this lady's is the most eccentric. Mme. Matilde, Princess Matilde to her close friends, is a creature who speaks volubly.

A few years ago she went to Paris, where she studied with Papus[7] and Mme. de Thèbes.[8] She knows cartomancy, telepathy, somnambulism, the metaphysics of the stars, palmistry, complicated things of which she makes an interesting mess. Besides all this, the princess is a critic of paintings and is interested in the universal movement. When I showed up, the nice lady ordered her visitor's saloon to be lit up, and she made her appearance among Japanese quilts, expensive paintings, Middle East knickknacks and tiger skins.

She was wearing a red dress, a sleeveless dress, from which her golden arms emerged; and with her the heady essence of twenty bottles of perfume. Mme. Matilde scented herself. She sank down on a divan, moved her hands in the air and said:

"I'm extremely tired. If you hadn't said who you are, I wouldn't have received you. I sympathize with you."

Touched, I bowed.

"I could not speak of the priestesses of the Future without listening to you."

"Have you already been to the great temples of God?"

"Some. I have visited eighty, and there are more than two hundred."

espíritas, os adivinhos que montavam casinholas receosas, reunindo ao estudo das cartas a necessidade dos despachos africanos. Uma crendice! As verdadeiras sacerdotisas datam de pouco tempo, são de importação e anunciam. Essas não se ocultam mais e dão consultas claramente.

- Como em Paris?

- Como em Paris. Não lhe falo de Papus, de quatro ou cinco sonâmbulas de fama universal, mas apenas da minha ilustre professora Mme. de Thèbes. Mme. de Thèbes em Paris é uma necessidade mundana como o clube, as *premières*, o *grandprix*.

Vai-se a Mme. de Thèbes como se joga uma partida de boston. É uma necessidade elegante. Mme. de Thèbes tem hoje uma fortuna.

- E erra sempre.

- Nunca.

- É sacerdotisa por vocação?

- Sempre estudei as ciências ocultas por diletantismo. Das ciências ocultas saíram as ciências exatas, disse um grande mestre. Desde criança amei a antiguidade, tive o desejo de remontar ao Zoroastro, ao Zend-Avesta e aos Magos, com o prazer de descansar à beira do Nilo, de conhecer Plotino e os livros herméticos. Depois, sempre fui dotada de uma grande força nervosa. Uma vez, levando amigas à casa de uma sonâmbula, resolvi estudar os truques das mercadorias e daí a minha conversão.

Nesse momento, como a profetisa ria, estendendo as mãos, vi-lhe na sinistra vários anéis complicados, e prendi-lhe os dedos, curioso das jóias e da mão.

- Está vendo os meus anéis? Este é africano, partido. Tem os signos do zodíaco - o tempo. Este outro guarda no fundo um berilo, por onde se enxerga a alma. Naturalmente é descrente?

- Sou filho de uma civilização muito parecida com a daquele imperador que precavidamente levantava templo aos deuses desconhecidos. Há em tudo alguma coisa a temer - o inexplicável. A história é uma afirmação de oráculos, de sonambulismo, de predições...

Eu guardara com religião a mão da pitonisa; Mme. Matilde, porém,

"There are temples of gold, silver, copper and brass."

"I've saved the best for the end."

"My dear, true temples of the Future are a recent development among us. Fortunetelling was started here by the imbecile blacks of Africa and profiteering gypsies. Then the spiritualist variations appeared, the fortunetellers who established small, timid houses, uniting the study of cards to the need for African offerings. A folktale! The real priestesses are recent. They are imported and they advertise themselves. These don't hide anymore, and they offer consultations out in the open.

"Like in Paris?"

"Like in Paris. I'm not talking about Papus, or four or five somnambulists of universal fame, but only of my illustrious teacher Mme. de Thèbes. In Paris she is an earthly necessity such as the club, premieres, the grand prix.

People go to see Mme. de Thèbes as if playing a game of Boston.[9] It is an elegant necessity. Madame de Thèbes has a fortune nowadays.

"And she is always wrong."

"Never."

"Are you a Priestess by vocation?"

"I've always studied the occult sciences with amateur interest. From the occult sciences came the exact sciences, a great teacher said. As a child I loved antiquity, and I had the desire to go back to Zoroaster,[10] the Zend-Avesta[11] and the Magi, with the pleasure of lounging by the Nile, to meet Plotinus[12] and the Hermetic[13] books. Later I was always gifted with a great nervous strength. Once, taking friends to the house of a somnambulist, I decided to study the tricks of the merchants, hence my conversion.

At that moment, as the prophetess laughed, extending her hands, I saw several complicated rings on her left hand, and I held her fingers, curious of the jewelry and the hand.

"See my rings? This is African, cracked. It's got the zodiac signs, time. The other one has a beryl[14] at the bottom, where you can see the soul. You're a disbeliever, of course?"

ergue-se agitando os seus perfumes.

- E não teme? e não lhe parece sugestivo este interior? Não receia que daquele canto escuro surjam fantasmas, que, agarrando a sua mão, leia nessas linhas a desgraça irremediável?

- Se for assim - disse docemente - que se há de fazer? É a vontade do Futuro...

- Pois, meu caro, pode ter a certeza de que não somos só as sacerdotisas do terrível Destino, somos as Consoladoras, a Teoria do Bem, as Sofredoras da Ilusão. Não sorria. Sem nós, que seria das cidades? Os senhores andam à cata do documento humano. Nós temos à mão, todos os dias, as tragédias, os dramas e as comédias de que se faz o mundo. À nossa casa vêm as mulheres ciumentas, os que desejam a morte e os que desejam amor. Os adultérios, os crimes, os remorsos, a luxúria, as vergonhas fervilham. Nós consolamos. Diariamente, nas casas de que tomou o número para indicá-las à polícia, encontram-se os conquistadores, os homens bem vestidos de que a polícia ignora os meios de vida; os senadores, os deputados, as pessoas notáveis, as atrizes, as *cocottes*, as senhoras casadas, os imbecis propondo coisas indecorosas e as almas dolorizadas. Nós a todos damos o favo da ilusão... Quando morre meu pai? Meu marido abandona-me? Será minha a mulher de Sicrano? Fulana é fiel? Realiza-se o negócio? E nós aquietamos os instintos com o lenitivo do bem. Ainda há pouco tempo, entrou por esta sala uma menina em prantos. Era domingo. Não deito cartas aos domingos. Neguei-me. Soluçou, pediu, ajoelhou. Logo que a vi, percebendo a sua agitação, espalhei as cartas ao acaso. A menina vai cometer um desatino! Ela olhou-me espantada. Sim, ia dali suicidar-se, porque a abandonara o amante, grávida e sem trabalho. Fiz as cartas dizerem que o amante voltava e a pequena não morreu.

- Cartas salvadoras!

- Dias antes aparecera um marido a interrogar-me a respeito do seu *ménage*, derruído por incompatibilidade de gênios. Ela escrevia-lhe cartas pedindo para voltar. Que devo fazer? Voltar! Mas teve amantes! É boa. Abandonada sem saber trabalhar e sem recursos queria o senhor

"I am the son of a civilization very similar to the one of that emperor who cautiously built temples to the unknown gods. There is something to be feared in everything: the inexplicable. History is an affirmation of oracles, somnambulism, predictions..."

I held onto the hand of the pythoness devotedly; Mme. Matilde, however, stands stirring her scents.

"Aren't you afraid? And doesn't this interior seem suggestive to you? Aren't you concerned that from that dark corner ghosts will arise, which, grabbing your hand, read in these lines hopeless disgrace?"

"If so," I said sweetly "What can be done? It is the will of the Future..."

"Well, my dear, you can be sure that we aren't only the priestesses of terrible Destiny; we are the Comforters, Ambassadors of Goodness, Sufferers of Illusion. Do not smile. Without us, what would become of the cities? The ladies go in search of the human document. Every day we have at hand the tragedies, dramas and comedies which shape the world. Jealous women, the ones who wish death and want love come to our house. Adulteries, crimes, remorse, lust, shame teem. We comfort. Daily, in the houses of which you've noted the number to disclose to the police, there are the womanizers, well-dressed men whose livelihoods the police ignore; senators, congressmen, notable people, actresses, *cocotteses*,[15] married ladies, imbeciles proposing indecent things, and sorrowful souls. We give everybody the pleasantness of illusion... When does my father die? Will my husband abandon me? Will So-and-so's woman be my wife? Is So-and-so faithful? Will the deal work? And we quiet our instincts with the solace of goodness. Not long ago, a girl entered this room in tears. It was Sunday. I don't read cards on Sundays. I refused. She sobbed, beseeched, kneeled. As soon as I saw her and noticed her distress, I scattered the cards at random. The girl will commit a folly! She looked at me in astonishment. Yes, she was to commit suicide after leaving, because her lover had left her pregnant and without work. I made the cards say that the lover would come back, and the girl didn't die.

"Cards of Salvation!"

que a pobre morresse? Depois foi-lhe o Sr. fiel? Não! Era lá possível a ela deixar de ter um amante?...

- Ou mesmo dois?

- Ou três, não vai ao caso. Ele refletiu e vivem os dois bem. Quantos desmandos evitamos, quantas desgraças, quantos escândalos! Recorda-se da história do oráculo de Delfos? É a história da prudência, de ser ambíguo para não se enganar. A nossa é muito mais difícil.

- Mente com franqueza.

- Diz verdades e consola. Muitas das minhas clientes vêm aqui apenas como um consolo. Contam as mágoas e vão-se.

- Que trabalho deve ter!

- Faço experiências até altas horas com o meu criado Júlio, e vou às estalagens, aos cortiços, ler grátis nas mãos dos pobres. Não imagina como sou recebida! Deito cartas, leio nas mãos. É o estudo em que procedo sem perguntar para ter a certeza. E é certo! Adivinho coisas de há quatro e cinco anos passados, chego a descrever as roupas das pessoas distantes e prevejo. A previsão é de resto uma faculdade que desenvolvi.

- É feliz?

- Tudo quanto quero, faço.

- Tem talvez a alma de algum mágico antigo...

Mme. Matilde recostou o seu corpo elegante.

- Não: tive três vidas apenas. Da primeira fui físico, da segunda advogado e na terceira odalisca...

Oh! mistério! A sacerdotisa possuía o saber dos físicos, falava como um advogado e naquele momento tinha a inebriante doçura das odaliscas.

Peguei-lhe a mão e disse baixinho:

- Já um ocultista me afirmou que fui Nero e depois Ponce de Leon... Ela riu um riso penado.

- Ponce atraído pelo mistério das mãos.

- Pela beleza.

- Todos nós temos a atração das mãos. A mão é um resumo do Céu. Cada astro tem a sua parte. Júpiter é o índex, Saturno o médio, o Sol o

"Days beforehand, a husband appeared asking about his *ménage*,[16] ruined by incompatibility of temperament. She wrote him letters asking to return. What should I do? Return! But she had lovers! She's good. Abandoned, not knowing how to work, and without resources — did you want the poor woman to die, Sir? Then again, were you faithful, Sir? No! So was it possible for her to not have a lover?..."

"Or even two?"

"Or three, but that's not the point. He reflected, and they live well together. How many excesses we prevent, how many misfortunes, how many scandals! Do you remember the history of the oracle of Delphi? It is the history of prudence, to be ambiguous so as not to be fooled. Ours is much more difficult."

"It lies with sincerity."

"It tells truths and comforts. Many of my clients come here only as a consolation. They tell of their sorrows and leave."

"How much work you must have!"

"I do experiments until the wee hours with my servant Júlio, and I go to inns, to tenements, to read the palms of the poor for free. You cannot imagine how I am welcomed! I read cards and hands. It's the study in which I proceed without asking to be sure. And it's right! I guess things of the past four, five years, I even describe the clothes of distant people, and I foresee. The foresight is moreover an ability that I developed."

"Are you happy?"

"Whatever I want, I do."

"You perhaps have the soul of some old magic..."

Madame Matilde rested her sleek body.

"No, I only had three lives. In the first I was a physicist, the second a lawyer, and the third an odalisque..."

Oh! Mystery! The priestess had the knowledge of physicists, spoke like a lawyer, and at that moment had the intoxicating sweetness of odalisques.

I grabbed her hand and said softly:

"An occultist has assured me that I was Nero and then Ponce de

anular, Mercúrio Hermés o mínimo. A Lua tem a região do Sul, Marte todo o meio, onde se dão os combates da vida e Vênus o grande monte.

- É este o mais trabalhoso?

- Quase sempre.

Ergui-me, e vi numa outra sala, forrada de esteiras da Índia, um oratório onde ardiam lamparinas. Os santos, sob o halo de luz, que a ciência explica pelo raio *n*, como o esforço da atenção, tinham um olharzinho redondo e inexpressivo. Que diriam os coitados, santo Deus do Futuro?

- Neste meio de adivinhas, quiromantes e sonâmbulas é melhor ser impassível - dizia Mme. Matilde. - Às vezes protegem amores, são casas ambíguas.

- Mas as suas experiências?

- Pratico o sonambulismo como as cartas, a telepatia e a quiromancia, indo diretamente à alma que nós temos no fundo. Tudo é domínio. As últimas experiências do meu domínio tive-as com o conhecido pintor Helios Seelinger. Curei-o uma vez com água magnetizada. Desde então dizia-lhe às 2 horas de tal dia o senhor sofrerá um choque. Era tal qual. Noutro dia sofria o choque. Fui eu de resto que lhe desvendei o futuro e a sorte nas mãos.

- E a transmissão de pensamento?

- Já em Botafogo transmiti idéias a criaturas no Engenho Novo. Conhecem essas experiências poetas como Luís Edmundo, o padre Severiano de Resende, pintores como Amoedo. A minha amiga D. Adelina Lopes Vieira também as conhece.

Lembrei-me então de que Mme. Matilde era também literata.

- Mas as cartas?

- Quer vê-las?

Tocou o tímpano, apareceu um pequeno loiro com um sarcófago de prata em relevo.

Mme. Matilde - a princesa para os íntimos - abriu-o com cuidado, e de dentro numa sombria apoteose de ouros e cores, as cartas do tarot, a *papesse*, o doido, o ás de ouro, o enforcado, o *bateleur* escamoteador, surgiram tenebrosamente.

Leon...[17]

She laughed a feathery laugh.

"Ponce, attracted by the mystery of hands."

"By their beauty."

"We are all attracted to hands. The hand is an epitome of Heaven. Each star has its part. Jupiter is the index, Saturn is the middle finger, the Sun is the ring finger, Mercury Hermés the little finger. The Moon has the southern region, Mars has the whole middle, where the battles of life happen, and Venus has the great mount."

"Is this the more arduous?!

"Almost always."

I stood up and saw in another room, lined with mats from India, an oratory where lamps burned. The saints, under the halo of light that science explains as the N-ray,[18] the power of attention, had small, round expressionless eyes. What would the poor things say, holy God of the Future?

"In this milieu of seeresses, palmists and somnambulists, it's better to be unaffected," Mme. Matilde said. "Sometimes they protect love. They are ambiguous houses."

"But what about your experiences?"

"I practice somnambulism as much as cards, telepathy and palmistry, going directly into the soul that we have deep within. Everything is mastery. I had the last experiences of my mastery with the painter known as Helios Seelinger.[19] I once cured him with magnetized water. From then on, I would tell him: 'At 2 p.m. on such day you will suffer a shock, Sir.' That was it. The next day he suffered the shock. It was me who figured out his future and fate in his hands."

"And the transmission of thought?"

"In Botafogo I was already spreading ideas to the creatures at Engenho Novo.[20] Some people who know these experiences are poets such as Luís Edmundo,[21] Father Severiano de Resende,[22] painters such as

Mãos estendiam moedas de ouro, o ouro cintilava, em altos montes figuras sinistras apareciam. E estava ali a consolação universal, a consolação dos pobres e dos potentados! Nas mãos delicadas da feiticeira o último grito rolava numa série de iluminuras a miragem enganadora do Futuro. Ela estendia as cartas nas luzes e eu recordava a origem antiga dessa doce ilusão, a vinda dos Boêmios.

- Quem sois vós?

- Sou o duque do Egito e venho com os condes e barões.

- Quem vos traz?

- A que precede o nosso cortejo e lê nos livros coloridos de Hermés o destino do mundo, a rainha das Cabalas, a sublime senhora do fogo e do metal! E em frente à multidão abriam o tarot como quem rasga o céu, o consolo infinito dos boêmios.

Eu estava ali como os camponeses da época de Carlos VI diante da senhora do metal apenas, tanto a rainha como eu, um tanto mais descrentes.

Então curvei-me, depus o beijo que há muito sentia nos lábios, o beijo da devoção, na sua mão perfumada.

- Como em Paris! - fez ela, deixando que os meus lábios roçassem a extremidade dos seus dedos.

- Como na hora de sempre - murmurei - o Medo, diante do Futuro.

Original publication: "As Sacerdotizas do Futuro," *Gazeta de Notícias,* Rio de Janeiro, ed. 101, p.2, 10/04/1904.

Amoedo.[23] My friend, Mrs. Adelina Lopes Vieira,[24] knows of them too.

Then I remembered that Mme. Matilde was also lettered.

"But what about the cards?

"Do you want to see them?"

She rang the bell, and a small blonde man with a silver relief sarcophagus appeared.

Madame Matilde – princess to her close friends – carefully opened it, and from inside, in a dark apotheosis of golds and colors, there were tarot cards: the *papesse*,[25] the fool, the ace of diamonds, the hanged man, the *bateleur*,[26] appeared grimly.

Hands held out gold coins, glittering gold. Sinister figures appeared on high mounts. And there was the universal consolation, the consolation of the poor and potentates! In the delicate hands of the fashionable sorceress the deceptive mirage of the Future rolled out in a series of illuminations. She held the cards out into the lights, and I remembered the ancient origin of this sweet delusion, the coming of the Bohemians.

"Who are you?"

"I'm the Duke of Egypt and I come with the earls and barons."

"Who brings you?"

"The one who precedes our procession and reads the fate of the world in Hermès' colorful books is the Queen of Kabbalahs, the sublime lady of fire and metal! And in front of the crowd they read the Tarot like someone who rips open the sky, the infinite comfort of the Bohemians."

I was there, like the peasants of the time of Charles VI,[27] before the lady of the metal, both the queen and I, only somewhat more skeptical.

So I bowed and placed the kiss I had felt on my lips for a long time, the kiss of devotion, on her fragrant hand.

"As in Paris!" she said, letting my lips brush against the tips of her fingers.

"As always," I whispered. "Fear in the face of the Future."

Capítulo Oito

A Nova Jerusalém

A sede da Nova Jerusalém, anunciada pelo Apocalipse, fica na Rua Maria José, n 10. É uma casa de dois pavimentos, muito alta, pintada de vermelho-escuro, que assenta à beira da Rua Colina como uma fortaleza.

De longe parece formidável aos reflexos do sol, que queima todas as vidraças, e reverbera nas escadas de pedra; de perto é solene. Abre-se um portão, sobe-se uma das escadas, abre-se outro portão, dá-se num pátio que termina para a frente em estreitas arcarias ogivais e perde-se ao fundo num jardim obumbroso. Desse pátio vê-se o declive das ruas que descem, e vagos trechos da cidade.

Antes de bater, olhamos ainda a casa alta. Detrás daqueles muros viceja a religião de Swedenborg, a nova igreja, a verdadeira compreensão da Bíblia; detrás daqueles muros, iluminados da luz da tarde, guarda-se a chave com que tudo se pode explicar neste mundo. "Eu sou o Deus", disse Jesus a Swedenborg, "o Senhor, o Criador e o Redentor, e te elegi para explicares aos homens o sentido interior e espiritual das Escrituras Santas. Ditar-te-ei o que escreveres!"

Subimos mais uma escada de pedra nua, no patamar da qual nos

Chapter Eight

The New Jerusalem

The headquarters of the New Jerusalem, announced by Revelation, is at Rua Maria José, 10. It is a two story house, very tall, painted in dark red, which sits on the corner of Rua Colina like a fortress.

From a distance it looks formidable under the reflections of the sun, which burns all the windows and reverberates on the stone stairs; close up, it's solemn. A gate opens; climbing upstairs, another gate opens, arriving at a courtyard which ends farther ahead in narrow lancet arches and disappears into a gloomy garden. From this courtyard one can see the slope of the streets descending, and vague stretches of the city.

Before knocking we looked at the tall house again. Behind those walls the religion of Swedenborg[1] thrives, the New Church, the true understanding of the Bible. Behind those walls, illuminated by the afternoon light, the key to explaining everything in this world is saved. "I am God," Jesus said to Swedenborg. "The Lord, the Creator and the Redeemer, and I have chosen you to explain the inner and spiritual meaning of the Holy Scriptures to mankind. I will dictate to thee to write it down!"

We climb another bare stone staircase at the top of which Mr. Fred-

recebe o Sr. Frederico Braga. Esse cavalheiro amável é uma espécie de "diletante" dos cultos. Dizem que já foi até faquir, fazendo crescer bananeiras de um momento para outro. Neste momento, porém, limita-se a fazer-nos entrar para uma sala simples e, enquanto nós vagamente o interrogamos, passeia da porta para a janela.

- O pastor está aí - diz de repente. Ninguém melhor do que ele pode informar.

O pastor é o Sr. Levindo Castro de la Fayette, que aparece logo. Homem de fisionomia inteligente, falando bem, com o ar de quem está sempre na peroração de um discurso interrompido por apartes, o pastor agrada. Há decerto nos seus gestos um pouco de morgue, o íntimo orgulho de ser profeta de uma religião de intelectuais, de espalhar pela terra a palavra do maior homem do mundo, que tudo descobrira na ciência terrestre e vira Deus na terra celeste.

O Sr. la Fayette consulta o óculo brilhante, fala da conquista da Nova Igreja através do mundo, fala torrencialmente. É a história do *swedenborgismo* desde a morte do grande visionário, desde a defesa de Thomas Wright e Roberto Hindmarsh, que demonstraram o perfeito estado mental do mestre, até à reunião dos adeptos de Swedenborg em Londres em 1788, donde começou a expansão do culto novo que agora aumenta diariamente na Áustria, na França, na Inglaterra, na Austrália, nos Estados Unidos, com igrejas novas e novos adeptos. Pode-se calcular em cento e vinte mil o número de crentes.

O Sr. Frederico Braga mostra-nos as revistas alemãs e inglesas, o *New Church Messenger* a *New Church Review*, onde vêm reproduzidas em fotogravura as fachadas dos novos templos através do mundo.

- A verdade caminha! - diz o pastor, e leva-nos à sala onde se realizam as reuniões dos *swedenborgeanos*. É no 1º pavimento, na frente, uma sala nua. Ao centro uma grande mesa, rodeada de cadeiras com uma cadeira mais alta para o pastor. Ao lado a biblioteca, onde se empilha a obra interminável de Swedenborg desde os *Arcania Cœlestia* até o *Tratado do Cavalo Branco do Apocalipse*.

A Nova Jerusalém do Brasil data de 1898. Foi seu fundador o pró-

erick Braga welcomes us. This kind gentleman is a sort of "dilettante" of the cults. They say he has even been a fakir, growing banana trees from one moment to the next. At the moment, however, he limits himself to taking us to a simple room and, while we vaguely question him, he paces from the door to the window.

"The pastor is there," he suddenly says. "No one can tell it better than him."

The pastor is Mr. Levindo Castro de la Fayette, who soon appears. A man of intelligent countenance, he speaks well, with the air of one who is always in the peroration of a speech interrupted by digressions, the pastor who delights people. There is certainly a little contempt in his gestures, the intimate pride of being a prophet of a religion of intellectuals, spreading the word of the greatest man in the world, who discovered everything in the terrestrial science and saw God in the celestial land.

Mr. de la Fayette consults the shiny glasses, speaks of the achievement of the New Church around the world. He speaks torrentially. It is about the history of Swedenborgianism, from the death of the great visionary, from the defense of Thomas Wright[2] and Robert Hindmarsh,[3] who demonstrated the perfect mental state of the master, up to the meeting of Swedenborg's followers in London in 1788, where the expansion of the new cult began and which now grows day by day with new churches and new followers in Austria, France, England, Australia, the United States. We can estimate the number of believers to be one hundred and twenty thousand.

Mr. Frederico Braga shows the German and English magazines to us — the *New Church Messenger*, the *New Church Review* — in which the façades of new temples around the world are reproduced in photogravure.

"Truth travels!" the pastor says, and he leads us to the room where the Swedenborgian meetings are held. It is a bare room on the first floor, at the front. At the center there is a large table surrounded by chairs with a higher chair for the pastor. Adjacent is the library, where Swedenborg's endless work is stacked, from *Arcania Coelestia* to *Treaty of the White*

prio Sr. de la Fayette, e isto devido a revelações que recebera em Paris alguns anos antes. É o caso que o pastor, nesse tempo simples professor de português num instituto parisiense, foi nomeado chanceler do consulado-geral do Brasil na França. Essa função fê-lo desejoso de conhecer a verdade espiritual, e, para que a verdade brilhasse, de la Fayette observou logo um rigoroso regime de temperança em todas as coisas... Swedenborg, cavaleiro da ordem eqüestre da Suécia, que de tudo escrevera e falara, só em 1745 teve a revelação de que estava talhado para explicar os símbolos da Bíblia. Mas Swedenborg comia muito. A primeira vez que os espíritos invisíveis lhe falaram foi durante um jantar. O filósofo engolia vorazmente no quarto reservado de um hotel, onde à vontade devorava e pensava, quando sentiu a vista se lhe empanar e répteis horríveis arrastarem-se pelo soalho. Os olhos pouco tempo depois recobraram a visão perfeita e Swedenborg viu, distintamente, no ângulo da sala, um homem com o seio em luz que lhe dizia, paternalmente:

- Não comas tanto, meu filho!

De la Fayette não precisou desse celeste conselho. Praticou-o antes da revelação; e foi por isso que meses depois, começou, durante o sono, a receber ensinamentos do mundo espiritual a respeito da palavra de Deus. Desde esse tempo o Sr. Levindo foi guiado pelo céu, e chegou até à Biblioteca Nacional.

- Que livro hei de pedir? - interrogou aos seus botões o homem feliz.

- Pede Swedenborg! – bradaram os espíritos bons de dentro do Sr. Levindo.

O iluminado pediu os *Arcania Caelestia*, em latim, porque além de cinco línguas vivas, lê correntemente a língua em que Catulo escreveu tão belos versos e tão sugestivas patifarias. Leu os *Arcania*, foi à igreja da Rua Thouin, conversou com Mme. Humann que o recebeu inefavelmente doce, e meses depois, era batizado na nova igreja.

Em agosto de 1893, o Sr. de la Fayette, que é mineiro, veio para o Rio, mas quando aqui chegou a revolta estalara, havia estado de sítio, e não teve remédio senão abalar para as montanhas do seu Estado. A cidade de Lamim, em Minas, foi onde primeiro se falou no Brasil da Nova

Horse of the Apocalypse.[4]

The New Jerusalem of Brazil dates back to 1898. Mr. de la Fayette himself founded it, owing to revelations he had received in Paris a few years before. It so happens that the pastor, at that time a mere Portuguese teacher in a Parisian institute, was named chancellor of the Consulate General of Brazil in France. This role made him desirous of knowing the spiritual truth, and so that the truth might shine, de la Fayette soon observed a strict regime of temperance in all things... It was only in 1745 that Swedenborg, Knight of the Equestrian Order of Sweden, who had written and spoken on all things, had the revelation that he was the right one to explain the symbols of the Bible. But Swedenborg used to eat a lot. The first time the invisible spirits spoke to him was over dinner. The philosopher voraciously gulped down food in the reserved room of a hotel, where he was devouring and thinking at will, when his eyes blurred and he saw horrible reptiles slithering on the floor. Shortly after his eyes regained their perfect sight Swedenborg saw, distinctly, in the corner of the room, a man with a luminous chest paternally saying to him: "Do not eat so much, my son!"

De la Fayette didn't need this heavenly advice. He had practiced it before the revelation, and that was why months later he began, during his sleep, receiving teachings about the word of God from the spiritual world. Since that time Mr. Levindo has been guided by Heaven, and he came to the National Library.

"What book shall I ask for?" the happy man asked himself.

"Ask for Swedenborg!" the good spirits from within Mr. Levindo cried.

The enlightened man asked for the *Arcania Coelestia* in Latin, because in addition to five living languages, he currently reads the language in which Catullus[5] wrote such beautiful verses and such evocative roguery. He read the *Arcania*, went to the church on *Rue Thouin*, talked to Mme. Humann[6], who welcomed him with ineffable kindness; and months later, he was baptized in the new church.

In August 1893, Mr. de la Fayette, who is from Minas Gerais, came

Jerusalém.

De volta ao Rio, o pastor fez um adepto, o Sr. Carlos Frederico Braga, também mineiro. A adesão foi rápida. O Sr. Carlos concordou logo com o Sr. de la Fayette, como concordava naquele instante em que eu os ouvia. Daí por diante Levindo foi o texto do credo e Carlos Frederico o comentário entusiasmado. Esses dois homens atiraram-se pela cidade a explicar a Nova Jerusalém, a fazer compreender pelos homens inteligentes as sagradas interpretações do prolixo Swedenborg, escritas sob as vistas de Cristo Deus, que é um só. Quatro anos depois reuniram na Rua Minervina cinqüenta *swedenborgianos*, fundando duas sociedades: a Associação de Propaganda da Nova Jerusalém, pela imprensa, conferência e leitura das obras do mestre, e uma sociedade de beneficência para auxiliar os irmãos brasileiros.

Um jornal, *A Nova Jerusalém*, foi logo publicado e existe há oito anos; o círculo da propaganda aumentou, amigos em viagem levaram a notícia ao Pará, ao Rio Grande do Sul, à Minas e, afora esses adeptos, cerca de duzentos *swedenborgianos* reúnem-se aos domingos para ouvir de la Fayette narrar o símbolo de Adão, explicar o sentido único de cada palavra em todos os livros da Bíblia e louvar Swedenborg.

- Swedenborg! Eu não preciso dizer-lhe quem foi esse extraordinário espírito que tudo descobriu da terra e do céu. Na sua época, chamou a atenção de grandes cérebros como Goethe, Kant, Wesley, de Wieland, Klopstock...

Nós batemos as pálpebras, gesto que Swedenborg considera sinal de entendimento e sabedoria. Goethe pusera o filósofo no *Fausto* com o pseudônimo de Pater Seraphicus; Kant falando dele recorda o cumprimento do seu cocheiro a Tycho Brahe: "O Sr. pode ser muito entendido nas coisas do céu, mas neste mundo não passa de um doido". Os outros não tinham sido mais amáveis. Mas para que discutir? O ministro da Nova Jerusalém continuava contando a atenção e curiosidade dos povos modernos pelo extraordinário profeta do Norte. Depois parou.

- O que é, em síntese, a Nova Jerusalém? - perguntei.

Swedenborg, ao morrer em casa de um barbeiro, achava desnecessá-

to Rio de Janeiro, but when he arrived the revolt broke out. There was a state of siege, and he had no choice but to retire to the mountains of his state. The town of Lamim, in Minas Gerais, is where the New Jerusalem was first spoken of in Brazil.

Back in Rio, the pastor gained a follower, Mr. Carlos Frederico Braga, also from Minas Gerais. The adhesion was quick. Mister Carlos soon agreed with Mr. de la Fayette, as he agreed at that moment when I was listening to them. Thereafter Levindo was the textbook of the creed, and Carlos Frederico the enthusiastic commentator. These two men plunged into the city, explaining the New Jerusalem, making intelligent men understand the sacred interpretations of the verbose Swedenborg, written under the eyes of Christ the God, who is one. Four years later they gathered fifty Swedenborgians on Rua Minervina, founding two societies: the New Jerusalem Proselytizing Association, for the printing, collation and reading of the master's works, and a charitable society to help Brazilian brothers.

A periodical, *The New Jerusalem*, was soon published and has run for eight years now. The circle of proselytizing has increased. Friends traveling took the news to Pará, Rio Grande do Sul, to Minas Gerais. Apart from these followers, some two hundred Swedenborgians gather on Sundays to listen to de la Fayette narrate the symbol of Adam, explain the meaning of every single word in all the books of the Bible, and praise Swedenborg.

"Swedenborg! I don't need to tell you who this extraordinary spirit was who discovered everything Earthly and Heavenly. In his time, he caught the attention of great minds such as Goethe, Kant, Wesley, Wieland, Klopstock...

We blinked our eyelids, a gesture that Swedenborg considers a sign of understanding and wisdom. Goethe had included the philosopher in his *Faust* under the pseudonym of Pater Seraphicus. Kant talks about him recalling his charioteer's greeting to Tycho Brahe:[7] "You can be very knowledgeable of the things of Heaven, Sir; but in this world you're nothing but a madman." The others hadn't been any kinder. But why

rio receber os sacramentos por ser de há muito cidadão do outro mundo. A respeito dessa região o cidadão escreveu enormes volumes *ex auditis et visis*, isto é, sobre o que vira e ouvira.

Os *Arcania*, o tratado do Céu e do inferno, o tratado das Representações e Correspondências, a Sabedoria Angélica sobre o divino Amor e a divina Sabedoria, a *Doutrina Novae Hierrosalymae*, as terras do nosso mundo solar e no céu astral, até o *Amor Conjugal*, com umas máximas arriscadas sobre o amor escortatório, explicaram bem as suas extraordinárias viagens.

Swedenborg esteve no inferno e conversou com tanta gente que Mater para simplificar fez uma lista cronológica desde os deuses gregos até os contemporâneos; teve relações íntimas com os espíritos de Júpiter, de Mercúrio, de Marte e até da Lua, apesar de não simpatizar muito com esses que eram pequenos e faziam barulho. Não foi só. O extraordinário homem viu o paraíso, ouviu os anjos, esteve com Deus em pessoa. Era natural que compreendesse o sentido das correspondências entre os espíritos dos planetas e o máximo homem, que revelasse ao mundo o sentido íntimo espiritual ou celeste das revelações que até então ficara ignorado.

"A doutrina da Igreja atual é viciosa, deve desaparecer." E Swedenborg, com os olhos espirituais abertos, não inovou, elucidou os textos sagrados.

A nova igreja tem um catecismo que explica e resume a Nova Jerusalém e a sua doutrina celeste. Assim o homem foi criado por Deus para amar a Deus e fazer o bem ao próximo. Quem faz mal, vai para o inferno, quem faz bem, vive com luxo e conforto no reino do céu que, segundo Swedenborg, tem edifícios magníficos, parques encantadores e vestidos bonitos. O homem aprende a fazer o bem nos dez mandamentos. É simples e fácil.

O Senhor, deve o homem julgá-lo o único Deus, em que está encarnada a Santíssima Trindade do Pai, do Filho e do Espírito Santo. A trindade perfaz numa só pessoa a alma, o corpo e o ato da obra. Na Trindade Divina, o Pai é a alma, o Filho o corpo, e o Espírito Santo a

argue? The minister of the New Jerusalem still had the modern peoples' attention and curiosity for the extraordinary prophet of the North. Then he stopped.

"What is, in short, the New Jerusalem?" I asked.

When Swedenborg died, at a barber's house, he thought it unnecessary to receive sacraments for having long been a citizen of the other world. Of this area the man wrote huge volumes *ex auditis et Visis*, that is, about what he saw and heard.

The *Arcana*, the treaty of *Heaven and Hell*, the treaty of *Concerning Representations and Correspondences,* the *Angelic Wisdom Concerning Divine Love and Wisdom, Doctrine of the Lord, the Earths in Our Solar System Which are Called Planets and Lands in the Starry Heaven,* and even the *Conjugal[8] Love,* with some risqué adages about scortatory[9] love, explained his extraordinary journeys well.

Swedenborg went to Hell and talked to so many people that Mater[10], to simplify things, made a chronological list, from the Greek to the contemporary gods. He had intimate relations with the spirits of Jupiter, Mercury, Mars and even the Moon, though he didn't sympathize much with those who were small and noisy. That was not all. The extraordinary man saw Paradise, heard the angels, and had been with God Himself. It was natural that he understood the meaning of the correspondence between the spirits of the planets and the uttermost man, and that he revealed the world's intimate spiritual or celestial meaning of the revelations, which had been ignored up until then.

"The doctrine of today's Church is vicious; it must disappear." And Swedenborg, with his spiritual eyes open, didn't innovate. He threw light upon the sacred writings.

The new church has a catechism that explains and summarizes the New Jerusalem and its heavenly doctrine. Thus, man was created by God to love God and do good unto others. According to Swedenborg, whoever does evil goes to Hell; whoever does good lives with luxury and comfort in the kingdom of heaven, owns magnificent buildings, beautiful parks and beautiful dresses. Mankind learns to do good from the Ten Com-

operação condensados numa só pessoa: Jesus. É esta a divergência capital do Catolicismo. A Nova Jerusalém é o cristianismo primitivo. Os seus membros não têm ambições e ajudam-se uns aos outros, praticando a caridade, o único amor capaz de nos desprender de nós mesmos para nos aproximar de Deus. A regeneração vem da oração. O homem ora só a Jesus, porque o mais é idolatria. Todas as ciências e religiões nada são sem o conhecimento de Deus. Possuidores desse conhecimento, os *swedenborgeanos* têm a chave da interpretação exata de tudo e explicam com harmonia espiritual todas as ciências e todas as religiões.

– Não se podia voltar ao Cristianismo, ao tempo em que começou a ser falsificado – diz-nos o Sr. de la Fayette. – Seria desconhecer as leis da ordem divina, que teria desse modo perdido quinze séculos, quando esse período serviu para a execução das suas obras sempre misericordiosas. O Senhor anunciou que, na consumação dos séculos, isto é, no fim da igreja atual, viria, "nas nuvens do céu, com poder e glória" fundar outra igreja que não terá fim. Esta igreja é a Nova Jerusalém, que o Senhor instaurou, retirando o véu que ocultava o Verbo...

Escurecia. As trevas entravam pela sala onde o Verbo é revelado. Em derredor, quanto abrangia o olhar, via-se a cidade reclinada por vales e montes, preguiçosamente. No céu puríssimo as estrelas palpitavam devagar; pela terra estrelavam os combustores um infinito recamo de luzes.

- Vou aos Estados Unidos - disse o ministro - comprar livros, editar obras minhas para franquear a biblioteca ao povo. A regeneração far-se-á!

E nós descemos o monte, onde, naquela casa de pedra, duzentos homens, compenetrados do secreto sentido das correspondências, louvam todos os domingos Swedenborg que gozou o Céu, e Jesus que é a caridade e o supremo Amor.

Original publication: "A Nova Jerusalem," *Gazeta de Notícias,* Rio de Janeiro, ed. 53, p.1-2, 22/02/1904.

mandments. It's simple and easy.

The Lord, whom mankind should consider the only God, incarnates the Holy Trinity of Father, Son and Holy Spirit. The trinity constitutes the individual's soul, body and action. In the Divine Trinity, the Father is the soul, the Son is the body, and the Holy Spirit is the operation, condensed into one person only: Jesus. This is Catholicism's major divergence. The New Jerusalem is primitive Christianity. Its members have no ambitions and help each other, practicing charity, the only love that can detach us from ourselves to bring us closer to God. Regeneration comes from prayer. Mankind prays only to Jesus, as it is otherwise idolatry. All sciences and religions are nothing without knowledge from God. Holders of this knowledge, the Swedenborgians have the key for accurately interpreting everything, and explain all sciences and all religions with spiritual harmony.

"One couldn't return to Christianity, as it began to be falsified." Mister de la Fayette tells us. "It would be ignoring the laws of the divine order, which would thereby have lost fifteen centuries, when this period served to the execution of its ever merciful works. The Lord announced that, in the consummation of the centuries, that is, in the end of the current church, 'in the clouds of heaven, with power and glory' He would come to found an everlasting church. This church is the New Jerusalem, which the Lord established by removing the veil that hid the Word...

It was getting dark. Darkness entered the room where the Word is revealed. All around, as far as the eyes could see, the city leaned lazily over valleys and hills. In the purest sky stars throbbed slowly; in this world the street lamps starred an infinite embroidery of lights.

"I'm going to the United States," said the minister. "To buy books, to edit my works to make them available to the people at the library. Regeneration will work itself out!"

And we went down the hill, where, in that stone house, every Sunday, two hundred men, convinced of the secret meaning of the correspondence, praise Swedenborg, who enjoyed Heaven, and Jesus, Who is charity and supreme Love.

Capítulo Nove

O Culto do Mar

O Culto do Mar é praticado pelos pescadores das nossas praias. É um culto variado, cosmólatra e fantasista, em que entram a lua e alguns elementos divinizados.

- Não conhece os nossos pescadores? Gente tranqüila. Raramente se agridem e sempre por questão de pesca.

Os pescadores formam um corpo distinto, diverso dos catraeiros, dos marítimos, dessa população ambígua e viciada que anda no cais à beira das ondas perturbadoras. Não há canto da nossa baia que não tenha uma colônia de pescadores. Vivem todos muito calmos, sem saber do resto do mundo. Enfim, uma classe à parte, com festas próprias, que não se afasta do oceano e é unida pelo culto do mar. Os pescadores são os últimos idólatras das vagas.

Conversar com eles é ter impressões absolutamente inéditas de moral, de filosofia e de religião.

- Mas essas colônias são brasileiras? - indaguei do meu informante.

- Não. Há colônias só de portugueses, como a de Santa Luzia e de Santo Cristo, de portugueses e brasileiros, como em Sepetiba, de italianos apenas, de brasileiros só. Uma série de núcleos ligados pela cren-

Chapter Nine

The Cult of the Sea

The Cult of the Sea is practiced by fishermen from our beaches. It is a varied worship, cosmolatric[1] and fanciful, in which the moon and some deified elements make part.

"Don't you know our fishermen? Quiet people, they rarely fight each other, and if they do it's always over fishing."

The fishermen form a distinct group, different from scull sailors, seafarers, from the ambiguous and addicted people walking on the pier near the disturbing waves. There is no corner of our bay that doesn't have a colony of fishermen. They all lead a very quiet life, without knowledge of the rest of the world. In the end, they are a class apart, with their own festivals, who don't distance themselves from the ocean, and are united by the cult of the sea. Fishermen are the last idolaters of the waves.

Talking to them is to get absolutely unprecedented impressions about morality, philosophy and religion.

"But are these colonies Brazilian?" I asked my informant.

"No. There are colonies of only Portuguese, such as Santa Luzia[2] and Santo Cristo,[3] of Portuguese and Brazilians, as in Sepetiba,[4] of only Italians, and of only Brazilians. There is a series of centers connected by

ça. São outros homens. Nascem de mães pescadoras, partejadas quase sempre por curiosas, vivem nas praias, nunca as abandonam. Aos quatro anos nadam, aos dez remam e acompanham os parentes às pescarias, e assim passam a existência, familiarizados apenas com as redes, os apetrechos de pesca e o calão, o pitoresco calão marítimo.

O oceano imprime-lhe um cunho especial, são propriedades do mar. Nunca reparaste nos pescadores? Têm os pés diferentes de todos, uns pés contráteis que se crispam nas pranchas como os dos macacos; andam a bambolear, balouçando como um barco, e a sua pele lustrosa tem o macio grosso dos veludos. A alma dessa gente conserva-se ondeante, maravilhosa e simples.

- Mas os pescadores são cristãos?

- Está claro. Mas cristãos puros é difícil encontrar hoje afora os evangelistas e os sírios.

- Lembro-me da festa de Nossa Senhora, na Lapa.

- É outra coisa.

- Vi em Santa Luzia a devoção de São Pedro.

- Era promessa de um rapaz que, por falta de meios não a continua. Deixemos Nossa Senhora e São Pedro. Falo de um culto que emana no íntimo respeito das ondas. Todos os pescadores das praias e das ilhas próximas festejam, sacrificam ao mar e têm um objeto especial de devoção. Não há nenhum que não tema a Mãe d'Água, a Sereia, os Tritões e não respeite a Lua. Conheço três manifestações desse culto. A Mãe d'Água entre os pescadores de Santo Cristo e de Santa Luzia, a da Lua, e do Mar e a do Arco-Íris.

- O Arco-Íris?

- Em Sepetiba. É dos mais completos e dos mais belos, tendo como sacerdote uma mulher.

O Arco-Íris, a adoração de um deus que se curva nas nuvens policromo e vago, que ergue das ondas um facho de luzes brandas e desaparece, o terror daquilo que se desfaz, sem que se saiba como! Era uma fantasia! Mas os cosmólatras inventam tanta coisa para perfumar a sua ignorância, que bem podia ser.

the belief. They are different men. Born to fisherwomen mothers, often giving birth with the help of amateur midwives; they live on the beaches and never abandon them. At four years of age they swim, at ten they paddle and accompany their relatives on fishing trips, and so their existence goes, familiar only with nets, fishing tackle and argot, the colorful maritime argot.

The ocean gives them a special imprint; they are properties of the sea. Have you never noticed the fishermen? They have feet which are different from the rest, contractile feet that clutch the planks like monkeys' feet; they wobble, swaying like a boat, and their glossy skin has the soft thickness of velvet. The soul of this people remains undulating, wonderful and simple.

"But are the fishermen Christians?"

"Surely. But pure Christians are difficult to find today besides the evangelists and the Syrians."

"I remember the Feast of Our Lady, in Lapa.[5]"

"It's something else."

"I saw the devotion of St. Peter in Santa Luzia."

"It was the promise of a boy who, for lack of means, doesn't keep it. Let's leave Our Lady and St. Peter alone. I'm talking of a cult that emanates in the intimate respect for the waves. All fishermen from the beaches and nearby islands celebrate, sacrifice to the sea, and have a special object of devotion. There is not one who doesn't fear the Mother of the Water,[6] the Mermaid, and Tritons;[7] and who doesn't respect the Moon. I know three manifestations of this cult: The Mother of the Water, among the fishermen of Santo Cristo and Santa Luzia's; the Moon and Sea; and the Rainbow."

"The Rainbow?"

"In Sepetiba. It is one of the most complete and most beautiful, run by a priestess."

The Rainbow, the worship of a colorful and vague god who bows in the clouds, raises a beam of soft lights from the waves and disappears, the terror of that which vanishes, without it being known how! It was a

- Não há dúvidas - disse o meu amigo. - O Arco-Íris é uma antiqüíssima divindade, um anúncio dos céus. Lembra-te disso e acompanha-me.

Acompanhei-o, durante um inverno, muito úmido e muito estrelado. Os pescadores têm um temor incalculável da polícia. Desde que um curioso aparece, guardam segredo das suas crenças e negam toda e qualquer co-participação em religião que não seja a católica. Como são primitivos e rudimentares, porém, a bondade que têm é fundamental, transforma-os e não há nenhum que não acabe confiante e falador, exagerando para espantar os mistérios cosmológicos. Esses mistérios são de uma beleza delicada e antiga, de uma beleza de rapsodos que relembra as fantasias escandinavas e helenas, um montão de lendas e de ritos enervantes. Há nas práticas e nas idéias trechos de Hesíodo, de Cristo e dos pretos-minas; e a gente afunda, quando os quer guardar, num banho de cristal batido pelo sol.

- Quase sempre os diretores das festas, os sacerdotes, não são pescadores. Em Santo Cristo é o padeiro Carvalho, homem de posses - diz o meu amigo. - Os sacrifícios são feitos geralmente à noite.

Vamos os dois interrogar os pescadores. Essa gente teme a Mãe d'Água, tendo a longínqua recordação de que ela aparece vestida de branco seguida de homens barbados de verde. A aparição feminina grita de repente, apaga as luzes na barca, faz as cerrações, afasta os peixes, e às vezes canta.

- Como a Darclée?

- Como as sereias meu caro. Os pescadores têm que cair no fundo da barca tapando os ouvidos. Ulisses amarrava-se...

Para aplacar a deusa do mar, ser impalpável e lindo, os pescadores fazem o sacrifício de um carneiro. Matam o bicho à beira do oceano; o sangue cai numa cova aberta na areia. Depois partem canoas levando pedaços do animal com presentes que deixam cair no fundo da baía com uma oração votiva.

Um rapazola, lindo como o Apolo do Belveder, responde às nossas perguntas: - Eu fui batizado, patrão.

- Mas sabe a história da Mãe d'Água?

fantasy! But the Cosmolaters are so creative in order to perfume their ignorance, it could well be true.

"There is no doubt," said my friend. "The Rainbow is an ancient deity, one announcement from Heaven. Remember this and follow me.

I accompanied him during a very moist and very starry winter. The fishermen have an untold fear of the police. Once a curious person appears, they keep their beliefs a secret and strongly deny partaking in any religion which isn't Catholic. Being primitive and rudimentary, however, the goodness they have is fundamental. It transforms them, and there is not a single one who doesn't end up trustful and talkative, exaggerating to scare away the cosmological mysteries. These mysteries are of a delicate and ancient beauty, of a rhapsodic beauty which is reminiscent of Scandinavian and Hellenistic[8] fiction, a heap of enervating legends and rites. There are excerpts from Hesiod,[9] Christ and the Black Minas[10] in their practices and ideas; and people sink, when wanting to save them, in a bath of crystal struck by the sun.

"Often the directors of festivals, the priests, aren't fishermen. It is Carvalho the baker in Santo Cristo, a wealthy man," my friend says. "Sacrifices are usually made at night."

We both go to interview the fishermen. These people fear the Mother of the Water, having the distant memory that she appears dressed in white followed by green-bearded men. The female apparition suddenly screams, turns off the lights in the boat, produces haze, calls away fish, and sometimes sings.

"Like Darclée[11]?"

"Like mermaids my friend. The fishermen have to drop into the bottom of the boat covering their ears. Ulysses[12] tied himself up...

To appease the goddess of the sea, elusive and beautiful being, the fishermen make the sacrifice of a sheep. They kill the beast by the ocean. The blood falls into a hole opened in the sand. Then canoes depart carrying pieces of the animal with gifts that they drop in the estuary with an offering prayer.

A lad, as beautiful as *Apollo Belvedere*,[13] answers our questions: "I

- Sei, sim. Aqui, para Mãe d'Água ser boa fazem-se despachos. Na ilha do Governador compram tudo do mais fino, põem a mesa à beira da praia, com talheres de prata, copos bonitos, a toalha alva e galinhas sem cabeça, para a santa comer.

- Que diferença há entre Nossa Senhora e a Mãe d'Água? - indago interessado.

- Nossa Senhora está no céu. Mãe d'Água é diferente; é a devoção, é como um santo do Mar... E sopra-me na cara uma baforada de fumo mau.

O meu amigo, cheio de literatura, declama logo:

- Não compreendes! A água é em toda a parte uma religião. O Nilo foi feito das lágrimas de Ísis, o Ganges é o fator da crença da imortalidade, os gregos povoaram o mar de habitantes sagrados. Lembra-te dos Árias ao descer do planalto: "Ó mar, grande laboratório!..." Laboratório da vida e da crença.

E leva-me a uma outra praia, a compreender como tudo depende do mar e da lua. Ele conhecia um velho pescador, José Belchior. O velho recebe-o com intimidade e conta-me o que pensa deste mundo. É curiosíssimo.

Para José o mar representa o homem, o princípio ativo. Por isso o mar é superior em tudo à terra, que como a mulher só serve para o descanso. O oceano circunda a terra num longo abraço. O mar só sofre uma influência, a da lua, que mostra a sua face de trinta em trinta dias e o faz inquieto e a arfar. Nela mora Nossa Senhora com o seu filho Jesus, e esse doce alampadário de ouro desencadeia os ventos, faz as tempestades, esconde os peixes, baixa as marés e guia as naves. Se Nossa Senhora quisesse, parava a lua quando ela vem cheia, e tudo seria então magnífico. Como as coisas não são assim, fazem-se promessas, pede-se aos santos para interceder e, nas noites de luar, fazem uma passeata em embarcações com velas de cera acesas na mão e rezando baixinho.

Todas essas pequenas modalidades reúnem-se em Sepetiba no culto geral do Arco-Íris. Há festas de três em três meses, despachos simples e uma grande solenidade, que já foi feita a 2 de fevereiro e atualmente se realiza em junho, no dia de S. Pedro.

was baptized, boss."

"But do you know the story of the Mother of the Water?"

"I know, yes. Here we make offerings for the Mother of the Water to be good to us. They buy all the finest things at Ilha do Governador;[14] then set the table by the beach, with silver cutlery, beautiful glasses, white tablecloth, and headless chickens for the saint to eat.

"What is the difference between Our Lady and Mother of the Water?" I inquire hastily.

"Our Lady is in Heaven. The Mother of the Water is different; she is the devotion, she is like a saint of the Sea..." And he blows a puff of bad smoke in my face.

My friend, full of literature, then recites:

"You don't understand! Water is a religion everywhere. The Nile was made from Isis's tears,[15] the Ganges is the agent of the belief of immortality, the Greeks peopled the sea with sacred inhabitants. Remember the Aryans[16] coming down the plateau: "O sea, great laboratory..." Laboratory of the life of belief."

And he leads me to another beach to understand how it all depends on the sea and the moon. He knew an old fisherman, José Belchior. The old man welcomes him with intimacy and tells me what he thinks of this world. It is very interesting.

For José the sea represents men, the active principle. That's why the sea is superior to anything on land, which, like women, is only suitable for resting. The ocean surrounds the earth in a long hug. The moon is the only thing that influences the sea, showing its face every thirty days, gusting and unsettling it. In it Our Lady lives with her son Jesus, and this sweet golden chandelier triggers the winds, makes the storms, hides the fish, lowers tides and guides the ships. If Our Lady wanted, she could stop the moon when it's full, and everything would be so magnificent. As things aren't so, they take vows, ask saints to intercede and, on moonlit nights, form a procession of boats, with lighted wax candles on hand and praying softly.

All these little types meet in Sepetiba in the general cult of the Rain-

Estive lá nesse dia. A sacerdotisa é uma portuguesa reforçada, que se chama Maria Matos da Silva. Só são permitidos na festa pescadores, e os pescadores vão de toda a parte ao culto singular. A casa de Maria da Silva fica mesmo no ponto dos bondes, e nos dias de festa está toda adornada de folhagens e galhardetes. Todos, lavados e de roupas claras, a dona da devoção manda buscar os negros feiticeiros para preparar os ebós e fazer a matança dos animais.

Ela própria deita as cartas para saber quem deve ir levar os sacrifícios e os desejos sutis do Arco-Íris.

No interior da casa, onde ardem velas, é proibida a entrada com exceção das que tomam parte nos sacrifícios. Em frente os pescadores bebem, cantam e dançam o cateretê. Se por acaso no céu se curvam as cores do espectro, prosternam-se todos radiosos clamando pelo milagre. O milagre porém, como todo o milagre, é raro.

Maria da Silva tem sempre a seu lado o coronel Rodrigues, velho guarda nacional, que com os pés metidos em grossos tamancos, sentencia máximas morais para a assembléia. Os pescadores que apanham na rede um boto, levam-no à mulher do culto para preparo do azeite das festas sagradas.

Vou pela praia, alanhada por um vento álgido. No céu aparecem nuvens, na areia descansam três barcas enfeitadas. Um rapazola guarda-as. É ele quem nos dá informações a respeito da gente que dança. Reina entre estas criaturas uma perfeita amoralidade. Como não há barulhos graves, não se vai à polícia. Conselhos dão os velhos. A mulher serve para procriar, obedece cegamente ao homem, cose, trabalha, é inferior. O macho domina. O respeito aos anciãos existe, porque estes sabem das manhas dos peixes, anunciam as tempestades, ensinam. Quanto ao amor, deve ser muito diverso do nosso...

- E as festas, quem as faz?

- Para as festas concorrem todos.

Das três barcas que eu via, a primeira era para o Arco-Íris, a segunda para a Mãe d'Água e a terceira acompanharia as duas formando a trilogia, duas na frente e uma atrás.

bow. There are feasts every three months, simple offerings and a great solemnity, which was once celebrated on February 2, and currently takes place in June, on St. Peter's day.

I went there that day. The priestess is a sturdy Portuguese named Maria Matos da Silva. Only fishermen are allowed in the feast, and they come from everywhere to this singular worship. Maria da Silva's house is right at the tram stop, and on feast days it is all decorated with foliage and pennants. Everyone washed up and wearing light-colored clothes, the owner of the devotion sends for black sorcerers to prepare *ebós*[17] and the killing of animals.

She herself reads the cards to see who should make the Rainbow sacrifices and wishes.

Inside the house, where candles burn, entry is forbidden except to those who take part in the sacrifices. In front of the house, the fishermen drink, sing and dance *cateretê*.[18] If the colors of the spectrum curve in the sky by any chance, they all bow joyfully, clamoring the miracle. The miracle however, like any miracle, is rare.

Maria da Silva always has Colonel Rodrigues besides her; he's an old National Guardsman, who, wearing thick clogs, pronounces moral maxims to the assembly. The fishermen who catch a *boto*[19] in the fishnet, take it to the woman of the cult for the preparation of oil for the sacred feasts.

I walk on the beach, slashed by an algid wind. Clouds appear in the sky, three decked boats rest on the sand. A young man guards them. It's he who gives us information about the people dancing. A perfect amorality reigns among these creatures. As there are no serious noises, nobody goes to the police. Advice is given by the elderly. The female is to procreate; she blindly obeys the man; she sews, works, is inferior. The male dominates. Respect for elders exists because they know the tricks of the fish, they forecast the storms, they teach. As for love, it must be very different from ours...

"And the feasts, who organizes them?"

"Everybody contributes to them."

O meu amigo, lembrando mitologias diversas, quis saber a razão desse triângulo. O rapaz respondeu apenas:

- É costume.

É costume também pagar em todas as religiões. Tanto os feiticeiros como os condutores das barcas recebem dinheiro. Os remadores pertencentes ao Arco-Íris têm seis mil réis, os da Mãe d'Água três e os acompanhadores nove. À noite, já no céu negro o crescente lunar, depois dos búzios e dos baralhos terem indicado os dias em que não se poderá pescar, começa o sacrifício.

Forçado a ficar de longe, embrulhado num paletó em que tiritava, vi sair da casa da Maria uma teoria de camisolas brancas com as lanternas de azeite de boto na mão, acompanhando dois homens, um vestido de seda, outro de cetim.

O primeiro era o voga da canoa do Arco-Íris, o segundo ia dirigir a da Mãe d'Água. As canoas foram arrastadas para o mar. Na do Arco-Íris iam os mais finos presentes com os despachos, na da Mãe d'Água objetos caros e femininos. Quando as canoas partiram em direção ao Norte, levando aqueles estranhos remadores vestidos de morim branco, os que ficaram na praia levantaram os braços, e a Maria da Silva, na turba, sorria como quem se desobriga de uma promessa sagrada.

- E ao voltarem, que há? - indaguei ao rapaz.

- Voltam de costas, de frente para o mar, entram assim em casa; os remadores, menos os do Arco-Íris, batem com a cabeça no chão, e a festa continua.

- Mas que é o Arco-Íris, afinal?

- O Arco-Íris indica se a gente está bem com Deus. É um aviso, o sinal da união, o único meio por que o mar se deixa ver... e a crença.

Olhei mais o oceano soluçante sob o vento álgido.

As barcas todas acesas de luzes frouxas perdiam-se na fosforescência lunar; os remadores cantavam, e eu ouvia como a copla de uma barcarola nostálgica. Em frente da casa de Maria, o cateretê delirava e sombras de adolescentes desciam a praia ágeis e finas.

A Maria, sentada, sorrindo, era indecifrável.

Of the three boats I saw, the first was for the Rainbow, the second for the Mother of the Water, and the third would follow the two, forming the trilogy, two in front and one behind.

My friend, recalling various mythologies, wanted to know the reason for this triangle. The boy only replied: "It's the tradition."

It is also customary to pay in all religions. Both sorcerers and boat drivers receive money. The rowers who belong to the Rainbow get six thousand *réis*,[20] the ones of the Mother of the Water three thousand *réis*, and the escorts nine thousand *réis*. At night, with the crescent moon in the black sky, after the whelk shells and decks of cards have indicated the days that you cannot fish, the sacrifice begins.

Forced to stay away, wrapped in a jacket, shivering, I saw a procession of white nightdresses, with river dolphin oil lanterns in their hands, leaving Maria's house, following two men, one dressed in silk, the other in satin.

The first man was the coxwain[21] of the Rainbow canoe; the second would steer the Mother of the Water. The canoes were swept out to sea. In the Rainbow canoe there were the finest gifts with the offerings; in the Mother of the Water canoe, expensive and feminine objects. When the canoes left toward the north, taking those strange rowers dressed in white muslin, the ones who stayed on the beach raised their arms, and Maria da Silva, in the crowd, smiled like someone who relieves herself of a sacred promise.

"And when they come back, what happens?" I asked the boy.

"They come back backwards, facing the sea, and they get into their houses like that; the rowers, but the ones from the Rainbow, bang their heads on the ground, and the feast goes on."

"But what is the Rainbow, anyway?"

"The Rainbow indicates whether we are right with God. It is a warning, the unity sign, the only means by which the sea allows itself to be seen... and the belief."

I looked longer at the sobbing ocean under the algid wind.

The boats all lit up by dancing lights disappeared in the phosphores-

E para que decifrá-la? O seu culto era o culto de todas as épocas e de todos os homens.

O mar continua a ser o grande mistério. Para os espíritos simples que temem o diabo e guardam na alma crenças acumuladas, só a Lua com a imagem de Nossa Senhora pode explicar a angústia do mar e só as sete cores do arco do céu podem simbolizar o vago mistério da união do oceano e do homem.

Original publication: "O Culto do Mar," *Gazeta de Notícias,* Rio de Janeiro, ed. 112, p.2, 21/04/1904.

cence of the moon. The rowers sang, and I listened to something like the couplet of a nostalgic barcarole.[23] In front of Maria's house, the *cateretê* raved, and agile and slender teenage shadows went down to the beach.

Maria, sitting, smiling, was indecipherable.

And why decipher her? Her cult was the worship of all ages and of all mankind.

The sea continues to be the great mystery. For simple spirits who fear the devil and keep accumulated beliefs in their souls, only the moon with the image of Our Lady can explain the anguish of the sea, and only the seven colors of the rainbow from the sky can symbolize the vague mystery of the union between the ocean and mankind.

Capítulo Dez

O Espiritismo entre os Sinceros

O marechal Ewerton Quadros esperava um bonde para a cidade, quando um bonde passou inteiramente vazio.

- Por que não toma este? - perguntaram-lhe.

O marechal mergulhou mais a face adunca nas barbas matusalêmicas:

- Não é possível. Está cheio de espíritos maus! - e, como aparecesse outro inteiramente cheio, agarrou-se ao balaústre e veio de pé até à cidade.

Desde que se deixa a traficância do baixo espiritismo, que se conversa nas rodas intelectuais cultivadas, esse estado alucinante torna- se normal.

Ao subirmos as escadas da Federação, o meu amigo ia dizendo:

There are more things in heaven and earth, Horatio
There are dreamt of in your philosophy.

Esses melancólicos versos, temerosos do mundo invisível, resumem

Chapter Ten

Spiritism among the Sincere

Marshal Ewerton Quadros awaited a tram to the city when a tram went by completely empty.

"Why didn't you take that one?" People asked him.

The Marshal plunged his aquiline face deeper into his Methuselahian[1] beard.

"It's not possible. It's full of evil spirits!" And, when another full one appeared, he clung to the railing and came all the way into the city standing.

Once one abandons the fraudulence of low Spiritism, discussing in cultured intellectual circles, this hallucinatory state becomes normal.

As we went up the stairs of the Federation, my friend was saying:

There are more things in heaven and earth, Horatio
Than are dreamt of in your philosophy.[2]

These melancholy verses, fearful of the invisible world, summarize our mental state.

o nosso estado mental.

Muita coisa há no mundo de que não cuida a nossa vã filosofia, muita coisa há neste mundo invisível...

Já não se conta o número de espíritos ortodoxos, conta-se a atração dos nossos cérebros mais lúcidos pela ciência da revelação. A Marinha, o Exército, a advocacia, a medicina, o professorado, o grande mundo, a imprensa, o comércio, têm milhares de espíritas. Há homens que não fazem mistério da sua crença. Os generais Girard e Piragibe, o major Ivo do Prado, o almirante Manhães Barreto, Quintino Bocaiúva, Félix Bocaiúva, Eduardo Salamonde, os Drs. Geminiano Brasil, Celso dos Reis, Monte Godinho, Alberto Coelho, Maia Barreto, Oliveira Menezes, Alfredo Alexander proclamam a pureza da sua fé. A Federação tem 800 sócios e ainda o ano passado expediu 48 mil receitas.

Os que não praticam a moral, aceitam a parte fenomenal. É ao chegar a essa esfera que se começa a temer a frase do católico: "O espiritismo é um abismo encantador; foge ou de lá nunca mais sairás." Se na sociedade baixa, centenas de traficantes enganam a credulidade com uma inconsciente mistura de feitiçaria e catolicismo, entre a gente educada há um número talvez maior de salas onde estudam o fenômeno psíquico e a adivinhação do futuro, com correspondência para Londres e um ar superiormente convencido.

Decerto, em parte, a frivolidade que faz senhoras elegantes citarem poetas franceses e conversarem de ocultismo nos *gutters* invernais, faz de algumas dessas sessões um divertimento idêntico à lanterna mágica e ao *lawn-tennis*; decerto há entre os mais convictos Bouvard, Pécuchet e mesmo o conselheiro Acácio; mas, frívolos e tolos foram sempre os meios inconscientes de expansão de uma crença, e o espiritismo científico deles se serve para triunfar.

Nas rodas mais elegantes, entre *sportsmen* inteligentes, lavra o desespero das comunicações espíritas, como em Paris o automobilismo.

Ainda há alguns meses senhores do tom, ao voltarem do Lírico, encasacados e de gardênia ao peito, comunicavam-se no Hotel dos Estrangeiros com as almas do outro mundo, por intermédio de uma cantora,

There are so many things in the world that our philosophy cannot imagine; there is so much in this invisible world...

No one can count the number of Orthodox spirits; one counts the attraction of our more lucid minds toward the science of revelation. The Navy, the Army, law, medicine, teachers, the great world, the press, business, have thousands of Spiritists. There are men who don't hide their belief: Generals Girard and Piragibe; Major Ivo do Prado; Admiral Manhães Barreto; Quintino Bocaiúva, Eduardo Salamonde; Drs. Geminiano Brasil, Celso dos Reis, Monte Godinho, Alberto Coelho, Maia Barreto, Oliveira Menezes, Alfredo Alexander, proclaim the purity of their faith. The Federation has 800 members, and just last year issued 48,000 prescriptions.

Those who don't practice the moral part accept the phenomenal part. When reaching this sphere one begins to fear the Catholic's motto: "Spiritism is an enchanting abyss; break away or you will never get out of there." If in lower society hundreds of dealers deceive credulity with an unconscious mixture of Catholicism and sorcery, among educated people there may be a larger number of rooms where people study the psychic phenomenon and divination of the future, with correspondence to London and a superiorly conceited air.

Surely, in part, the frivolity that helps fashionable ladies citing French poets and talking of occultism in the wintry gutters makes some of these sessions an entertainment identical to magic lantern and lawn-tennis. Surely there are Bouvard, Pécuchet,[3] and even councilor Acácio[4] among the most convinced; but, the frivolous and foolish were always the unconscious means for the expansion of a belief, and their scientific Spiritism helps it to triumph.

In the most elegant circles, among intelligent sportsmen, the despair of the spiritual communications spreads, like motoring in Paris.

A few months ago gentlemen of class, returning from the Lyrico,[5] in coats and with a gardenia in their breast pockets, communicated with the souls of the other world in the Hotel dos Estrangeiros,[6] through a female singer, an ultra-astounding medium.

médium ultra-assombroso.

À tarde na Colombo, esses senhores combinavam a *partie de plaisir*, e à noite nos corredores do Lírico, enquanto o Caruso rouxinoleava corpulentamente para encanto das almas sentimentais, eles prelibavam as revelações sonambúlicas da médium musical.

Esses fatos são raros, porém, e as experiências assombrosas multiplicam-se; os médiuns curam criaturas a morrer. Leôncio de Albuquerque, que tratava caridosamente a Saúde em peso, anuncia, sem tocar no doente, o primeiro caso de peste bubônica, e cada vez mais aumenta o número de crentes.

O meu amigo dizia-me:

- Nunca se viu uma crença que com tal rapidez assombrasse crentes. Se o *Figaro* dava para Paris cem mil espíritas, o Rio deve ter quase igual soma de fiéis. O Brasil, pela junção de uma raça de sonhadores como os portugueses com a fantasia dos negros e o pavor indiano do invisível, está fatalmente à beira dos abismos de onde se entrevê o além. A Federação publicou uma estatística de jornais espíritas no mundo inteiro. Pois bem: existe no mundo 96 jornais e revistas, sendo que 56 em toda a Europa e 19 só no Brasil.

- Como se reconhecem as nossas aptidões literárias!

- Não ria. Tudo na terra tem a sua dupla significação.

- E quais são essas revistas e jornais?

- *Mensageiro*, em Manaus (Amazonas); *Luz e Fé e Sofia*, em Belém (Pará); *A Cruz*, em Amarante (Piauí); *Doutrina de Jesus*, em Maranguape (Ceará); A Semana (ciências e letras), no Recife (Pernambuco); *A Verdade*, em Palmares (Pernambuco); *O Espírita Alagoano, A Ciência*, em Maceió, (Alagoas); *Revista Espírita*, em São Salvador (Bahia); *Reformador*, no Rio de Janeiro; *Fraternização, Verdade e Luz, A Nova Revelação, O Alvião e A Doutrina*, em Curitiba (Paraná); *Revista Espírita*, em Porto Alegre (Rio Grande do Sul); *A Reencarnação*, no Rio Grande; *O Allan Kardec*, em Cataguazes (Minas Gerais).

- Como começou esta propaganda no Brasil?

- Homem, o Sr. Catão da Cunha diz que os primeiros espíritas bra-

At the Colombo[7] in the afternoon these gentlemen planned the *partie de plaisir*;[8] and in the corridors of the Lyrico in the evening, while Caruso[9] corpulently nightingaled to the enticement of the sentimental souls, they foretasted the somnambulistic revelations of the musical medium.

These events are rare, however, and the amazing experiences multiply. The mediums heal dying creatures. Leôncio de Albuquerque, who charitably treated Health in its totality, announces, without touching the patient, the first case of bubonic plague, and the number of believers increases ever more.

My friend told me:

"Never has a belief so quickly amazed believers. If the *Figaro* told of a hundred thousand Spiritists in Paris, Rio should have an almost equal number of devotees. Brazil, through the fusion of a race of dreamers such as the Portuguese, with the fantasy of the Blacks, and the Indian fear of the invisible, is inevitably on the edge of the abyss from where one can glimpse into the great beyond. The Federation published statistics of the Spiritist periodicals around the world. Well: there are 96 newspapers and magazines in the world, of which 56 in all of Europe and 19 in Brazil alone."

"How recognizable our literary skills are!"

"Don't laugh. Everything on Earth has its double meaning."

"And what are these magazines and periodicals?

"*Messenger*, in Manaus (Amazonas); *Faith and Light* and *Sofia* in Belém (Pará); *The Cross* in Amarante (Piauí); *Doctrine of Jesus in Maranguape* (Ceará); *The Week* (sciences and arts), in Recife (Pernambuco); *The Truth*, in Palmares (Pernambuco); *The Alagoano Spiritist, The Science*, in Maceió (Alagoas); *Spiritist Magazine,* in Salvador (Bahia); *Reformer*, in Rio de Janeiro; *Fraternization, Truth and Light, The New Revelation, The Doctrine* and *The Mattock*, in Curitiba (Paraná); *Spiritist Magazine,* in Porto Alegre (Rio Grande do Sul); *Reincarnation,* in Rio Grande; *The Allan Kardec* in Cataguazes (Minas Gerais)."

"How did this propagation start in Brazil?"

"Man, Mr. Catão da Cunha says that the first Brazilian Spiritists ap-

sileiros apareceram no Ceará ao mesmo tempo que em França. A propaganda propriamente só começou na Bahia, no ano de 1865, com o Grupo Familiar do Espiritismo.

Era o espiritismo em família, *ab ovo*, porque aos quatro anos depois surgiu o primeiro jornal, dirigido pelo Dr. Luís Olímpio Teles de Menezes, membro do Instituto Histórico da Bahia. Esse jornal intitulava-se *O Eco de Além Túmulo*. A propaganda tem sido rápida.

Ainda em 1900 no seu relatório ao Congresso Espírita e Espiritualista de Paris, a Federação acusava adesões de setenta e nove associações e o aparecimento de trinta e dois jornais e revistas de propaganda, entre os quais o *Reformador*, que conta vinte e quatro anos de existência.

Basta esse relatório para afirmar a força latente da crença.

- Vamos à Federação, o centro onde se praticam todas as virtudes do espiritismo. Verá com os seus próprios olhos.

A Federação fica na Rua do Rosário, 97. É um grande prédio, cheio de luz e de claridade.

Cumprem-se aí os preceitos da ortodoxia espírita; não há remuneração de trabalho e nada se recebe pelas consultas. A diretoria gasta parte do dia a servir os irmãos, tratando da contabilidade, da biblioteca, do jornal, dos doentes. A instalação é magnífica. No primeiro pavimento ficam a biblioteca, a sala de entrega do receituário, a secretaria, o salão de espera dos consultantes e os consultórios. Seis médiuns psicográficos prestam-se duas horas por dia a receitar, e as salas conservam-se sempre cheias de uma multidão de doentes, mulheres, homens, crianças, figuras dolorosas com um laivo de esperança no olhar.

A casa está sonora do rumor contínuo, mas tudo é simples, caridoso e sem espalhafato.

Quando entramos não se lhe altera a vida nervosa. A Federação parece um banco de caridade, instalado à beira do outro mundo. Os homens agitam-se, andam, conversam, os doentes esperam que os espíritos venham receitar pelo braço dos médiuns, e os médiuns, sob a ação psicográfica, falam e conversam enquanto o braço escreve.

Atravessamos a sala dos clientes, entramos no consultório do Sr.

peared in Ceará in the same period they did in France. The spread itself only began in Bahia, in 1865, with the Family Group of the Spiritism."

It was family Spiritism, *ab ovo*, because four years later came the first periodical, managed by Dr. Luís Olímpio Teles de Menezes, member of the Historical Institute of Bahia. This periodical was titled *The Echo from Beyond the Grave*. The spread has been fast.

In 1900, in its report to the Spiritist and Spiritualist Congress in Paris, the Federation acknowledges the joining of seventy-nine associations, and the appearance of thirty-two periodicals and proselytizing magazines, including the *Reformer*, which has existed for twenty-four years.

This report is enough to assert the latent power of the belief.

"Come to the Federation, the center where they practice all the virtues of Spiritism. You will see with your own eyes."

The Federation is located at Rua do Rosário, 97. It's a great building, full of light and brightness.

That's where the precepts of the spiritual orthodoxy are fulfilled. There's no remuneration for work, and nothing is received for the consultation. The board spends part of the day helping the brethren, taking care of the accounting, the library, the periodical, the sick. The facility is magnificent. On the first floor are the library, prescription delivery room, office, consultants' waiting hall, and offices. Six psychographic mediums lend themselves for two hours a day to prescribe, and the rooms are always kept filled with a multitude of patients: women, men, children, painful figures with a trace of hope in their eyes.

The house is noisy with the continuous rumble, but everything is simple, charitable and without fuss. When we enter, its nervous life is not altered. The Federation looks like a charity bank, quartered on the edge of the other world. Men fidget, walk, talk. Patients wait for spirits to prescribe through the arms of mediums; the mediums, through psychographic action, talk and chat while the arm writes.

We went through the customers' room and entered the office of Mr. Richard. For an hour this honorable gentleman, a convinced Spiritist,

Richard. Há uma hora que esse honrado cavalheiro, espírita convencido, escreve e já receitou para quarenta e sete pessoas.

- Há curas? - perguntamos nós, olhando as fileiras de doentes.

- Muitas. Nós, porém, não tomamos nota.

- Mas o senhor não se lembra de ter curado ninguém?

- A mim me dizem que pus boa uma pessoa da família do general Argolo. Mas não sei nem devo dizer. É o preceito de Deus.

Deixamo-lo receitando, já perfeitamente normalizados com aquele ambiente estranho, e interrogamos. Há milhares de curas. A Sra. Georgina, esposa do Sr. César Pacheco, depois de louca e cega, ficou boa em dez dias; o Sr. Júlio César Gonçalves, morador à Rua de Santana, 26, que tinha o corpo num só dartro, curou-se em dois meses com passes magnéticos; D. Jesuína de Andrade, viúva, quase tísica, em trinta dias salva, e outros muitos.

Que valor têm essas declarações? Os doentes enfileirados parece crerem e o Sr. Richard é a fé em pessoa. É quanto basta talvez.

No segundo pavimento, encontramos desenhos de homens ignorantes inspirados pelos grandes pintores. Rafael guia a mão de operários em movimentados quadros de batalhas, e outros pintores mortos, sob incógnito, fazem desenhos extraordinários por intermédio de maquinistas da Armada...

Essas coisas nos eram explicadas simplesmente, como se tratássemos de coisas naturais.

- Quando há sessão? - perguntou o nosso amigo.

- Hoje, às 7 horas. Podem ver, é a sessão de estudo.

Nós ainda olhamos fotografias de espíritos, o retrato de D. Romualdo, um sacerdote que de além- túmulo vem sempre visitar a Federação, e esperamos a sessão de estudo, atraídos, querendo ver, querendo ter a doce paz daqueles entes.

A sessão começou às 7.30, na sala do 2.º andar, toda mobiliada de canela *cirée* com frisos de ouro. Nas cadeiras, cavalheiros de sobrecasaca, senhoras, *demoiselles*. Os bicos Auer acesos banhavam de luz clara toda a sala, e pelas janelas abertas ouviam-se na rua o estalar de chicotes

has been writing and has already prescribed for forty-seven people.

"Are there cures?" we ask, looking at the rows of patients.

"Many. We don't take notes however."

"But don't you remember having cured anyone, Sir?"

"They tell me that I've healed a person from General Argolo's family. But I don't know and mustn't say. It is the commandment from God."

We left him to prescribe. We were already perfectly at ease with that strange environment, and we queried around. There are thousands of cures: Mrs. Georgina, wife of Mr. César Pacheco, after becoming mad and blind, was healed in ten days; Mr. Júlio César Gonçalves, resident of Rua Santana, 26, who had his body totally covered by scabies, was cured in two months with magnetic treatments; Mrs. Jesuína de Andrade, widow, almost consumptive, was saved in thirty days; and many others.

What is the value of these statements? The queuing patients seem to believe, and Mr. Richard is the personification of faith. That's maybe enough.

On the second floor we find drawings by ignorant men inspired by great painters. Rafael[10] guides the hand of workers in lively paintings of battles, and other dead painters, anonymously, make extraordinary drawings through Navy machinists...

These things were explained to us in a simple way, as if they were natural things.

"When is there a session?" our friend asked.

"Today, at 7 o'clock. You can come; it's the study session."

We also looked at photographs of spirits, the portrait of Dom[11] Romualdo, a priest who has always visited the Federation from beyond the grave; and we wait for the study session, drawn, wanting to see it, wanting to have the sweet peace of those entities.

The session began at 7:30 on the second floor room, fully furnished, *cirée*[12] cinnamon wood with gold friezes. In the chairs, frocked gentlemen, ladies, *demoiselles*.[13] The illuminated Auer[14] nozzles bathed the whole room with clear light, and through the open windows we could hear snapping whips and coachmen's shouts from the street.

e gritos de cocheiros.

Sem as visitas do irmão Samuel, ninguém diria uma sessão espírita. Depois de lida e aprovada a ata da sessão anterior, como na Câmara dos Deputados, Leopoldo Cirne, o presidente, que ao começo nos dissera um adeusinho, perfeitamente mundano, transfigura-se e a sua voz toma suavidades inéditas.

- Concentremo-nos, irmãos!

Imediatamente todos fechamos os olhos, como querendo concentrar o pensamento numa única idéia. As senhoras tapam o rosto com o leque e têm os olhos cerrados. De repente, como movida por todas aquelas vontades, a mão do psicógrafo cai, apanha o papel, o lápis, e escreve rapidamente linhas adelgadas. No silêncio ouve-se o lápis roçando o papel de leve; e é nesse silêncio que o lápis pára, o médium esfrega os olhos e começa a leitura da comunicação.

- "Paz! Irmãos. Deus seja convosco. As palavras do filósofo grego: conhece-te a ti mesmo..."

É Samuel o espírito que fala, achando que para compreender a vida e o bem é necessário antes de tudo conhecermo-nos a nós mesmos. Leopoldo Cirne não se move.

Quando Samuel termina, ouve-se então a sua voz delicada, trêmula de humildade.

É ele quem faz o comentário.

- Meus irmãos, essas palavras que Sócrates mandou inserir no templo de Delfos...

E esse homem, que nós vemos tão correto e tão mundano, gostando de Eça de Queiroz e lendo Verlaine, surge-nos o pastor, o rabi, o iniciador. O seu semblante espiritualiza-se em atitudes extáticas, a sua voz é a blandícia mesma que nos acaricia a alma pregando a bondade e a demolição das vaidades. As senhoras ouvem-no ansiosas; ao nosso lado dizem-no inspirado, atuado pelos espíritos. De tal forma é sutil o seu raciocínio, de tal forma desfaz velhas crenças no incensário de um Deus espiritual que, decerto, se o atuam espíritos, fala pela sua boca Ponce de Léon.

Without Brother Samuel's visits, nobody would make a *séance*.[15] Once the minutes of the previous session are read and approved, like in the House of Representatives, Leopoldo Cirne, the president, perfectly mundane, who had given us a little good-bye at the beginning, is transformed, and his voice takes on an unheard smoothness.

"Let us concentrate, brothers!"

Immediately all close their eyes, as if to concentrate the mind on a single idea. The ladies cover their faces with their fans and close their eyes. Suddenly, as if moved by all those wishes, the hand of psychographer falls, picks up the paper, the pencil, and quickly writes thin lines. In the silence you hear the pencil lightly rubbing the paper; and in this silence, the pencil stops, the medium rubs his eyes and starts reading the statement.

"Peace Brothers! God be with you. The words of the Greek philosopher: know yourself..."

It's Samuel, the spirit, who is talking, thinking that in order to understand life and goodness it's required that we all know ourselves before anything else. Leopoldo Cirne doesn't move.

When Samuel finishes, we hear his delicate voice trembling with humility.

It is he who makes the comment.

"My brothers, these words that Socrates had etched on the temple of Delphi..."

And this man, who we consider so right and so mundane, who likes Eça de Queiroz[16] and reads Verlaine,[17] appears to us as the pastor, rabbi, the initiator. His face spiritualizes in ecstatic attitudes, his voice is tenderness itself, which caresses our soul, preaching kindness and the crushing of vanities. The ladies listen to him anxiously; beside us they say he's inspired, acting through the spirits. In this way his reasoning is subtle; in this way he undoes old beliefs in the censer of a spiritual God who, surely, if spirits act upon him, Ponce de Leon speaks through his lips.

He hushes, wipes his face. Then, in the study of the Gospel, in the

Ele cala, enxuga a face. Depois, no estudo do Evangelho, no trecho de Jesus com os escribas e fariseus sobre o alimento da alma, de novo a sua voz corre como um fio d'água entre sombras macias, sorvida por toda aquela gente atenta e sôfrega. Leopoldo Cirne acaba num sopro, tão baixo que mais parece uma vaga harmonia.

Em seguida fala o Sr. Richard, que condena alguns dos nossos males, entre os quais o patriotismo - porque não se pode amar uns mais do que outros, quando todos são iguais perante Deus.

- Terminamos o nosso estudo. Não há mais quem queira falar?

Leopoldo Cirne ergueu a loira cabeça de Salvador, fixando os olhos na minha pobre pessoa. Era a atração do abismo, uma explicação indireta, feita como quem, muito cansado da travessia por mundos ignorados, viesse a conversar à beira da estrada com o viandante descrente.

- O Espiritismo - fez ele - ou revelação dos espíritos, sistematizada em doutrina por Allan Kardec, que recolheu os seus ensinos acerca do universo e da vida e das leis que os regem, e com os quais formou as obras ditas fundamentais: *O Livro dos Espíritos, O Livro dos Médiuns, O Céu e o Inferno, A Gênese, O Evangelho segundo o Espiritismo,* reúnem o tríplice aspecto de ciência, filosofia e moral ou religião.

Como ciência de observação, estuda, não somente os fenômenos espíritas, desde os mais simples, como os ruídos e perturbações (casas mal-assombradas) e os efeitos físicos (deslocação de objetos sem contato) etc., até os mais transcendentes, como as materializações de espíritos (observações de Crookes, Aksakoff, Zoellner, Dr. Gibier, etc.), como também todos os fenômenos da natureza, investigando a gênese de todos os seres, numa vasta síntese, e neles buscando a origem do princípio espiritual, dos estados mais rudimentares aos mais complexos – pois que um germe, um esboço dessa natureza, parece constituir a essência de toda forma. Em tais condições, relaciona-se com todos os ramos das ciências humanas: a física, a química, a biologia, a história natural etc., sem esquecer a própria astronomia, por isso que igualmente sonda o universo sideral, "as diversas moradas da casa do Pai" de que falou Jesus, e que são os mundos habitados, disseminados no infinito.

passage about Jesus with the scribes and Pharisees and feeding the soul, his voice runs like a trickle between soft shadows again, imbibed by all those attentive and greedy people. Leopoldo Cirne finishes it in a puff of breath so low that it sounds more like a vague harmony.

Then Mr. Richard, who condemns some of our ills, including patriotism, talks – because you cannot love some more than others when all are equal before God.

"We've finished our study. Isn't there anybody else who wants to speak?"

Leopoldo Cirne lifted his blond Savior head, fixing his eyes on my poor person. It was the lure of the abyss, an indirect explanation, made as by someone who, very tired of crossing through unknown worlds, came to talk to the disbelieving wayfarer on the side of the road.

"Spiritism," he said, "or revelation of the spirits, systematized into doctrine by Allan Kardec,[18] who collected his teachings about the universe and life and the laws governing them, and with these works he formed the core: *The Spirits' Book, The Book of Mediums, Heaven and Hell, The Genesis, The Gospel According to Spiritism*, bring together the triple aspect of science, philosophy and morality or religion.

As a science of observation, it studies, not only the spiritual phenomena, from the simplest, such as noise and disturbances (haunted houses) and the physical effects (dislocation of objects without contact) etc.; to the most transcendent, such as materializations of spirits (observations of Crookes,[19] Aksakov,[20] Zöllner,[21] Dr. Gibier,[22] etc.), as well as all nature's phenomena, investigating the genesis of all beings, in a vast synthesis, and seeking the origin of the spiritual principle in them, from the most rudimentary to the most complex states - since a germ, a foreshadow of this nature, seems to be the essence of all form. In such conditions, it relates to all branches of the human sciences: physics, chemistry, biology, natural history, etc., without forgetting astronomy itself. That's why it also probes the sidereal universe, "the many mansions of the Father's house" which Jesus spoke of and which are inhabited worlds, disseminated in the infinite.

Ao lado de tais observações, procura fixar as leis do universo e da vida, das quais a da evolução é a chave, estando tudo submetido ao progresso, na ordem física, moral e intelectual.

Como filosofia, sobre esses dados da observação desdobra as mais lógicas induções, partindo do infinitamente pequeno e dos raciocínios mais elementares para o infinitamente grande e até às mais transcendentes conseqüências, isto é, até à demonstração da existência de Deus.

Sobre aquele princípio da evolução universal, prova com a pluralidade dos mundos a pluralidade das existências da alma, a imanência da lei eterna de justiça, em virtude da qual o espírito, depois de cada existência, colhe as lições da experiência (de resto, permanente na vida quotidiana) e sofre as conseqüências de seus atos bons ou maus, sendo assim feliz ou desgraçado, trazendo para a outra existência, em uma nova encarnação, as suas aquisições do passado, que se denunciam nas tendências e aptidões inatas, guardando assim latente a reminiscência substancial desse passado, com esquecimento apenas do circunstancial, isto é, dos fatos concretos e dos incidentes, além de tudo porque no cérebro atual só se acham gravadas as impressões dessa nova vida. Tudo o mais está guardado nas profundezas da subconsciência, podendo reaparecer nos estados de sonambulismo e, em geral, em todos os casos de desdobramento - experiência do magnetismo e de psicologia transcendental.

Assim prossegue, de vida em vida, a evolução *infinitae* do espírito, sendo-lhe acessíveis todas as perfeições, que conquistará pelo próprio esforço.

Com a evolução dos indivíduos e, por conseguinte, das humanidades, coincide a evolução dos mundos fisicamente, devendo a nossa terra, como todas as do espaço, ao aperfeiçoamento já assinalado das épocas pré-históricas aos nossos dias acrescentar novos e constantes aperfeiçoamentos, em harmonia com essas maravilhosas leis da criação, que constituem o lado mais belo do estudo filosófico do Espiritismo.

Como moral ou religião, e no sentido de favorecer a realização do seu ideal filosófico, o Espiritismo se propõe o restabelecimento do Evangelho

Beside such observations it seeks to lay down the laws of the universe and life, of which the law of evolution is the key to everything, everything being subject to progress, in the physical, moral and intellectual order.

As a philosophy it unfolds the most logical inductions on these observational data, from the infinitely small and most basic reasoning to the infinitely great, and even to the most transcendent consequences, that is, to demonstrate the existence of God.

On that principle of universal evolution, it proves the plurality of existences of the soul with the plurality of the worlds. The immanence of the eternal law of justice, whereby the spirit, after each lifetime, harvests the lessons of experience (otherwise, permanent in daily life) and suffers the consequences of its good or bad deeds, hence becoming happy or disgraced, bringing to another existence, in a new incarnation, their acquired past, revealed in innate tendencies and aptitudes, thus keeping latent the substantial reminiscence of that past, forgetting only the circumstantial—that is, concrete—facts and incidents, and all because in the current brain, only impressions of this new life are recorded. Everything else is stored in the depths of subconsciousness, possibly reappearing in the somnambulant state and, in general, in all cases of spiritual splitting—the experience of magnetism and transcendental psychology.

So the infinite evolution of the spirit continues, life after life, making all perfections accessible to it through its own effort.

With the evolution of individuals and, therefore, of humanities, the evolution of the worlds coincides physically, obliging our world to add new and constant improvements, like all the others in space, passed on from prehistoric times to our times, in harmony with these wonderful laws of creation, which constitute the most beautiful aspect of the philosophical study of Spiritism.

Like morals or religion, and in order to favor the realization of its philosophical ideal, Spiritism proposes the restoration of the Gospel of Jesus, which the church distorted and caused to fall into oblivion.

Its motto is: "Without charity there is no salvation..." And therefore

de Jesus, que a igreja deturpou e fez cair no olvido.

O seu lema é: "Fora da caridade não há salvação..." E por conseguinte tolerante e, fiel às máximas cristãs fundamentais: "Não faças aos outros o que não queres que te façam". "Ama o teu próximo como a ti mesmo", não hostiliza nenhuma crença, respeitando todas as convicções sinceras.

É, sob qualquer dos seus aspectos, partidário do livre exame, nada recomendando que seja aceito e admitido sem a sanção do raciocínio, porque sabe, com o Mestre Allan Kardec, que "a única fé inabalável é aquela que pode encarar a razão face a face, em todas as épocas da humanidade".

O Espiritismo, em suma, sabe explicar todas as aparentes anomalias da vida, vem oferecer o conforto e a esperança aos que sofrem, aos que erram e se transviam no mal, cedendo às suas múltiplas ciladas; vem esclarecer acerca das suas responsabilidades, dando à vida um objetivo alto, nobre e digno, sobranceiro às torpes materialidades e às transitórias vicissitudes; aos que procuram lealmente a verdade proporciona um ideal que ultrapassa as mais exigentes aspirações da inteligência e da razão.

A todos oferece a calma interior, a paz, a resignação, a paciência e a fé inabalável no futuro. É, pois, o problema da regeneração e da felicidade humana que vem resolver.

Houve um longo silêncio. Um homem magro levanta-se e conta que veio da casa de um irmão agonizante. O irmão deseja uma oração e pede aos amigos não o deixem de ver.

- Concentremo-nos! - diz de novo a voz expirante do presidente.

As frontes curvam-se, o médium toma o lápis. É Samuel que volta.

- Paz! - diz ele - a vaidade é um monte que nos separa do bem. Entretanto, irmãos...

Com a presença do espírito de Samuel, levantam-se todos e Richard faz a oração pelo irmão agonizante para que o guarde em bons céus.

Depois um arrastar de cadeiras, apertos de mão, riso, conversa. Está acabada a sessão.

tolerant, faithful to the fundamental Christian maxim: "Do not do to others what you don't want done to you. Love thy neighbor as thyself," it doesn't antagonize any belief, respecting all sincere convictions.

It is, in any of its aspects, a supporter of free examination, recommending nothing that is accepted and conjectured without the sanction of reason, because it knows, with the Master Allan Kardec, that "the only unshakable faith is that which can meet reason face to face, throughout all ages of humanity."

Spiritism, in short, knowing how to explain all the apparent anomalies of life, offers comfort and hope to those who suffer, those who err and go astray to evil, yielding to its many pitfalls. It clarifies its responsibilities, providing a high, noble and worthy goal to life, above the vile materiality and the transitional vicissitudes. To those who faithfully seek the truth it provides an ideal that transcends the highest aspirations of intelligence and reason.

To everyone it offers an inner calm, peace, resignation, patience and unwavering faith in the future. It is, therefore, the problem of regeneration and human happiness that it overcomes.

There was a long silence. A thin man stands up and says that he has come from the house of a dying brother. The brother wants a prayer and asks friends not to fail to visit him.

"Let's concentrate!" says the sighing voice of the president again.

The foreheads bow, the medium takes the pencil. Samuel is coming back.

"Peace!" He says. "Vanity is a mountain which keeps us from righteousness. However, brothers..."

With the presence of the spirit of Samuel, everybody stands up, and Richard makes a prayer for the dying brother so that he's kept in good heavens.

Then a shuffling of chairs, handshakes, laughter, conversation. The session is over.

Leopoldo Cirne is back from his transfiguration, regaining his usual voice and usual politeness.

Leopoldo Cirne volta da sua transfiguração, recobrando a voz habitual e a cortesia de sempre.

Faço, receoso, um cumprimento aos seus dotes sagrados.

- Ah! - sim? faz ele, pasmado, como se nunca se tivesse ouvido.

Então peguei no chapéu sorrateiramente. Esse constante estado flutuante entre a realidade e o invisível, essas fugidas ao espaço para conversar com os espíritos, a caridade evangélica do homem à beira do real eram alucinantes. Desci as escadas devagar, aquelas escadas por onde subia sempre a romaria dos enfermos; na rua enxuguei a fronte, olhando o edifício, menos misterioso que qualquer clube político. E como passasse um bonde inteiramente vazio, refleti que esse bonde podia ser como o do marechal Quadros e voltei, a pé, devagar, para não dar encontrões nas pessoas que talvez comigo tivessem passado todo aquele dia do outro mundo.

Original publication: "Os Espiritas, entre os sinceros," *Gazeta de Notícias,* Rio de Janeiro, ed. 57, p.1-2, 26/02/1904.

I apprehensively make a compliment to his sacred gifts.

"Oh! Yes?" He says, dumbfounded, as if he had never heard that.

So I surreptiously picked up my hat. This steady floating state between reality and the invisible, these escapades into space to talk to the spirits, the evangelic charity of mankind on the verge of the real were hallucinatory. I went down the stairs slowly, those stairs the pilgrimage of the sick always climbed. I wiped my brow at the street, looking at the building, less mysterious than any political club. And as a tram passed by totally empty, I reflected that this tram could be like Marshal Quadros's, and I headed back, on foot, slowly, not to jostle the people who may have spent that whole other worldly day with me.

Capítulo Onze

Os Exploradores

False Sphinx! False Sphinx! by reedy Styx
Old Charon, learning on his oar
Waits for my coin. Go thou before...

Ao chegar à praça Onze, tomamos por uma das ruas transversais, escura e lôbrega. Ventava.

- É aqui - murmurou cansado o nosso amigo, parando à porta de um sobrado de aparência duvidosa.

Havia oito dias já andávamos nós em peregrinação pelo baixo espiritismo. Ele, inteligente e esclarecido, dissera:

- Há pelo menos cem mil espíritas no Rio. É preciso, porém, não confundir o espiritismo verdadeiro com a exploração, com a falsidade, com a crendice ignorante. O espiritismo data de 1873 entre nós, da criação da Sociedade de Confúcio. Talvez de antes; data de umas curiosas sessões da casa do Dr. Melo Morais Pai, a bondade personificada, um homem que andava de calções e sapatos com fivelas de prata. Mas, desde esse tempo, a religião sofre da incompreensão de quase todos, substitui a feitiçaria e a magia.

Chapter Eleven

The Profiteers

False Sphinx! False Sphinx! By reedy Styx
Old Charon, leaning on his oar,
Waits for thy coin. Go thou before...[1]

When we reached Praça Onze[2] we went through one of the cross streets, dark and bleak. It was windy.

"It's here," our tired friend murmured, stopping at the door of a two-story house of dubious appearance.

We'd been walking in pilgrimage around the low Spiritism for eight days. He, intelligent and enlightened, said:

"There are at least a hundred thousand Spiritists in Rio de Janeiro. It's necessary, however, not to confuse true Spiritism with exploitation, deceit, with ignorant superstition. Spiritism among us dates from 1873, from the creation of the Confucius Society. Perhaps even before; it dates back to some curious sessions of the house of Dr. Melo Morais Pai, personified goodness, a man who wore galligaskins and silver-buckled shoes. But, since that time, religion suffers misunderstandings from almost everyone, replacing sorcery and magic."

Foi então que começamos ambos a percorrer os centros, os focos dessa tristeza.

O Rio está minado de casas espíritas, de pequenas salas misteriosas onde se exploram a morte e o desconhecido. Esta pacata cidade, que há 50 anos festejava apenas a corte celeste e tinha como supremo mistério a mandinga, o preto escravo, é hoje como Bizâncio, a cidade das cem religiões, lembra a Roma de Heliogábalo, onde todas as seitas e todas as crenças existiam.

O espiritismo difundiu-se na populaça, enraizou-se, substituindo o bruxedo e a feitiçaria. Além dos raros grupos onde se procede com relativa honestidade, os desbriados e os velhacos são os seus agentes. Os médiuns exploram a credulidade, as sessões mascaram coisas torpes e de cada um desses viveiros de fetichismo a loucura brota e a histeria surge. Os ingênuos e os sinceros, que se julgam com qualidades de mediunidade, acabam presas de patifes com armazéns de cura para a exploração dos crédulos; e a velhacaria e a sem-vergonhice encobrem as chagas vivas com a capa santa do espiritualismo. Quando se começa a estudar esse mundo de desequilibrados, é como se vagarosamente se descesse um abismo torturante sem fundo.

A polícia sabe mais ou menos as casas dessa gente suspeita, mas não as observa, não as ataca, porque a maioria das autoridades têm medo e fé. Ainda há tempos, um delegado moço freqüentava a casa de um espírita da praia Formosa para se curar da sífilis. Se os delegados são assim apavorados do futuro, reduzindo a mentalidade à crença numa panacéia misteriosa, o pessoal subalterno delira.

- Veja você - disse-nos o amigo espírita - toda a nossa religião resume-se nas palavras de Cristo à Samaritana: "Deus é espírito e em espírito quer ser adorado". Essa gente não compreende nada disso, maravilha-se apenas com a parte fenomenal, com a canalhice e a magia. É horrível. Os proprietários dos estabelecimentos de cura anímica a preço reduzido exploram; o povaréu vai todo, aliando as crendices do novo às bagagens antigas. São católicos ou perdidos a servirem-se dos espíritos como de um baralho de cartomante.

That's when we both started to roam the centers, the focal points of this sadness.

Rio is undermined by Spiritist houses, of small mysterious rooms where death and the unknown are explored. This sleepy town, which just fifty years ago was celebrating the heavenly court, and had the spell, the black slave, as supreme mystery, is today like Byzantium, the city of a hundred religions, reminiscent of Elagabalus's[3] Rome, where all sects and all creeds existed.

Spiritism spread in the populace, took root, replacing witchcraft and sorcery. Besides the rare groups where it's performed with relative honesty, scalawags and rogues are their agents. Psychics exploit credulity. Sessions mask vile things, and from each of these hotbeds of fetishism spring madness and hysteria. The naive and sincere, who believe themselves to have psychic qualities, are then made the prey of scamps with warehouses of cure for the exploitation of the credulous, and knavery and shamelessness conceal open wounds beneath the sanctified cloak of Spiritism. When you begin to study this world of disturbed beings, it's as if you slowly descended into a torturous bottomless pit.

The police know roughly about the houses of this suspicious people but don't watch them, don't deal with them, because most of the authorities have fear and faith. Not long ago, a young deputy frequented the house of a psychic from Praia Formosa to be cured of syphilis. If the deputies are so terrified of the future, reducing their mindset to believing in a mysterious panacea, their subordinates rave.

"You see," the Spiritist friend told us. "The whole religion is summed up in the words of Christ to the Samaritan woman: 'God is spirit and in spirit He wants to be worshiped.' These people don't understand any of it, marveling only at the phenomenal part, with its villainy and magic. It's horrible. The owners of the establishments of spiritual healing exploit at a reduced price. The entire rabble goes there, combining the beliefs of the new with the old baggage. They are either Catholics or lost, using the spirits like a fortune teller's deck of cards."

Indeed all houses we visited were always full. They're mostly at-

Com efeito, todas as casas em que entramos estavam sempre cheias. Na maioria freqüentam-nas pessoas de baixa classe, mas se pudéssemos citar as senhoras, as damas do *high life* que se arriscam até lá, a lista abrangeria talvez metade das criaturas radiosas que freqüentam as récitas do Lírico. Alguns desses lugares equívocos não são só engodos da credulidade, servem de máscaras a outras conveniências. A sessão fica na sala da frente, mas o resto da casa, com camas largas, é alugado por hora a alguns pares de irmãos. O médium, nesses momentos, deixa o estado sonambúlico para servir o freguês; e um centro espírita revestido de mistério, com o aparato das portas fechadas, dos passes e das velas acesas, transforma a crença, cuja oblata é a virtude máxima, numa nódoa de descaro sem nome.

Nós visitamos uns cinqüenta desses milhares de centros. A cidade está coalhada deles. Há em algumas ruas dois ou três. Estivemos no Andaraí Grande, na Rua Formosa, na estação do Rocha, na Rua da Imperatriz, no morro do Pinto, na praia Formosa, no Engenho de Dentro, na Rua Frei Caneca, na Rua Francisco Eugênio, assistindo às sessões e ouvindo a vizinhança, que é sempre o termômetro da moralidade de qualquer casa.

Um pouco de ceticismo ou de simples crença basta para compreender a pulhice dessas pantomimas lúgubres.

Assim, há uma tropa de mulheres, a Galdina da Rua da Alfândega, a negra Rosalina da Rua da América, a Aquilina da Rua do Cunha, a Amélia do Aragão, a Zizinha Viúva da Rua Senhor de Matozinhos, a Augusta da Rua Presidente Barroso, a Tomásia da Rua Torres Homem, 14, que estabelecem o comércio com consultas de 500 réis para cima e praticam coisas horrendas, abortos, violações a preço fixo e têm trabalhos em que são acompanhadas de secretárias; há espíritas ambulantes, como o negro Samuel, que já foi cozinheiro, mora na Rua Senador Pompeu, 157, e vai de casa em casa fazer passes; há mulatos pernósticos, o Zizinho da Rua de S. Januário, o Claudino da Rua de Santana, o Joãozinho da Rua Sorocaba, com consultas noturnas; há portugueses como um tal Sr. Carneiro, da Praia Formosa, e o Simões, da Rua Visconde de Itaúna, que

tended by lower class people, but if we could cite the ladies, the ladies of high life who venture there, the list would possibly cover half of the radiant creatures who attend the recitals of the Lyrico.[4] Some of these equivocal places are not only baits of credulity; they serve as masks to other conveniences. The session is in the front room, but the rest of the house, with large beds, is rented by the hour to a few pairs of brothers. The psychic, in such moments, comes out of the somnambulistic state to serve the customer; and a Spiritist center covered in mystery, with the apparatus of the closed doors, of the passes[5] and the lit candles, transforms the belief, to which offering is the highest virtue, into a blemish of unnamed effrontery.

We visited some fifty of these thousands of centers. The city is littered with them. There are two or three on some streets. We've been to Andaraí Grande,[6] on Rua Formosa; to Estação do Rocha,[7] on Rua da Imperatriz; to Morro do Pinto;[8] to Praia Formosa,[9] on Rua Frei Caneca, Rua Francisco Eugênio, attending meetings and listening to the neighborhood, which is always the thermometer of morality of any home.

A little skepticism or simple belief is enough to understand the ignominy of these gloomy pantomimes.

So, there is a troop of women, Galdina from Rua da Alfândega; the black Rosalina from Rua da América; Aquilina from Rua do Cunha; Amelia do Aragão, the widow Zizinha, from Rua Senhor de Matozinhos; Augusta, from Rua Presidente Barroso; Tomásia, from Rua Torres Homem, 14; who establish the trade with consultations starting at five hundred *réis*, and do horrendous things, abortions, rapes at fixed price, and have jobs accompanied by secretaries. There street psychics, like the black Samuel, who was once a cook, lives at Rua Senator Pompeu, 157, and goes from house to house making passes. There are pedantic mulattoes, Zizinho, from Rua de São Januário; Claudino, from Rua Santana; Joãzinho, from Rua Sorocaba, who holds night consultations. There are Portuguese, such as a certain Mr. Carneiro, from Praia Formosa; and Simões, from Rua Visconde de Itaúna, who requires twenty thousand *réis*[10] per consultation and orders patients to buy a wax candle and to

exigem 20$000[1] por consulta e mandam os doentes comprar uma vela de cera e tomar um banho de cevada. Há de tudo, até sinetas, rapazes de passinho rebolado, que quando não prestam mais para o comércio público estabelecem-se nas ruas do meretrício com adivinhações espíritas!

E nesse complexo notam-se os centros familiares, uma porção de centros, alguns dos quais dão bailes mensais e, quando não são casas de fabricação de loucuras levando à histeria senhoras indefesas, servem para a mais desfaçada imoralidade e a mais ousada exploração.

No morro do Pinto a feitiçaria impera. Numa sala baixa, iluminada a querosene, assentam-se os fiéis, mulheres desgrenhadas, mulatinhas bamboleantes, negras de lenço na cabeça com o olhar alcoólico, homens de calças abombachadas, valentes com medo das almas do outro mundo, que ao sair dali ou ali mesmo não trepidariam em enfiar a faca nas entranhas do próximo. As luzes deixam sombras nos cantos sujos. No momento em que entramos, o médium, em chinelas, é presa de um tremor convulso. Diante do estrado, uma portuguesa, com o olhar de gazela assustada na face velutínea, espera. A pobre casou, o marido deu para beber e, desgraça da vida!, bate-lhe de manhã, à noite, deixa-a derreada.

É a mãe dessa mulher que está dentro do médium. Todos tremem, de olhos arregalados.

De repente, o médium estarrece e por trás dos seus dentes, ouve-se uma voz de palhaço:

- Como estás, minha filha, vais bem?

- A mãe! A mãe! - murmura a portuguesita infeliz, aterrada, em meio ao palpitante silêncio.

- Que deve fazer sua filha? - pergunta o evocador.

- Ter confiança em Deus. Eu devia estar no inferno. A misordia perdoou a mãe dela. Toda a desgraça vem de um bruxedo que puseram na soleira da porta.

- Quem foi? - faz a portuguesa, numa voz de medo.

- Uma mulata escura que gosta do seu homem. Ele vai ficar bom. Dê-lhe o remédio que eu receitar e crave um punhal no travesseiro três

---

[1]   Vinte mil réis

take a barley bath. You find everything, even tinkerbells, boys who wriggle, and, when they aren't useful for public trading anymore, establish themselves on the meretricious streets doing psychic divinations!

And in this building complex we can observe family centers, many centers, some of which organize monthly balls, and when they are not houses manufacturing madness, leading helpless women to hysteria, they are used for the most shameless immorality and boldest exploitation.

Sorcery reigns at Morro do Pinto. In a low room lit by kerosene, the faithful sit down: disheveled women; tiny swaying mulatto women; the black women wearing headscarves and a drunken gaze; men in knee breeches; brave men afraid of the souls from the other world, even if they wouldn't hesitate to stick a knife in the belly of others, right there or outside. The light leaves shadows in the dirty corners. When we walked in, the psychic, in sandals, is prey to a convulsive shudder. Before the rostrum, a Portuguese woman with the look of a frightened gazelle on her velvety face, waits. The poor woman got married, her husband started drinking and, disgrace of life!, he beats her up in the morning, in the evening, leaving her broken.

It's this woman's mother who is inside the psychic. Everybody trembles, eyes wide open.

Suddenly, the psychic startles, and behind his teeth we hear a jester's voice:

"How are you, my daughter, are you well?"

"Oh mother! Oh mother!" mumbles the tiny unfortunate Portuguese woman, terrified, amid the throbbing silence.

"What should your daughter do?" the evoker asks.

"Have trust in God. I should be in hell. Mercy forgave her mother. All misfortune comes from witchcraft that was left on the doorsill."

"Who left it?" asks the Portuguese woman with fear in her voice.

"A dark mulatto woman who likes her man. He'll be fine. Give him the medicine that I prescribe, and ram the pillow with a dagger for three nights."

A thin man, like General Quintino,[11] makes passes. The psychic

noites a fio.

Um homem magro, parecido com o general Quintino, faz uns passes; o médium volta a si num sorriso imbecil.

- Está satisfeita? - pergunta o espertalhão dos passes.

- A mãe! a pobre da mãe tão boa! A portuguesa rebenta num choro convulso; uma negra epilética, velha, esquálida, começa a gritar numa crise tremenda, enquanto o homem magro brada:

- Está com o espírito mau! Está mesmo!

Essas cenas sinistras são compensadas por outras mais alegres. Num dos nossos bairros, o médium dá sessões de manhã, evoca os espíritos para saber qual é o bicho que ganha e, como é vidente, vê os espíritos com formas de animais.

- É o burro, é o burro! - grita em estado sonambúlico, e a rodinha toda joga no burro.

No Andaraí Grande o curandeiro é divertido e bailarino. Em vésperas de S. João dá um bródio de estalo com ceia copiosa e vinhaça de primeira. Este tem a especialidade das mulheres baratas. A Rua de S. Jorge, a da Conceição, a do Senhor dos Passos, a do Visconde de Itaúna lá extravasam a alma sentimental das meretrizes, dos soldados e dos rufiões. O nosso homem cura tudo: dartros, feridas más, constipações, amores mal retribuídos, ódios. É fantástico! As mulheres têm-lhe uma fé doida. O espiritismo para elas é o milagre, a intervenção dos espíritos junto de um poder superior. Antes de ir à consulta, ajoelham no oratório e vão com todos os seus bentinhos, as figas de Guiné, o espanta mau-olhado das negras minas. Mas o cavalheiro do Andaraí é sagrado. Toda essa fé emana, dizem, de uma sua predição feliz. Uma mulher que voltava da Misericórdia recebeu por seu intermédio comunicação de que seria honesta; e três meses depois um homem sério levou-a. A suburra do Rio venera-o, freqüenta-lhe as festas e sustenta-o.

- São infames. O lema do espírita é: sem caridade não há salvação. Seja a caridade deles.

Quando não são isso, fazem das sessões, como o Torterolli, sessões de orgia pública... Não posso mais!

comes back to his senses with an imbecilic smile.

"Are you satisfied?" the crafty man of the passes asks.

"Oh mother! My poor good mother!" The Portuguese woman bursts into convulsive tears. A black epileptic woman, old, squalid, starts screaming in a tremendous outburst whilst the thin man cries:

"She is with the evil spirit! She really is!"

These sinister scenes are counteracted by other more cheerful ones. In one of our neighborhoods, the psychic throws morning sessions, evokes the spirits to know which animal wins the *jogo do bicho* lottery,[12] and, as a seer, he sees the spirits with animal forms.

"It's the donkey, it's the donkey!" he yells in a somnambulistic state, and the whole little entourage bets on the donkey.

In Andaraí Grande the healer is amusing and a dancer. On the eve of St. John's day he throws a blast of a feast with a copious supper and top-notch wine. This banquet has the specialties of cheap women. The streets of São Jorge, of Conceição, of Senhor dos Passos, of Visconde de Itaúna exude the sentimental soul of whores, soldiers and thugs. Our man heals everything: scabies, bad wounds, colds, unreciprocated loves, hatreds. It's fantastic! Women have a mad faith in him. Spiritism is the miracle for them, the spiritual intervention before a higher power. Before going to the consultation, they kneel at the oratory and set off with all their scapulars;[13] *figas*[14] from Guinea, used by the black Mina women to scare away the evil eye. But the gentleman from Andaraí is sacred. All this faith emanates, people say, from a fortunate prediction. A woman returning from Misericórdia[16] received through him a communication that she would be a decent woman, and three months later an earnest man took her away. The Suburra[17] of Rio venerates him, attends his parties, and supports him.

"They are infamous. The motto of the psychic is: without charity there is no salvation. Let their charity be. When they're not like that, they turn the sessions, like Torterolli,[18] into public orgy sessions... I can no longer go on!"

In the end, that night we had decided to end our journey through the

Afinal, naquela noite tínhamos resolvido acabar a travessia pelos *bas-fonds* da crença, com a alma entristecida pela visão de salas idênticas, onde o espiritismo substituía a bisca, os espíritos servem de feiticeiros e dão remédios para pescar amantes; das salas que, como na Rua de S. Diogo, mascaram as casas de quartos por hora. A casa da rua transversal à praça Onze seria a última a visitar.

- Entre - disse o meu amigo.

Enfiamos por um corredor escuro, subimos. No patamar um bico de gás silvava, batido pelo vento da rua.

- Papai, dois homens - bradou uma voz de criança.

Logo apareceu, em mangas de camisa, um mulato de bigodes compridos, que se desmanchou em riso e amabilidades para o meu companheiro.

- A que devo as honras? - disse sibilando os ss.

- As honras, como diz, deve-as ali ao irmão. É um simpático que quer crer e anda, na dúvida, à procura da verdade. Que diz você da verdade?

- Verdade? Ora esta! Verdade é o espírito!

- Bravo!

Fomos entrando para a sala de jantar, com móveis de vinhático e garrafas por todos os aparadores.

- Nem de "prepósito" - fez o cabra. O médium está ali proseando com a gente.

O médium é um tipo de *hébèté*, de quase cretino. Lourinho, de um louro de estopa, com a face cor de oca e as gengivas sem dentes, é carteiro de 2.ª classe dos Correios. Tem a farda suja e a gravata do lado. Durante todo o tempo em que o mulato nos conta as suas curas, ele sopra monossílabos e remexe a cabeça, dolorosamente, como se lhe estivessem enterrando alfinetes na nuca.

Um mal-estar nos invade, como o anúncio de uma grande desgraça.

- Há tipos que usam ervas para fingir que é espírito - diz o curandeiro. - Eu não; cá comigo é a verdade. Um desses oraras põe noz-vômica na água para os doentes lançarem e diz que é o espírito limpando lá dentro. Pecado! Apre! Eu agora tenho um doentinho. Veio-lhe uma febre de queimar. A mãe não tem quase dinheiro, mas não o gasta na farmácia. Eu o curo logo...

bas-fonds[19] of belief. With our souls saddened by the sight of identical rooms, where Spiritism replaces briscola,[20] spirits work as sorcerers and give remedies for catching lovers; by the sight of the rooms, such as on Rua São Diogo, which disguise the houses with bedrooms let by the hour. The house on the cross street at Praça Onze[21] would be the last we visited.

"Come in," my friend said.

We went down a dark hallway, and went upstairs. On the landing a gas nozzle hissed, beaten by the wind of the street.

"Daddy, two men," cried a child's voice.

Soon there appeared a mulatto with long whiskers, in his shirt sleeves, who burst into laughter and kindness toward my companion.

"To what do I owe these honors?" he said, hissing the 'ss'.

"The honors, as you say, you owe to the brother there. He's a sympathizer who wants to believe and has been, in his doubts, seeking the truth. What do you say about the truth?"

"Truth? Why! Truth is the spirit!"

"Bravo!"

We were entering the dining room, with mahogany furniture and bottles on top of all sideboards.

"By the way," the chap said. "The psychic is here chatting with us."

The psychic is a type of *hébèté*,[22] almost a moron. Blondish, a burlap blonde, with clay-color face and toothless gums, he is a 2nd grade mailman of the Post Office. He wears a dirty uniform, and his tie is askew. Throughout the time that the mulatto tells us of his cures, he blows monosyllables and shakes his head, painfully, as if someone were sticking pins on the nape of his neck.

Uneasiness encroaches on us, as if announcing a great misfortune.

"There are characters who use herbs to pretend it's the spirit," says the healer. "I don't. Here I use the truth. One of these parrots[23] put a poison nut[24] in the water to make patients throw up, and he says it's the spirit cleansing inside. Sin! Ugh! Now I have a sick kid. A burning fever attacked him. His mother doesn't have much money, but she doesn't spend any at the pharmacy. I'll heal him soon..."

He suddenly stopped. A huddle was climbing the stairs; and a thin,

De repente parou. Pela escada subia um tropel, e uma mulher magra, lívida, aos soluços, entrou na sala.

- Então que há?

- O pequeno está mal, muito mal, revirando os olhos. Salve-mo! Salve-mo!

- É o tal que eu lhes dizia. Não se assuste, D. Aninha. Eu já lhe disse que o pequeno ficava bom; os espíritos querem. E para nós: venham ver.

Levou-nos ao terraço, ao fundo, mergulhou um litro vazio numa tina de água, encheu-o, colocou-o em cima da mesa.

- Durma, Zezé, durma!

E esfregou as mãos na cara do carteiro, subitamente em pranto. O homem revirava os olhos, sacudia a cabeça.

- É o espírito; veio, quer que seu filho fique bom... - E de repente o diabólico começou a estender as mãos do carteiro choroso ao gargalo do litro.

- Não está vendo o espírito entrar? Olhe... - No litro cheio bolhas de oxigênio subiam vagarosamente e a pobre mulher, agarrando a mesa, com os olhos já enxutos, seguia ansiada o milagre que lhe ia salvar o filho.

De repente, porém, uma voz estalou embaixo, na ventania:

- Mamãe! Mamãe! Depressa! Joãozinho está morrendo, Joãozinho morre!

Essas palavras produziram um tal choque que nós saímos desvairados, de roldão, com o mulato e a mulher, sentindo um travor de morte nos lábios, angustiados, lembrando-nos dessa criança que a inconsciência deixara morrer. E na ventania cortada de chuva, entre as variadas recordações dessa vida de oito dias horrendos pelos antros escuros onde viceja o espiritismo falso, a visão dessa criança perseguia-nos cruciantemente, como o remorso de um grande e infinito mal.

Original publication: "O Espiritismo Falso," *Gazeta de Notícias,* Rio de Janeiro, ed. 55, p.1-2, 24/02/1904.

livid, sobbing woman entered the room.

"So what's going on?"

"The little one is ill, very ill, rolling his eyes. Save him for me! Save him for me!"

"This is the one I told you about. Don't be scared, Dona Aninha. I told you that the little one will get better; the spirits want it." And toward us: "Come and see."

He took us to the terrace, at the back, plunged an empty liter bottle in a tub of water, filled it, placed it on the table.

"Sleep, Zezé, sleep!"

And he rubbed his hands in front of the mailman, suddenly in tears. The man rolled his eyes, shaking his head.

"It's the spirit; it has come; it wants your son to get better..." And suddenly the devilish man started reaching the tearful mailman's hand out to the neck of the bottle.

"Can't you see the spirit going in? Look..." In the full bottle, oxygen bubbles rose slowly, and the poor woman, grabbing the table, eyes already dry, longing, followed the miracle that would save her son.

But suddenly, a voice crackled down in the wind: "Mom! Mom! Hurry! Joãozinho is dying, Joãozinho dies!"

These words produced such a shock that we went out frantic, jostled, with the mulatto and the woman, feeling a bitterness of death in our lips, anxious, remembering this child that lack of conscience had left to die. And in the wind sliced by the rain, among the various memories of these eight days of horrendous life through the dark dens where false Spiritism thrives, the vision of that child hounded us harrowingly, like the remorse of a great and infinite evil.

Capítulo Doze

As Sinagogas

O ntem, 14 de Hadar de 1664, eu assisti às cerimônias do carnaval nas sinagogas da Sion fluminense. O esperto Mardocheu, que tudo conseguira com a perfumada beleza de Ester, ao comunicar de Suza a sua luminosa vitória, ordenara para todo o sempre diversões e alegria nesse dia. Os filhos de Israel obedecem e, como a pátria de Israel é o mundo, nenhuma cidade ainda sofreu por não festejar data tão preciosa. No Rio, também ontem, cerca de quatro mil famílias divertiram, riram e beberam. Divertiram com discrição, é certo, beberam sem violência, riram com calma, exatamente porque a gente do país de Judá tem a tristeza n'alma e a tenacidade na vida.

As festas do *peisan* foram copiadas dos persas pelos romanos. Os povos modernos copiaram dos romanos, aumentando os dias de prazer e destruindo a intenção cultual da cerimônia. Quem assistiu à orgia contínua dos batuques carnavalescos, talvez não possa compreender como cerca de dez mil judeus comemoram o 14 de Hadar, com tanta modéstia e tanta correção.

Esses dez mil judeus divertiram-se, trocaram presentes, cantaram, ouviram mais uma vez a história da linda Ester, lida pela *hazan* nos

Chapter Twelve

The Synagogues

Yesterday, the 14th of Adar 5664,[1] I attended the carnival ceremonies in the synagogues of the Fluminense[2] Zion.[3] The smart Mordechai,[4] who succeeded in everything through Esther's fragrant beauty, when announcing his luminous victory from Shushan,[5] ordered entertainment and joy on that day for all eternity. The children of Israel obey and, as Israel's homeland is the world, no city has yet suffered for not celebrating said precious date. In Rio de Janeiro, yesterday as well, about four thousand families had fun, laughed, and drank. They had fun discreetly, of course. They drank without violence. They laughed quietly, precisely because the people of the country of Judah have sadness in their soul and tenacity in their life.

The feasts of Purim[6] were copied from the Persians by the Romans. Modern people copied from the Romans, increasing the days of pleasure and destroying the cultic intention of the ceremony. Anyone who watched the continuous orgy of the carnivalesque drumming may not be able to understand how some ten thousand Jews celebrate the 14th of Adar, with such modesty and correctness.

These ten thousand Jews enjoyed themselves, exchanged gifts, sang,

sagrados livros, e cada um recolheu um momento o espírito para pensar em Mardocheu, no rei Assuero e na maneira por que 60 milhões de antepassados foram salvos da morte e do patíbulo.

Entretanto, pela vasta cidade, ninguém desconfiou que tanta gente tivesse a alegria n'alma.

É que os olhos de Israel são receosos, sempre curvados ao sopro das perseguições, sempre sábios. Festejaram sem que ninguém desse por tal...

O Rio tem uma vasta colônia semita ligada à nossa vida econômica, presa ao alto comércio, com diferentes classes sem relações entre elas e diferentes ritos.

Há os judeus ricos, a colônia densa dos judeus armênios e a parte exótica; a gente ambígua, os centros onde o lenocínio, mulheres da vida airada e *caftens*, cresce e aumenta; há israelitas franceses, quase todos da Alsácia-Lorena; marroquinos, russos, ingleses, turcos, árabes, que se dividem em seitas diversas, e há os asquenazes comuns na Rússia, na Alemanha, na Áustria, os falachas da África, os rabanitas, os caraítas, que só admitem o Antigo Testamento, os argônicos e muitos outros.

Os semitas ricos não têm no Rio ligação com os humildes nem os protegem como em Paris e Londres os grandes banqueiros da força de Hirsch e dos Rottchilds. São todos negociantes, jogam na Bolsa, veraneiam em Petrópolis, vestem-se bem.

Muitos são joalheiros, com a arte de fazer brilhar mais as jóias e de serem amáveis. Franceses, ingleses, alemães, o culto desses cavalheiros apresentáveis e mundanos reveste-se de uma discrição absoluta. Uns praticam o culto íntimo, outros não precisam do *hazan* e fazem juntos apenas as duas grandes cerimônias: a Yom Kipur ou dia das lamentações e do perdão, e o ano novo ou Rosh Hashaná.

Algumas sinagogas já têm sido estabelecidas nas salas de prédios centrais para receber esses senhores. Atualmente não há nenhuma, estando na Europa quem mais se preocupava com isso.

As riquezas das nações estão nas mãos dos judeus, brada o anti-semita Drumont, ao vociferar os seus artigos. A nossa também está, não

and listened to the story of the beautiful Esther again, read by the hazzan[7] in the sacred books, and each meditated for a moment to think of Mordechai, King Ahasuerus, and the way sixty million ancestors were saved from death and the gallows.

However, throughout the vast city, no one suspected that so many people had joy in their soul.

The fact is that the eyes of Israel are suspicious, always bowed to the breath of persecution, always wise. They celebrated without anyone noticing it...

Rio has a vast Semitic colony attached to our economic life, tied to high trade, with different unrelated classes and different rites.

There are the rich Jews, the dense colony of Jews and Armenians, and the exotic part. The ambiguous people, the centers where soliciting, women of libertine life, and pimps, grow and increase. There are French Israeli, almost all from Alsace-Lorraine; Moroccan, Russian, English, Turkish, Arabs, who are divided into various sects; and there are Ashkenazi Jews[8] common in Russia, Germany, Austria; the Falashas of Africa; the Rabbanites; the Karaites, who only accept the Old Testament; the Aragonese[9] and many others.

Rich Semites in Rio have no connections with the more humble ones, nor do they protect them as the powerful bankers such as Hirsch and Rothschild in Paris and London do. They are all merchants, playing the stock market, spending the summer in Petropolis,[10] and dressing well.

Many are jewelers with the art of making jewelry shine brighter, and very nice people. French, British, Germans — the worship of these presentable and worldly gentlemen is covered in absolute discretion. Some practice intimate worship; others don't need the *hazzan* and celebrate just the two major ceremonies together: the Yom Kippur, or day of mourning and forgiveness, and New Year, or Rosh Hashanah.

Some synagogues have already been established in the rooms of central buildings to receive these gentlemen. Currently there are none, as the one who cared more about it is in Europe.

The wealth of nations is in the hands of the Jews, shouts the anti-Se-

porém nas dos judeus daqui, que são apenas homens ricos bem instalados nos bancos e na vida.

O outro meio, extraordinariamente numeroso, é onde vicejam o vício e a inconsciência, os rufiões e as simples mulheres que fazem profissão do meretrício. Essa gente vem em grandes levas da Áustria, da Rússia, de Marselha, de Buenos Aires, e habita na maior parte na praça Tiradentes, nas ruas Luís de Camões, Tobias Barreto, Sete de Setembro, Espírito Santo, Senhor dos Passos e nas ruelas transversais à Rua da Constituição. Comem quase todas numas pensões especiais dessas ruas equívocas, pensões sujas em que se reúnem homens e mulheres discutindo, bradando, gritando. O alarido é às vezes infernal, porque, quase sempre numa briga de casal, ela explorada por ele, todos intervêm, dão razão, estabelecem contendas.

Nestas casas guardam não raro uma sala para costura e outra destinada à sinagoga.

Há mais mulheres do que homens. Os homens são inteligentes, espertos, sabem e explicam com clareza, as mulheres são profundamente ignorantes da própria crença. Quase nenhuma sabe a data exata das festas, a sua duração, a sua razão de ser. É interessante interrogá-las, gastar algumas horas visitando as alfurjas apartadas desta babel americana.

- Então vai à sinagoga?
- Oh! aqui não há nada direito; em Buenos Aires sim.
- Mas você vai sempre a estas reuniões?
- Vou. Então podia deixar de ir?
- Por que vai?
- Porque tenho que ir. Quando saio de casa, deixo uma vela acesa.
- Por quê?
- É costume.
- A festa do ano novo quantos dias dura?

Uma nos diz três dias, outra oito, outras respondem vagamente. Entretanto, russas, inglesas, francesas fazem questão de se dizer judias e obedecem á fé. No dia do Kipur, ou dia do perdão, do arrependimento e das lamentações, fecham-se os prostíbulos, todas elas vão às sinagogas

mitic Drumont when vociferating his articles. Our wealth is also in the hands of Jews, though not in the hands of the Jews here, who are just rich men, well established in banks and in life.

The other places, extraordinarily numerous, are where addiction and lack of conscience, ruffians, and simple women in the meretricious business thrive. These people come in great numbers from Austria, Russia, Marseille, Buenos Aires, and dwell mostly in Praça Tiradentes, Rua Luís de Camões, Rua Tobias Barreto, Rua Sete de Setembro, Rua Espírito Santo, and in alleys off Rua da Constituição. Almost all of them eat in certain special boarding houses on these suspicious streets, dirty places where men and women gather, arguing, crying, screaming. The uproar is sometimes hellish because, almost always within a lovers' quarrel, she is being exploited by him, and everyone gets involved, takes sides, argues.

These homes often keep one room for sewing and one for the synagogue.

There are more women than men. The men are smart, clever; they know and explain things clearly. The women are profoundly ignorant of the belief itself. Almost none of them know the exact date of the festivities, their duration, or their reason for being. It is interesting to interrogate them, to spend a few hours visiting the removed hovels of this American babel.

"So do you go to the synagogue?"

"Oh! Here there's nothing right; in Buenos Aires, yes."

"But do you always go to these meetings?"

"I do. How could I miss them?"

"Why do you go?

"Because I have to go. When I leave home, I leave a candle burning."

"Why?"

"It's a custom."

"For how many days does the New Year's festivity last?"

One woman tells us it lasts three days; another, eight; others respond vaguely. However, Russian, English, French women make sure to say

improvisadas soluçar os pecados do ano inteiro, os pecados sem conta. Às 4 da tarde fazem uma refeição sem pão, sem carne e desde que no céu palpita a primeira estrela, até ao outro dia, quando de novo Lúcifer brilha, não se alimentam mais, limpas de todos os desejos e de todas as necessidades humanas.

Estes judeus reúnem-se em qualquer parte, o mais letrado lê a história no tópico necessário, e choram e riem ou cantam, conforme é necessário, crentes ignorantes. As sinagogas ambulantes estão cada ano numa rua. As últimas reuniões deram-se na Rua do Espírito Santo, na Rua da Constituição, e na Rua do Hospício. É chefe do culto, dirigindo os convites e organizando as festas, uma meretriz, a Norma, que ultimamente introduziu no Rio o *entôlage*, o roubo aos fregueses.

A outra sociedade, a mais densa, é a dos armênios e dos marroquinos. Essa fez-se de grandes levas de imigração para o amanho de terra, em que o Brasil gastou muito dinheiro. Os agentes em Gibraltar aceitavam não só famílias como homens solteiros. As colônias não deram resultados; no Iguaçu os colonos fugiam aos poucos, e em outros lugares foi impossível estabelecê-los, porque o povo até os julgava com chifres de luz como Moisés.

Os judeus árabes apareceram por aqui na miséria, mas aos poucos, pela própria energia, tomaram o comércio ambulante, viraram camelots, montaram armarinhos e acabaram prosperando. Há ruas inteiras ocupadas por eles, naturalmente ligados aos turcos maometanos, aos gregos cismáticos e a outras religiões e ritos degenerados, que pululam nos quarteirões centrais.

Nas levas de imigrantes vieram homens inteligentes e cultos. O *hazan* David Hornstein é um exemplo. Esse homem cursou doze anos a Universidade Talmúdica, é poliglota, professor, correspondente de vários jornais escritos em hebreu e rabino diplomado da religião judaica. David estava na Palestina, na colônia Rishon L'Sion, uma espécie de companhia que o falecido barão B. Rothschild instalara em terrenos comprados ao sultão, com grande ódio dos beduínos. Nessa colônia havia médicos, advogados, russos niilistas. O resultado foi a sublevação, que o

that they're Jewish and obey the faith. On the day of Kippur, or day of forgiveness, repentance and mourning, they close the brothels. All the women go to the improvised synagogues to sob the sins of the whole year, countless sins. At four in the afternoon they take a meal without bread, without meat, and from the time the first star throbs in the sky until the next day, when Lucifer shines again, they don't eat anything, cleansed of all desires and all human needs.

These Jews gather anywhere. The most literate reads the story on the necessary topic. And, ignorant believers, they cry and laugh and sing, as necessary. The itinerant synagogues are on different streets every year. Recent meetings have taken place in Rua do Espírito Santo, Rua da Constituição, and Rua do Hospício. The head of the cult, directing invitations and organizing the festivities, is a prostitute, Norma, who has recently introduced Rio with *entôlage*,[11] the robbing of customers.

The other society, the densest, is of Armenians and Moroccans. This one was formed by great waves of immigration for the tilling of land, on which Brazil has spent much money. The agents in Gibraltar accepted not only families, but also single men. The colonies didn't succeed; the Iguaçu settlers fled little by little, and elsewhere it was impossible to settle them because people thought of them as having horns of light,[11] like Moses.

The Arab Jews[13] arrived here in misery, but gradually, by their own power, they took on itinerant trade, became hucksters, started haberdashery shops, and prospered. There are whole streets occupied by them, naturally linked to the Mohammedan Turks, the schismatic Greeks and other degenerated religions and rituals, swarming in the central blocks.

In the waves of immigrants came intelligent and cultured men. The *hazzan* David Hornstein is an example. This man attended the Talmudic University for twelve years, is a polyglot, teacher, correspondent for several newspapers written in Hebrew, and graduate rabbi of the Jewish religion. David was in Palestine, in the colony of Rishon LeZion,[14] a kind of company that the deceased Baron Rothschild[14] established on land bought from the Sultan, to the hatred of the Bedouins. In this col-

amável barão, depois da morte do administrador, acabou, dispersando os amotinados. Vinte e dois desses homens, entre os quais David e o erudito Kulekóf, que acabou rico em São Paulo, partiram para Beirute, depois para Paris. Hirsch deu-lhe 500 francos, fazendo um discurso camarário. Os judeus revolucionários foram para Gibraltar e aí embarcaram para o Brasil. Todos acabaram com fortuna, menos o rabino, que ficou ensinando línguas, porque o sacerdote judeu não vive do seu culto.

E esta parte densa da colônia judaica que tem duas sinagogas estáveis, uma na Rua Luís de Camões, 59 e outra na Rua da Alfândega, 369.

A sinagoga da Rua Luis de Camões é do rito argônico. Entra-se num corredor sujo, onde crianças brincam. Aos fundos fica a residência da família. Na sala da frente está o templo, que quase sempre tem camas e redes por todos os lados.

As tábuas de Moisés negrejam na parede; a um canto está o altar, e na extremidade oposta fica a arca onde se guarda a sagrada história, resumo de toda a ciência universal, escrita em pele de carneiro e enrolada em formidáveis rolos de carvalho. Só nos dias solenes se transforma o templo. David Hornstein faz as cerimônias no meio da sala, no altar, envolto na sua túnica branca riscada nas extremidades de vivos negros, com um gorro de veludo enterrado na cabeça. Muito míope, o *hazan* é acompanhado por três pequenos que entoam o coro.

No altar David retira a capa de veludo roxo dos rolos, abre-os da esquerda para a direita. Ao lado guiam-lhe a leitura com uma mão de prata. Aí, imóvel, sem se mexer, faz a oração secreta para que Deus o atenda e o perdoe de ser enviado e ousar rogar pelo seu povo.

Jeová naturalmente atende e perdoa. O *hazan* infatigável já tem desenhado cento e cinqüenta sepulturas, já praticou a circuncisão em cerca de setecentos pequenos, já batizou, mergulhando em três banhos consecutivos, muitas meninas, já casou muitos judeus e prospera falando dos nossos políticos e citando os deputados com familiaridade.

A sinagoga da Rua da Alfândega é muito mais interessante. Ocupa todo o sobrado do prédio 363, que é vulgar e acanhado, como em geral os do fim daquela rua. Sobe-se uma escada íngreme, dá-se num corredor

ony there were doctors, lawyers, Russian nihilists. The result was the insurrection which the kind Baron, after the death of the administrator, quenched by dispersing the mutineers. Twenty-two of these men, including David and scholar Kulekóf, who became rich in São Paulo, went off to Beirut, then to Paris. Hirsch gave him five hundred francs, making a pontifical speech.

The revolutionary Jews went to Gibraltar and then embarked for Brazil. They all became rich, except the rabbi, who kept teaching languages because the Jewish priest doesn't make a living from his religion.

This dense part of the Jewish colony has two stable synagogues, one at Rua Luís de Camões, 59; and another at Rua da Alfândega, 369.

The synagogue at Rua Luís de Camões uses the Aragonese rite. We enter through a dirty corridor, where children play. At the back is the family's residence. In the front room is the temple, which almost always has beds and hammocks everywhere.

Moses's tablets blacken on the wall. At one corner there is the altar, and at the opposite end is the ark where the sacred history is kept, a summary of the whole universal science, written on sheepskin and wrapped in formidable oak rolls. Only on solemn days is the temple transformed. David Hornstein performs the ceremonies in the middle of the room, on the altar, wrapped in his white robe striped on the edges with vivid blacks, with a velvet cap firmly on the head. Very shortsighted, the *hazzan* is accompanied by three little ones who sing the chorus.

At the altar, David removes the purple velvet cover of the rolls, opening them from left to right. Beside him, they guide his reading with a silver hand. There, motionless, he makes the secret prayer for God to listen to him and to forgive him for being sent and daring to pray for his people.

Jehovah of course answers and forgives. The indefatigable *hazzan* has already designed one hundred and fifty sepulchers; he has circumcised about seven hundred little ones; he has baptized, dipping in three consecutive baths, many girls; he has married many Jews; and he thrives on talking about our politicians and quoting congressmen with familiar-

que tem na parede as tábuas de Moisés.

Aí vive outro Moisés, o *hazan*, com uma face espanhola e um ar bondoso. Na sala de jantar estão as paredes ornadas de símbolos, representando as doze tribos de Judá, e aí passam Moisés, ela de lenço na cabeça, ele com um chapéu de palha velho.

A sala da frente é destinada às cerimônias. Quase não se pode a gente mover, tão cheia está de bancos. No meio colocam o altar de vinhático envernizado, em que o *hazan* fica de pé lendo ou cantando.

Nas paredes apenas as tábuas, ao fundo a arca com cortinas de seda, onde se guarda o sagrado livro. Do teto pendem presos de correntes brancas vasos de vidros, cheios de água onde lamparinas colossais queimam crepitando. Sobre o altar desce o lustre de cristal, chispando luzes nos seus múltiplos pingentes. Além de Moisés, há outro sacerdote, Salomão, tão devoto, que é o *hassidim*...

Foi nesta sinagoga, indicada por um negro falacha, cuja origem vem dos tempos de Salomão e da rainha de Sabá, que eu assisti ao *peisan*.

– Oh! Eles são bons e se protegem uns aos outros – dizia o negro assombroso. – A vida do judeu pobre é a do pouco comer, do pouco gozar, do muito sofrer. Agora, fizeram a Irmandade de Proteção Israelita.

Eu olhava a turba colorida, a série de perfis exóticos, de caras espanholas e árabes, de olhos luminosos brilhando à luz dos lampadários. Havia gente morena, gente clara; mulheres vestidas à moda hebraica de túnica e alpercata, mostrando os pés, homens de chapéus enterrados na cabeça, caras femininas de lenço amarrado na testa e crianças lindas. O *hazan*, paramentado, lia solenemente e toda aquela esquisita iluminação de baldes de vidro, fazendo halos de luz e mergulhando na água translúcida as mechas das lamparinas, aquele lustre, onde as luzes ardiam, era como uma visão de sonho estranho.

Enquanto o *hazan* lia, com os pés juntos, sem mover sequer os olhos, com uma voz ácida tremendo no ar, todos tinham nas faces sorrisos de satisfação.

As cidades serão destruídas a ferro e fogo se não festejarem este dia no mês de Hadar. Nós festejamos. E diante das lâmpadas, para aque-

ity.

The synagogue at Rua da Alfândega is much more interesting. It occupies the entire top floor of building number 363, which is ordinary and narrow, as in general all the others at the end of that street are. We climb a steep staircase and arrive at a corridor with Moses's tablets on the wall.

There another Moses lives, the *hazzan*, with a Spanish face and an air of kindness. In the dining room the walls are adorned with symbols representing the twelve tribes of Judah, and Moisés walks through, she [sic] with a headscarf, and he with an old straw hat.

The front room is for the ceremonies. People can hardly move, so full are the pews. In the middle they set the varnished mahogany altar, where the *hazzan* stands reading or singing.

On the walls only the tablets, in the background the ark with silk curtains, where they keep the holy book. From the ceiling, held by white chains, glass vases hang, filled with water where colossal lamps burn crackling. The crystal chandelier descends over the altar, sparkling light in its multiple pendants. Besides Moisés, there is another priest, Solomon, so devout, who is a *Hasidim*...[16]

It was in this synagogue, suggested by a black Falasha,[16] whose origin comes from the times of Solomon and the Queen of Sheba, that I attended the Purim.

"Oh! They are good and protect each other," said the stunning black man. "The life of a poor Jew is a life of little eating, of little enjoyment, of much suffering. Now, they've created the Brotherhood of Israelite Protection."

I watched the colorful crowd, a series of exotic profiles, Spanish and Arabic faces, of luminous eyes shining in the light of the chandeliers. There were people of dark and light skin; women dressed in robe and sandal, showing their feet in the Hebrew fashion; men wearing hats firmly on their heads; feminine faces in scarves tied around their foreheads; and beautiful children. The *hazzan*, attired, read solemnly. And all the weird lighting of glass scuttles, making halos of light, dipping the wicks of the lamps in the translucent water, that chandelier, where the lights

le punhado de judeus, a história desenrolava a maravilha de Assuero, que reinou desde a Índia até à Etiópia sobre cento e vinte cidades. Era Suza, a capital maravilhosa, Ester suave e cândida, substituindo a rainha Vashi, Mardocheu sentado à porta do templo sem adorar Aman, a quem Assuero tudo dava, Aman forçado a levar Mardocheu em triunfo, tudo por causa de uma mulher trêmula e tímida, que desmaiava, salvando 60 milhões de judeus e mandava matar quinhentos inimigos, pedindo concessões idênticas para as províncias.

Era a data dessa matança; festejava-se o dia em que Aman foi para o patíbulo que preparara para Mardocheu, e o momento em que se espatifara Arisai, Frasandata, Delfon, Ebata, Forata, Adalia, Aridata, Fermesta, Aridai e Jerata.

Mas daquele livro sagrado, entre aquelas iluminações, a fé destilava a suprema delícia. Era como se cada palavra recordasse os banquetes dados aos príncipes nos átrios do palácio ornado de pavilhões da cor do céu, da cor do jacinto e da cor da açucena; era como se cada período abrisse a visão das colunas de mármore, dos leitos de prata e ouro e dos pavimentos embutidos, onde esmeraldas rolavam...

Nós estávamos apenas numa sala estreita que fingia de sinagoga, no fim da Rua da Alfândega.

Original publication: "Pelas Synagogas," *Gazeta de Notícias*, Rio de Janeiro, ed.62, p. 2, 17/04/1904.

burned, was like a vision of a strange dream.

While the *hazzan* read, with his feet together, without even moving his eyes, with an acidic voice trembling in the air, everyone had smiles of satisfaction on their faces.

The cities will be destroyed by fire and sword if you don't celebrate this day in the month of Adar. We celebrated. And before the lamps, to that handful of Jews, history unfolded the wonder of Ahasuerus, who reigned from India to Ethiopia, over one hundred and twenty cities. It was Shushan, the magnificent capital; Esther, gentle and candid, replacing queen Vashti.[18] Mordechai sitting at the temple gate not worshiping Haman,[19] to whom Ahasuerus gave all; Haman is forced to take Mordechai in triumph; all because of a shaky and timid woman who fainted, saving sixty million Jews and ordering the killing of five hundred enemies, claiming identical concessions for the provinces.

It was the day of this slaughter. The day Haman went to the gallows that he had prepared for Mordechai was celebrated, and the moment when Arisai, Parshandatha, Dalphon, Aspatha, Poratha, Adalia, Aridatha, Parmashta, Aridai and Vaizatha were shattered.[20]

Yet, from that sacred book, among those illuminations, faith exuded supreme delight. It was as if every word recalled banquets given to princes in the atriums of the palace, ornate with pavilions the color of the sky, of hyacinth, of white lily. It was as if each sentence opened the vision of marble columns, of silver and gold beds, and built-in floors, where emeralds trundled...

We were merely in a narrow room which pretended to be a synagogue, at the end of Rua da Alfândega.

Notes

Chapter One: In the World of Spells

1.   The right word in Portuguese is *Orixalá (Orixanlá, Òrìsànlá, Obàtálá,* or *Oxalá* is the Great Orisha, and occupies the highest position amongst the Yoruba gods), but for historical reasons we are keeping most of João do Rio's original spelling of the Afro-Brazilian words from the 1951 edition of the book. If the reader requires more information about such terms, please refer to: *A Dictionary of the Yoruba Language,* Nigeria University Press (1991); or https://archive.org/details/DictionaryOfTheYorubaLanguage.

2.   Ceremonies of the Afro-Brazilian religion of the same name, which is a mix of traditional Yoruba, Fon and Bantu beliefs from different parts of Africa.

3.   Literally, 'fathers of the saint', they are the male priests of *Candomblé, Umbanda,* and *Quimbanda,* Afro-Brazilian religions; and mediums who hold the knowledge of all the details for the proper performance of a religious session.

4.   *Eubá* is a possible corruption of the word Yoruba from João do Rio's understanding of his informant. At the time it was the general language spoken by black African ethnic groups, mentioned a few paragraphs above, in Rio de Janeiro and Salvador.

5.   *Orixás* or Orishas, are the gods of the Yoruba peoples, worshiped in the Afro-Brazilian religions.

6.   Name given to a Black Muslim religious chief.

7.   Those who worship stones, and plants, respectfully.

8.   Also known as *Esu, Fa, Elegba* or *Legba,* and *Echú* or *Exú.*

9.   Species: *Ficus doliaria.*

10.   Priests who make divinations within the Orishas' religions, literally 'the father of the secret', or soothsayer.

11.   Title given to the highest authorities within the religion, the *pais*

or fathers.

12. Abbreviation of *merindilogun*, meaning sixteen, referring to the oracle of sixteen cowries.

13. The same as *babalorixá, pai de orixá*, ou *pai de santo*, the male priest of Afro-Brazilian religions, translated from Yoruba *babá*, or "father," and l'Orishá, or "of Orisha".

14. *Iaô*, wife in Yoruba, used in Afro-Brazilian religions to designate the 'daughters' *(filhas)* and 'sons' *(filhos)* of the Orishas.

15. *Açobá* is the priest of the cult of Omulu or Obaluaê.

16. Highly praised priest, generally an elderly member of the cult, almost not used anymore.

17. *Ogã* in Portuguese, is a male member of the cult who either/or plays the drums, makes sacrifices, or support and protect the religion.

18. *Agibonã* is a female member of the cult who helps the *pai-de-santo* or *mãe-de-santo* with the initiation process by taking care of the new initiates.

19. Literally, 'daughters of the saint', the female initiates.

20. A type of coif.

21. Lemane, Muslim high priest amongst black Brazilians.

22. Polygamous marriage.

23. The surname or origin relates to the Mina people of Elmina Castle, South (Gold) Coast of Ghana. They were often taken to Brazil as slaves.

24. *Malês* are Yoruba people from Muslim origin.

25. Corruption of the Arabic greeting: *Assalam alaikum*, and its reply *Wa aleikum elsalam*.

26. Known as Praça da República nowadays.

27. Literally, 'mothers of the saint', the equivalent of *pais-de-santo*.

28. *Opelê* is a divination instrument used by the *babalaô*. It's a chain of eight halves of oil palm fruits, thrown to show their inner/center or outer/shell side, which provides the reading of the divination.

29. *Acassá, Acaçá, Àkàsà* or *Ekó*, is a ritual dish made with white or red corn.

30. Literally "closed body," which means to be protected, which is to be protected against all evils, physical and/or spiritual

31. French for prostitute or promiscuous woman.

32. French for high quality, fashionable people, high society.

33. In the Bible, Moloch or Molech is the God of the Ammonite, to whom sacrifice of children was offered.

34. Misspelling of *opelê*.

35. Temple in Yoruba.

36. The king of the Quilombo dos Palmares who preceded the last and more famous king, Zumbi.

37. A decorative element made of a two-meter long piece of fabric, of any color, to tie around people, trees, drums, etc.

38. One of Rio de Janeiro's neighborhoods.

39. *Owô* or *ouô*, is the religious secret or sorcery.

40. *Orobô*, *kola* nut (*Cola acuminata*).

41. *Xequerê* or Shekere, percussion instrument, a rattle made from a hollow gourd or calabash, covered on the outside with rings of seeds, shells, or beads.

42. *Abatá*, also known as *batá*, *bàtá* or bata drum, is a double-headed percussion instrument in the shape of an hourglass, having one 'head' bigger than the other.

43. The Brazilian sugar-cane-based spirit similar to rum or vodka.

44. *Fula* is the ethnic origin of the woman, as coming from a mix-raced, lighter-skinned tribe from Guinea-Bissau: the Fulani or Fulah people.

45. A small metal bell made with two joined cones, used as a percussion instrument and played with sticks.

46. *Adoxo* is the word for 'the user of *oxo*', and *oxo* is a cone generally made with *kola* nut and vegetable butter which is placed on the shaved head of the initiate.

47. *Candomblé*'s sacred dance, dedicated to Shango.

48. Or *ganzá*, is a cylindrical percussion instrument made of metal hand-woven materials, filled with beads, pebbles, or similar materials.

49. The word *teoria* is used to mean a mob, or a crowd.

50. Afro-Brazilian dance performed during trances.

51. Blackmailer.

52. A type of numbers game with 25 sets of numbers each represented by a different animal (*bichos*). It has been made illegal since the end of the 40s but is still common.

53. Brazilian currency of the period, *réis* (plural of *real*). One *conto de réis* was equivalent to 1,000,000 *réis*. Measured against the relative price of gold, one *conto de réis* would be equivalent to approximately USD 35,000 (April 2016).

54. *Sàsàrà* in Yoruba is a type of hand scepter made of palm leaf ribs, decorated with shells and beads, which captures the negative energy of houses and people, as well as "sweep away" diseases, impurities and supernatural evils.

55. *Trabalhos* are 'works' or commissions which involve certain rituals carried out in order to tackle issues of different degrees and/or backgrounds.

56. Witchery or sorcery whereby a doll made of wax, cloth or soft wood is used to represent the person who is going to be affected by it when knifed or needled.

57. Ifa is the religion of the Yoruba peoples. Also the oracle's Orishas, or oracle's own name. In 2005, the Ifa divination system was added by UNESCO to its list of *Masterpieces of the Oral and Intangible Heritage of Humanity*.

58. From the *Rutaceae* Family: *Monniera trifolia* or Jaborandi-do-Pará.

59. *Ad aeternum* (Latin): forever.

60. Piece of paper or fabric with passages of the Quran.

61. From *Asteraceae* Family: *Chuquiraga spinescens Baker*.

62. Also *kola* nut (*Cola acuminata*).

63. A small scapular, a devotion object to be used around the neck, formed by two squares of blessed cloth with written prayers, pictures or relics.

64. Type of vegetal ointment used to anoint the body.

65. Also known as *Saci-pererê*, a one-legged black character from Brazilian folklore.

66. Amulet in the shape of a thumb between the first two fingers, used to bring luck as in the English 'fingers crossed'.

67. Latin for *social interactions*.

68. Possibly a reference to the prayer cards used by the devotees of Sacré Cœur, mostly celebrated in June.

69. Caramuru is the name given to Diogo Álvares Correia, 16th century Portuguese settler, by the Tupinambá Indians.

70. Same as lemane.

71. A pastoral and nomadic people of Western Africa, traditionally cattle herders of Muslim faith.

72. In this case the marriage among black Muslims in Brazil.

73. Priest who use the *inchã*, a stick, and takes care of the dead.

74. A room reserved for the cult of the dead.

75. A long hooded tunic, used as a Carnival costume and disguise.

76. Babá *Egum*, Pai *Egum* or Egungum, illustrous spirit which deserves worship.

77. Ossãe, Orisha of the leaves.

78. A 'goatee' in French.

79. Bedengó is the name given to the biggest meteorite (black in color) to have fallen in Brazil, in 1784, in Bahia.

80. *Ossum* or Annatto (lipstick tree, *Bixa orellana*), is a red dye from the pulp enclosing the seeds of the tree, used for coloring fabrics, varnish, etc. In this case here, it's used to make a paste which is cut for *candomblé* rituals.

81. *Oxéiluaê*, black soap.

82. *Ibodô-Ifá*, room where the divinations are made.

83. Two hundred thousand *réis*.

84. Room which serves as cloister.

85. *Eiú*.

86. *Ibadu*.

87. The name of the Wandering Jew, according to legend.

88. A *terreiro* is the shrine, or headquarters where the *Umbanda* or *Candomblé* meetings are held, generally outdoors.

Chapter Two: The Positivist Church

1. Followers of Emile Littré.

2. Latin for 'free will'

3. Followers of the French Positivist, Pierre Laffitte (1823-1903).

4. João do Rio's own father.

5. Common name, frywood; or scientific name, *Albizia lebbeck.*

Chapter Three: The Maronites

1. Brazilian currency of the period, *réis* (plural of *real*). One *conto de réis* was equivalent to 1,000,000 *réis*. Measured against the relative price of gold, one *conto de réis* would be equivalent to approximately USD 35,000 (April 2016).

2. According to the Oxford English Dictionary *cilice* is "a spiked garter or other device worn by penitents and ascetics."

3. The word 'Turk' here is a direct reference to the Ottoman Sultan, Abdülaziz of the Ottoman Empire or Abdülaziz I.

4. The Vanderbilt family is an American family of Dutch origin which was prominent during the Gilded Age (so coined by Mark Twain, referring to the end of the 19th Century's glittering on the surface but corrupt underneath period).

5. Neighborhoods of Rio de Janeiro.

Chapter Four: The Physiolaters

1. An interpreter of sacred mysteries and arcane principles, also known as The Pope in Tarot cards.

2. Brazilian currency of the period, *réis* (plural of *real*). One *conto de réis* was equivalent to 1,000,000 *réis*. Measured against the relative price of gold, one *conto de réis* would be equivalent to approximately

USD 35,000 (April 2016).

3. Reference to Shakespeare's character Shylock, a heartless Jewish creditor, in the *Merchant of Venice*.

4. Areopagite was a member of the council of Areopagus, the judicial council in ancient Athens.

5. A *phratry* is a set of clans or any social units within a phyle, tribe.

6. The original *ludâmbulo* (from Latin: ludus, play, game; and ambulare, to walk), meaning 'playful walker', is a neologism proposed by the Brazilian Dr. Castro Lopes (1827-1901), in his book *Neologismos indispensáveis e barbarismos dispensáveis [Indispensable neologisms and expendable barbarisms]* (1889), to substitute the 'Americanist' word *tourist*.

7. A construction in which an expected grammatical agreement in form is replaced by an agreement in meaning.

8. Phoreme - unit of sounds, morpheme - unit of meaning. For more on metaphoreme, see: *Researching and Applying Metaphor in the Real World*, by Graham Low, Alice Deignan, Lynne Cameron, Zazie Todd John Benjamins Publishing, 2010.

9. A branch of biology which deals with the external morphology of living organisms. The subsequent terms are unknown.

10. A science which deals with the design and arrangements of things that people can use easily and safely.

11. A word apparently invented by João do Rio or the subject of his interview, meaning *to generate within*.

12. Apparently an invented word, a possible corruption of the French *ergoteur* (adjective), or a person who likes arguments.

13. From Sanskrit, meaning: *worship, ceremony, offering*.

14. Apparently related to *iluminação*, illumination.

15. Maybe a corruption of *hyperchemistry*, used below; or more likely the reproduction of the French word *hyperchimie*, used by French alchemist F. Jollinet Castelot in 1901 to readdress and redefine Alchemy.

16. From Altaic languages, family of languages consisting of three

branches - Turkic, Mongolian, and Manchu-Tungus.

17.   Possibly *Au* = chemical symbol for gold; *lis* = lily in French.

18.   Soma, a plant of which juice was a fundamental offering of the Vedic sacrifices.

19.   Worship of a deity.

Chapter Five: The Evangelical Movement

1.   *Fluminense* (from the Latin *flumine*, river, and *-ense*, originally from) refers to originating from or being born in the State of Rio de Janeiro. Not to be confused with *carioca* (from the Tupi *kari'oka*, white man's house, where *kara'i* is white, and *oka* is house) is originating from or being born in the City of Rio de Janeiro, the capital of the State.

2.   Neighborhood of Rio de Janeiro.

3.   Brazilian currency of the period, *réis* (plural of *real*). One *conto de réis* was equivalent to 1,000,000 *réis*. Measured against the relative price of gold, one *conto de réis* would be equivalent to approximately USD 35,000 (April 2016).

4.   From French *fée* (fairy), meaning dazzling, marvellous.

5.   Neighborhood of Rio de Janeiro.

6.   From French, meaning *roisterer*.

7.   Written by the Portuguese Abílio Manuel Guerra Junqueiro and published in 1885, in Porto, which attacks the image of God and the monarchy.

8.   In Brazilian colloquial terms *matinée* is a type of thin robe used by housewives at home.

9.   French for the representation of the nativity scene.

10.   Percaline is a lightweight glossy cotton fabric used for bookbinding.

11.   A *comune* (*municipality* in Italian) in the Province of Avellino, South of Italy; famous for the "conspiracy of the barons" in 1484.

12.   The distinctively decorated capital, or uppermost end, of a column, which crowns its pillar.

13.   Norway's capital, Oslo, between 1624 and 1925, in honor of

King Christian IV.

14. Brazilian native of Indian or mixed Indian and white origin, with copper-colored skin and straight dark hair; also a wrangler or farmhand.

15. Famous French manufacturer of porcelain dinnerware, crystal glassware and vases, silver picture frames, hollowware and silver jewelry, founded in 1830.

16. Portuguese for *lane*.

17. It is likely to be a reference to the Brazilian Naval Revolts, *Revoltas da Armada* (1891-1894), which bombarded the city of Rio de Janeiro.

18. Sixty-five thousand *réis*. Brazilian currency of the period, *réis* (plural of real). One *conto de réis* was equivalent to 1,000.000 *réis*. Measured against the relative price of gold, one conto de *réis* would be equivalent to approximately USD 35,000 (April 2016).

19. From French, *croquignole*, a type of board game, similar to 'shove ha'penny'.

20. Probably of Indian origin, or *karrom*, is a 'strike and pocket' board game, similar to 'shuffleboard'.

21. "Where the sun is mute," from Dante Alighieri's *The Divine Comedy, Inferno, Canto I, Verso 60.*

22. Observers of the Sabbath, who believe in the strict celebration of Saturdays as the designated day of worship and rest.

23. City across Guanabara Bay from Rio de Janeiro.

24. Cascadura is a neighbourhood in the North Zone of Rio de Janeiro.

25. The process through which a sinner becomes justified or made right with God.

26. Cleansing to be "washed of sins" by formally entering into Christian life.

27. From French, *colporteur*, a person who goes door-to-door selling, distributing, or publicizing Bibles, religious tracts, etc.

Chapter Six: Satanism

1. Italian for "What do you want?"

2. Greek: a violent, sudden outburst; a fit of violent emotion or action.

3. Referring to Zeno of Elea (c. 490 - c. 430 BC), a pre-Socratic Greek philosopher, whose paradoxes, so-called "arguments against motion" (including "The Arrow") that were described in Aristotle's *Physics* and have challenged and amused throughout two millennia.

4. Offerings in Afro-Brazilian religions.

5. According to superstitious beliefs, it's the time between 3:00 and 3:59 a.m. Believed to be the time when evil spirits are stronger and more active.

6. French for *bewitchment*.

7. Pedro I (1798-1834), founder of the Brazilian empire and first emperor of Brazil, also known as King Peter IV of Portugal.

8. Possibly referring to the Christian mass in opposition to the satanic one.

9. A name for a traditional Satanist member or society.

10. Also, Adonoi, a name for God in Hebrew and Judaism. It can be found in the Old Testment.

11. French for *on the train.*

12. The headquarters of a Satanist movement led by Alberto Pike (Grand Commander of Charleston from 1859 until his death, in 1891) in South Carolina, USA, writer of *Morals and Dogma of the Ancient and Accepted Scottish Rite of Freemasonry.*

13. Referring to the chili pepper family, *Capsicum annuum.*

14. The same as a late-medieval Christian belief in "witches' Sabbath," or a midnight assembly of witches, devils, and sorcerers for the celebration of rites and orgies.

15. A district of Rio de Janeiro.

16. Today's Praça Onze de Julho in Rio de Janeiro.

17. In Roman religion, lemures and larvae are both the ghosts of the

family's dead people who haunted their living relatives unless exorcised or propitiated.

18. A reference to the Latin: *Clavicula Salomonis*, or Key of Solomon, a magic textbook, possibly mistakenly attributed to King Solomon.

19. Large Brazilian tree of white and purple flowers, known in English as "monkey pot." *Lecythis pisonis*.

20. French for *prowlers*.

21. Old Brazilian coin, equivalent to a hundred *réis*. Brazilian currency of the period, *réis* (plural of *real*). One *conto de réis* was equivalent to 1,000,000 *réis*. Measured against the relative price of gold, one *conto de réis* would be equivalent to approximately USD 35,000 (April 2016).

22. A 15th Century wealthy French marshal, whose career ended with a trail to Satanism, abduction and child murder.

23. Madame de Montespan, mistress of King Louis XIV (17th Century), accused of taking part in Black Masses, resorting to philtres and magic to win the king's love; and also attempting to poison a young rival in the Affair of Poisons.

24. French for a person who practices the *trottoir*, walking the streets, a hooker.

25. A follower of Josephin Pédalan (1859-1918), a writer and Rosicrucian, also founder of the *Ordre Kabbalistique de la Rose-Croix* (Cabalistic Order of the Rose-Cross), and a Symbolist who organized the *Salon de la Rose + Croix* (1892-1897).

26. Novel by Joris-Karl Huysmans (1848-1907) published in 1891.

27. Étienne Guibourg was the main priest involved in Madame de Montespan's Affair of Poisons.

28. Pierre-Eugène-Michel Vintras (1807-1875) was a self-proclaimed reincarnation of Elijah, the Profet.

29. Also called Alaouites, followers of a syncretistic religion, an off-shoot of Shi'ism.

30. Any receptacle used to hold consecrated bread in Eucharist.

31. Demonic hierarchies, respectively: The Devil or Prince of Darkness, Prince of Demons or Lord of the Flies, Treasurer of Hell or Grand

Duke, Demon of Lust, Chief of All Devils, Prince of the Valley of Tears, and Lord of Fertility and Sexual Power. See: *The Encyclopedia of Demons and Demonology*, by Rosemary Guiley (2009).

32. French for *housekeepers* or *housewives*.

33. A wide vest worn in the Middle Ages, also called *surtout*, similar to the Freemasonry tunic.

34. Ceremonial staff, hooked at one end resembling a shepherd's crook, carried by a bishop or abbot.

35. Hindu god, the creator and destroyer.

36. An Ecclesiastical long sleeveless outer vest worn by celebrants of Mass.

37. Latin for *priest*.

38. Neighborhood of Rio de Janeiro in one of its oldest boroughs.

39. *Receive thou these and commit them to memory, and have thou power to lay hands upon the energumens...*

40. Also called Vincentians, members of the (Catholic) Congregation of the Mission, created at the priory of St Lazare in Paris by St Vincent de Paul.

41. The worshiping of stars, planets, and the universe, especially in ancient Chaldea, but also explored by the Roman Catholic Church.

42. *A ghost wearing a mask who always follows us, side by side, whom we call Tomorrow.*

43. The belief in the work of a supernatural or divine intervention in human affairs.

44. Important wharf in Rio de Janeiro at the time, where the Navy Yard is today.

45. Jean-Martin Charcot (1825-1893), French neurologist, founder (with Guillaume Duchenne) of modern neurology.

46. Area located in the Centre of Rio de Janeiro, not officially a neighborhood.

47. Father Anthelmo Goud (-1888), author of *Credo Catholico: exposição abreviada e logica dos dogmas e dos mysterios da theologia christã.* [Catholic Creed: abbreviated and logic exposition of the dogmas and

mysteries of the Christian theology] (1879)

48.   The original word *abjurar* (to abjure) means "to renounce or give up under oath, forswear"; the word *adjurar* (to adjure), on the other hand, means " to entreat or request earnestly or solemnly".

49.   Latin , meaning "filthiest and most dreadful."

50.   Figurative equivalent to Hell and also called Gehinnon (from Hebrew Ge Hinnon, 'Valley of Hinnom'), it is a place of eternal punishment, appearing in the *New Testament* as a valley Southwest of Jerusalem where children were burned as sacrifice to Moloch.

51.   A cut-and-thrust sword with a broad, heavy blade used by Roman legions.

52.   The worship of spirits, possibly the same as Spiritualism or Spiritism.

53.   Medieval Latin formula for exorcism: "Drink your own poison; What you offer me is evil; Begone Satan; Never tempt me with vanities. May the Holy Cross be my light; May not the dragon never be my guide. Cross of our Holy Father Benedict"

54.   Town in Southwest France, where Bernadette Soubirous had a vision of the Virgin Mary in 1858.

Chapter Seven: The Priestesses of the Future

1.   Victor Hugo, and José de Alencar.

2.   Old neighborhood in Rio de Janeiro, today called Santo Cristo, near Gamboa.

3.   Adrien Adolphe Desbarolles (1801-1886), considered the father of modern palmistry.

4.   Paul Charles Joseph Bourget (1852–1935), French novelist and critic, best known for his psychological novels.

5.   French, meaning high quality, fashionable people, high society.

6.   Brazilian currency of the period, *réis* (plural of *real*). One *conto de réis* was equivalent to 1,000,000 *réis*. Measured against the relative price of gold, one conto de *réis* would be equivalent to approximately USD 35,000 (April 2016).

7. Pseudonym of Gérard Anaclet Vincent Encausse (1965-1916), a Spanish-born French physician, hypnotist, and popularizer of occultism.

8. Pseudonym of Anne Victorine Savigny (1845-1916), a French seeress and palmist, famous for predicting the outcome of the Great World War.

9. Boston whist, a card game played by four players.

10. Iranian religious reformer and founder of Zoroastrianism.

11. Or Zendavesta, a misunderstanding of the phrase Zand-i-Avesta, which literally means "interpretation of the Avesta," where Avesta is the primary collection of Zoroastrianism's sacred texts which are composed in the Avestan language.

12. Known as the founder of the Neoplatonic school of philosophy.

13. Or Hermetic writings, or Hermetica, are the works of revelation by the Greek Hermes Trismegistos, the founder of Hermetism, focused on astrology, theology, and philosophy.

14. Hexagonal crystals of which emeralds are the green variety and aquamarine are the blue variety.

15. French for prostitute or promiscuous woman.

16. French for household or family in this context.

17. Juan Ponce de Leon (1460?-1521), Spanish explorer and soldier who was the first European to set foot in Florida; also the first governor of Puerto Rico; generally associated with the search for the fountain of youth.

18. A hypothesized form of radiation.

19. Helios Aristides Seelinger (1878-1965), was a Brazilian painter, draftsman, and caricaturist.

20. Botafogo and Engenho Novo are two neighborhoods of Rio de Janeiro.

21. Luís Edmundo de Melo Pereira da Costa (1878-1961), Brazilian journalist, poet, essayist, jornalista, memorialist, playwriter, and rhetorician.

22. Severiano de Resende (1871-1931), Brazilian Symbolist poet.

23. Rodolfo Amoedo (1857-1941), Brazilian painter, designer, and decorator.

24. Adelina Amélia Lopes Vieira (1850-1922), Brazilian writer, essayist, playwright, and teacher.

25. The female Pope in French, the High Priestess in Tarot.

26. The magus in French.

27. King Charles VI of France (1368–1422), also known as Charles the Mad, faced many peasant revolts; one of these peasants was Joan of Arc.

Chapter Eight: The New Jerusalem

1. Emanuel Swedenborg (1688-1772) was a Swedish mystic, theologian, philosopher and scientist, founder of the New Church (New Jerusalem Church), or Swedenborgianism.

2. A watchmaker to the King, he was a member of the Clockmakers Company from 1770 until his death in 1792.

3. Hindmarsh (1759–1835) was an English printer and one of the original founders of Swedenborgianism.

4. The original title of this work by Swedenborg is *The White Horse mentioned in the Apocalypse with particulars respecting the Word and Its Spiritual or Internal Sense.*

5. Gaius Valerius Catullus (84 BCE - c. 54 BCE), Roman poet.

6. Madame A. Louise Humann (-1923), priestess of the New Church Temple in Paris, near the Partheon.

7. Tycho Brahe (1546-1601), Danish astronomer, best known for the astronomical observations which led Kepler to his theories of the solar system.

8. From Latin *conjugialis*, meaning marital or conjugal, and used by the Swedenborgian to distinguish their concept of marriage as a spiritual union.

9. From Latin *scortat-*, from *scortari* 'associated with prostitutes'; pertaining to or consisting of lewdness or fornication.

10. Unknown if a person (Mater or Matter) or referring to Sweden-

borg's beliefs (The Dura Mater), or to the Latin word for origin, source, or mother.

Chapter Nine: The Cult of the Sea

1.   The worshiping of stars, planets, and the universe, especially in ancient Chaldea, but also explored by the Roman Catholic Church.

2.   Beach at Rio de Janeiro's city center which was embanked at the beginning of the 20th century.

3.   A neighborhood of Rio de Janeiro, on Guanabara Bay.

4.   A neighborhood southwest of Rio de Janeiro.

5.   Area at Rio de Janeiro's city center.

6.   A fabulous water nymph also known as *uiara* or *iara*, a character from Brazilian Tupi/Guaraní mythology.

7.   Triton, messenger of the sea, son of Poseidon and Amphitrite.

8.   Historical period of ancient Greece (323-30 BCE), also referred to as Hellenic Republic.

9.   Known as the father of Greek didactic poetry.

10.   The surname or origin relates to the Mina people of Elmina Castle, South (Gold) Coast of Ghana. They were often taken to Brazil as slaves.

11.   Hariclea Darclée (1860-1939), from the state of Romania, was the most celebrated soprano of the *fin de siècle* era.

12.   Odysseus, king of Ithaca and hero of Homer's *Odyssey* and *The Iliad*.

13.   Statue of the god Apollo, held by the Vatican Museum.

14.   An island and neighborhood of Rio de Janeiro, where the city's international airport (Galeão–Antonio Carlos Jobim International) has been located since 1952.

15.   In Egyptian mythology, Isis is the wife of the Osiris, who was betrayed and murdered by his brother-god Set, who later scattered pieces of his body across Egypt and threw his penis in the Nile, which is said to have made it so fertile.

16.   In reference to the Indo-Aryan people in Central Asia, Ancient

India, and Ancient Iran who spoke Aryan and Indo-European languages.

17. Offerings to the saints.

18. Also known as *Catira*, a Brazilian dance, from Tupi origin, which African and Iberian influences.

19. The Portuguese name given to several types of river dolphin, especially in the Amazon.

20. Brazilian currency of the period, *réis* (plural of *real*). One *conto de réis* was equivalent to 1,000,000 *réis*. Measured against the relative price of gold, one conto de *réis* would be equivalent to approximately USD 35,000 (April 2016).

21. The steersman of a boat who usually gives instructions to the rowers.

22. A boating song of the Venetian gondoliers, or a piece of music in such style.

Chapter Ten: Spiritism among the Sincere

1. An epitome for longevity, as in reference to Methuselah, a patriarch supposed to have lived 969 years (Genesis 5:21-27).

2. From Shakespeare's *Hamlet*.

3. François Denys Bartholomée Bouvard and Juste Romain Cyrille Pécuchet are the two main characters in *Bouvard and Pécuchet* (1881) by Gustave Flaubert (1821-1880), in which he addresses human stupidity.

4. Character, considered a snob and mediocre, in *O Primo Basílio* (*Cousin Bazilio*) (1878) by Portuguese writer Eça de Queirós (1845-1900).

5. Theatro Lyrico or Teatro Lírico (1871-1934) was the name given to Teatro D. Pedro II after independence, main opera house in Rio de Janeiro at the time.

6. The "Hotel of Foreigners" (1849-1950) was located at Praça José de Alencar, 1, today's Catete neighborhood.

7. Confeitaria Colombo (Columbus Patisserie) founded in 1894, and still open in the city centre of Rio de Janeiro.

8.   French for *amusement* or *fun*.

9.   Enrico Caruso, (1873-1921), operatic tenor.

10.   Rafael Sanzio (1483-1520) was an Italian painter and architect of the High Renaissance.

11.   Roman Catholic Church title given to Benedictine, Carthusian, and Cistercian monks in major or minor orders.

12.   French for *polished* or *waxed*.

13.   French for *misses* or *young ladies*.

14.   Simplified name given to Austrian chemist Carl Freiherr Auer von Welsbach's gas lamp (Auerlicht), which has been widely produced since 1892.

15.   Originally a French word for *sitting* or *session*, but used in English (also seance) as "a meeting at which people attempt to make contact with the dead, especially through the agency of a medium."

16.   José Maria de Eça de Queiroz (1845-1900), Portuguese novelist committed to social reform who introduced naturalism and realism to Portugal.

17.   Paul Verlaine (1844-1896), French lyric poet first associated with the Parnassians and later known as a leader of the Symbolists.

18.   Pen name of the French teacher and educator Hippolyte Léon Denizard Rivail (1804-1869), known for systematizing Spiritism.

19.   Sir William Crookes (1832-1919), British chemist and physicist who worked on spectroscopy.

20.   Alexandr Nikolayevich Aksakov (1832-1903), Russian author, translator, journalist, editor, and psychic researcher.

21.   Johann Karl Friedrich Zöllner (1834-1882), German astrophysicist who studied optical illusions.

22.   Paul Gibier (1851-1900), French scientist, Director of the American branch of the Pasteur Institute of New York, who wrote *Spiritism or Eastern Fakirism* (1886), and *The Analysis of Things Existing*, (1890).

Chapter Eleven: The Profiteers

1.   From the penultimate verse of Oscar Wilde's poem *Sphinx* (1894).

2.   An area in Rio de Janeiro's city center.

3.   Caesar Marcus Aurelius Antoninus Augustus, originally Varius Avitus Bassianus (c. 203-222), Roman emperor from 218 to 222, notable chiefly for his eccentric behavior.

4.   Theatro Lyrico or Teatro Lírico (1871-1934), name given to Teatro D. Pedro II after independence, the main opera house in Rio de Janeiro at the time.

5.   In Spiritism, "passes" are the donation of spiritual energy or vital fluids from a pass-giver and/or a spirit to another person.

6.   An old subdivision of today's neighbors of Andaraí, Vila Isabel, Grajaú and Aldeia Campista, in the North of the city of Rio de Janeiro.

7.   Name of a neighborhood north of Rio de Janeiro.

8.   Hill located near Rio de Janeiro's city center.

9.   Old beach which was embanked for the creation of Canal do Mangue, Rio de Janeiro's city center.

10.   Brazilian currency of the period, *réis* (plural of real). One *conto de réis* was equivalent to 1,000,000 *réis*. Measured against the relative price of gold, one conto de *réis* would be equivalent to approximately USD 35,000 (April 2016).

11.   Possibly a reference to Quintino Antônio Ferreira de Sousa Bocayuva (1836-1912), a Brazilian politician, journalist, writer, one of the articulators of the Proclamation of the Republic of Brazil (1889), and also President of the State of Rio de Janeiro (1900-1903).

12. A numbers game with 25 sets of numbers each represented by a different animal (*bicho*). It has been illegal since the end of the 1940s but is still common.

13.   From Latin, *scapula* ("shoulder"), a religious pendant of cloth worn under the clothing, usually adorned with the picture of a saint as a part of Roman Catholic devotion.

14.   Amulet in the shape of a thumb between the first two fingers, used to bring luck in the way of the English "fingers "crossed."

15. Old commercial neighborhood of Rio de Janeiro's city center, torn down in the 50's.

16. A crowded, lower-class bohemian neighborhood of ancient Rome that was notorious as a red-light district.

17. Afonso Angeli Torteroli (1849-1928), was an Italian journalist, professor and Spiritist militant in Brazil.

18. French for slums, or places where there is misery.

19. Also known as *brisca*, an Italian trump card game where players collect tricks by having either the highest card played of a certain suit, or a trump card.

20. An area in Rio de Janeiro's city center.

21. French for an imbecile or light-minded person.

22. Figurative: *loony, foolish*.

23. *Strychnos nux-vomica L.*, or quaker buttons (strychnine tree), highly poisonous plant.

Chapter Twelve: The Synagogues

1. Date taken from the original publication of this article ("Pelas Synagogas") in the newspaper *Gazeta de Notícias* (06/03/1904). The date, according to the Hebrew calendar, is the equivalent to March 1, 1904 of the Gregorian calendar.

2. The demonym for anything originated in the State of Rio de Janeiro.

3. The symbolic Jerusalem, the Promised Land, Israel's hope of returning to Palestine, and of heaven or God's dwelling with his people.

4. Also Mordecai, a Jew prisoner in Babylon, uncle of Esther, who married the Persian king Ahasuerus (Xerxes I), granting freedom to her people; Mordechai is also the main character in the Book of Esther.

5. The ancient capital of the Elamite Empire where Esther was elevated to Queen of Persia (Esther 1:1-2) in the days of Ahasuerus.

6. Commemorates the rescuing of the Jewish people in ancient Persia from Haman's plot "to destroy, kill and annihilate all the Jews,

young and old, infants and women, in a single day."

7.   Also *chazzan* (singer), is the person who leads the congregation in prayer. Any person with good moral character and thorough knowledge of the prayers and melodies can lead the prayer services.

8.   Also known as Ashkenazy Jews or simply Ashkenazim.

9.   i.e. from Aragon.

10. Also known as The Imperial City, it is a city at Serra dos Órgãos, in the State of Rio de Janeiro.

11. French for *larceny*, especially committed by a prostitute at the expense of her client.

12. As portrayed in Michelangelo's sculpture of Moses, located at San Pietro in Vicoli, Rome.

13. Descendants of Jews who were expelled from the Iberian Peninsula in 1492 by Catholic kings, also called Sephardic Jews or Sephardim.

13. Fourth largest city in Israel, located on the Mediterranean Sea, south of Tel Aviv.

15. Baron Edmond James de Rothschild (1845–1934) was a French member of the Rothschild banking family.

16. Hebrew word meaning loving kindness, it refers to a member of the Hasidic Judaism, founded in the 18th Century in Eastern Europe.

17. Black Jews from Ethiopia.

18. Wife of Persian King Ahasuerus, the ruler of Persia, in the biblical Book of Esther.

19. High official, the Prime Minister, of King Ahasuerus.

20. This is a typographical error in the original publication, as João do Rio clearly refers to the ten sons of Haman (Esther 9:7-9): Arisai, Parsandata, Dalfom, Aspata, Porata, Adalia, Aridata. Farmasta, Aridai and Vaisata.

Agradecimentos

A tradutora e o editor gostariam de agradecer ao Ministério da Cultura e Fundação Biblioteca Nacional no Brasil pelo apoio que tornou este livro possível. Reginaldo Prandi contribuiu não somente com o prefácio mas com recomendações em muitos dos termos africanos usados no livro. Agradecimentos também são devidos aos editores seniores Ralph Cheney e Jonathan Wickens, por sua aguçada perspicácia com as palavras, estilo e design deste livro. Muita gratidão pelo apoio e encorajamento também são dedicados a Helmut Schmidt, Terezinha Maria Moreira, Mauro Alexandre Lessa Lima, Mary Ellen Cacheado, Silvia Brandão, Fernando Loureiro, José Henrique Motta de Oliveira, Demétrio Alves de Menezes, Henrique Veltman, e Vera Lúcia de Almeida (Real Gabinete Português de Leitura/RJ).

Acknowledgements

The translator and editor would like to thank Brazil's Ministry of Culture and Fundação da Biblioteca Nacional for the support that made this book possible. Reginaldo Prandi contributed not only the foreword but advice on many of the African terms used in the book. Thanks are also due senior editors Ralph Hunter Cheney and Jonathan Wickens, who applied their sharp eyes to the words, style, and design of this book. Many thanks for support and advice also go to Helmut Schmidt, Solange Aurora Cavalcante Cheney, Terezinha Maria Moreira, Mauro Alexandre Lessa Lima, Mary Ellen Cacheado, Silvia Brandão, Fernando Loureiro, José Henrique Motta de Oliveira, Demétrio Alves de Menezes, Henrique Veltman, and Vera Lúcia de Almeida (Real Gabinete Português de Leitura/RJ).

Ana Lessa-Schmidt

Ana Lessa-Schmidt, Ph.D., é linguista e tradutora. Sua investigação e aulas concentram-se em Estudos Culturais Brasileiros nas áreas de pós-conflito, cultura visual (cinema e fotografia), literatura, música, artes em geral, e língua Portuguesa. Ela iniciou recentemente um projeto de pós-doutorado intitulado "Impérios 'Náufragos': o Transatlântico Imaginário de Navios e Sombras," onde investiga imagens da identidade nacional dentro do cinema Brasileiro, Angolano, e Português. Sua tradução do conto "Trio em Lá Menor" de Machado de Assis aparece em *Ex-Cathedra: Stories by Machado de Assis—Bilingual Edition*.

Ana Lessa-Schmidt

Ana Lessa-Schmidt, PhD, is a linguist and translator, and researches and lectures Brazilian Cultural Studies in the areas of Post-Conflict, Visual Culture (Cinema and Photography), Literature, Music and Arts in general; and also Portuguese Language. She concentrates her career and research interest on lusophone literature, cinema and music. She has recently started research on a Post-Doctoral project entitled "Shipwrecked Empire: on the Transatlantic Image-nary of Ships and Shadows," looking into images of national identity within Brazilian, Angolan and Portuguese cinema. She has previously translated Brazilian writer Machado de Assis for *Ex-Cathedra: Stories by Machado de Assis— Bilingual Edition.*

Reginaldo Prandi

Reginaldo Prandi, sociólogo e escritor, é doutor em sociologia pela Universidade de São Paulo (USP). E Professor Sênior do Departamento de Sociologia da USP e pesquisador do CNPq (Conselho Nacional de Desenvolvimento Científico e Tecnológico). Trabalhou em diversas áreas da sociologia, e dedica-se hoje principalmente à sociologia da religião, com ênfase nas religiões afro-brasileiras, evangélicas e católicas. É autor de mais de 30 livros, incluindo obras de sociologia, mitologia, literatura infantojuvenil e ficção policial. Entre outros prêmios, recebeu o Prêmio Érico Veríssimo Vannucci Mendes em 2001, outorgado pelo CNPq, SBPC (Sociedade Brasileira para o Progresso da Ciência), e Ministério da Cultura por seu trabalho de preservação da memória cultural brasileira. Foi indicado três vezes ao Prêmio Jabuti. Em 2003 seu livro *Ifá, o Adivinho* ganhou o prêmio de Melhor Livro Reconto pela Fundação Nacional do Livro Infantil e Juvenil.

Obras de Reginaldo Prandi

Contos e Lenda da Amazônia
Feliz Aniversário
Jogo de Escolhas (2009)
Contos e Lenda Afro-Brasileiros - A Criação do Mundo
Morte nos Búzios
Segredos Guardados
Oxumarê o Arco-Íris
Minha Querida Assombração
Xangô o Trovão
Ifá o Adivinho
Mitologia dos Orixás

Reginaldo Prandi

Reginaldo Prandi, sociologist and writer, has a Ph.D. in sociology from the University of São Paulo (USP). He is Senior Professor in the Department of Sociology at USP and a researcher with CNPq (National Scientific and Technology Development Council). He has worked in various areas of sociology and today is mainly dedicated to the sociology of religion, with emphasis on Afro-Brazilian, evangelical, and Catholic religions. He is the author of over 30 books, including works on sociology, mythology, children's literature, and police fiction. Among other awards he has received the Érico Vannucci Mendes 2001 Award from CNPq, SBPC (Brazilian Society for the Progress of Science), and the Ministry of Culture for his work on the preservation of Brazilian cultural memory. He has been nominated three times for the Brazilian Jabuti Award. In 2003 his *Ifá, o Adivinho* won the Melhor Livro Reconto award from the National Foundation of Children's and Juvenile Books.

Books by Reginaldo Prandi

Contos e Lenda da Amazônia

Feliz Aniversário

Jogo de Escolhas

Contos e Lenda Afro-Brasileiros - A Criação do Mundo

Morte nos Búzios

Segredos Guardados

Oxumarê o Arco-Íris

Minha Querida Assombração

Xangô o Trovão

Ifá o Adivinho

Mitologia dos Orixás

www.ingramcontent.com/pod-product-compliance
Lightning Source LLC
Chambersburg PA
CBHW021613270326
41931CB00008B/673